असंन्यास

हिंदू संस्कृति : कुछ विषय, कुछ व्याख्याएँ

कुछ और उल्लेखनीय समाज विज्ञान प्रकाशन

लोक-चिंतन ग्रंथमाला

लोकतंत्र के सात अध्याय

आधुनिकता के आईने में दलित

भारत का भूमंडलीकरण

बीच बहस में सेकुलरवाद

लोक-चिंतक ग्रंथमाला

राजनीति की पूरी किताब
विख्यात राजनीतिशास्त्री रजनी कोठारी
की चुनी हुई रचनाओं का संकलन

सरोकार ग्रंथमाला

रिक्शा : एक महागाथा
लोकायन का अध्ययन

सामयिक विमर्श शृंखला

राष्ट्रवाद बनाम देशभक्ति / रवींद्रनाथ ठाकुर और इयत्ता की राजनीति
आशिस नंदी

राष्ट्रवाद का अयोध्या कांड / रामजन्मभूमि आंदोलन और आत्मभय की राजनीति
आशिस नंदी, शिखा त्रिवेदी, शैल मायाराम
और अच्युत याग्निक

अंतरंगता का स्वप्न / भारतीय समाज में प्रेम और सेक्स
सुधीर कक्कड़

राष्ट्रवाद की चाकरी में धर्म
मधु पूर्णिमा किश्वर

असंन्यास

हिंदू संस्कृति : कुछ विषय, कुछ व्याख्याएँ

सामयिक विमर्श

त्रिलोकी नाथ मदन

अनुवाद
राजीव कुमार

वाणी प्रकाशन

भारतीय भाषा कार्यक्रम
विकासशील समाज अध्ययन पीठ

मूल्स : ३५० रुपये

प्रथम संस्करण : २००९

प्रकाशक

वाणी प्रकाशन

४६९५, २१-ए, दरियागंज, नई दिल्ली-११०००२

मुद्रक : आर.टेक. ऑफसेट प्रिंटर्स, शाहदरा-३२

ASANYAS
HINDU SANSKRITI : KUCHH VISHAY
KUCHH VYAKHYAYEN

Triloki Nath Madan

Translated by Rajiv Kumar

ISBN : 978-93-5000-098-4

उमा, विभास और वंदना के लिए

इहलोकः एव परलोकः

अनुक्रम

आभार

मैं उन सभी पुस्तकों और पत्रिकाओं के संपादकों और प्रकाशकों के प्रति कृतज्ञता अनुभव करता हूँ जिन्होंने अपने यहाँ कमोबेश इसी रूप में प्रकाशित सामग्री इस संकलन में शामिल करने की अनुमति दी। इस पुस्तक का पहला अध्याय *कंट्रीब्यूशंस टु इंडियन सोशियोलॉजी* (इस्टीट्यूट ऑव इकॉनॉमिक ग्रोथ, दिल्ली, १९८१) में, दूसरा अध्याय जॉन बी. कारमन और फ्रेडरीक ए. मार्गलिन द्वारा संपादित *प्यूरिटी एंड ऑस्पिशसनेस* (ई.जे. ब्रिल, लीडन, १९८५) में और तीसरा अध्याय एड्रियन सी. मेयर द्वारा संपादित *कल्चर एंड मॉरलिटी* (ऑक्सफोर्ड यूनिवर्सिटी प्रेस, दिल्ली, १९८१) में प्रकाशित हुआ था।

इस पुस्तक में **पुनश्चः** के तहत संकलित अंतिम लेख अंग्रेजी संस्करण के अंतिम लेख का संशोधित और विस्तारित रूप है। यह निबंध २००३ में ऑक्सफोर्ड यूनिवर्सिटी प्रेस, दिल्ली द्वारा प्रकाशित *दि हिंदुइज्म ओमनीबस* में परिचय के तौर पर भी प्रकाशित हो चुका है।

इस पुस्तक के एक या एकाधिक अध्यायों को पढ़ कर अपनी सलाह और टिप्पणियों से मुझे अवगत कराने के लिए मैं इन सभी दोस्तों और साथियों का बेहद शुक्रगुजार हूँ : जॉन बार्नज, ब्रेंडा बेक, गौरी शंकर भट्ट, जॉन कारमन, वीणा दास, (स्वर्गीय) लुई ड्युमों, श्रीवत्स गोस्वामी, रॉन इंडेन, रवींद्र सहाय खरे, भद्रराजू कृष्णमूर्ति, क्रिस लेहमन, फ्रेडरीक मार्गलिन, आशिस नंदी, जॉनाथन पैरी, (स्वर्गीय) ए.के. रामानुजन, कांतिभाई शाह, वैद्यनाथ सरस्वती, कैलासनाथ शर्मा, (स्वर्गीय) एम.एन. श्रीनिवास, मीनाक्षी थापन और जीत सिंह ओबराय।

१९६६ से ही इंस्टीट्यूट ऑव इकॉनॉमिक ग्रोथ मेरा कार्यस्थल रहा है। यह पुस्तक वहीं लिखी गई। इस संस्थान का भी मैं तहे-दिल से शुक्रिया अदा करता हूँ।

—त्रिलोकी नाथ मदन

आमुख

यह पुस्तक हिंदू पारिवारिक जीवन के विभिन्न पहलुओं को संबोधित करती है। निस्संदेह हिंदू समाज में संन्यास की खास अहमियत है, पर गार्हस्थ्य भी हिंदू धर्मावलंबियों के लिए विशेष आकर्षण रखता है। हिंदू परंपरा में उसकी काफी सराहना की गई है। इसलिए, मनुस्मृति तथा अन्य आदिशास्त्रों और स्मृतियों में इस बात पर बल दिया गया है कि गार्हस्थ्य के बिना दूसरे आश्रम (ब्रह्मचर्य, वानप्रस्थ, संन्यास) असंभव हैं। संन्यासी के आगे गृहस्थ भले ही तेजहीन और असमर्थ क्यों न लगे, दरअसल उसकी भूमिका अपनी जगह कम महत्त्वपूर्ण और कठिन नहीं है। कठोपनिषद के शब्दों में गृहस्थ धर्म का पालन करना एक नंगी तलवार की धार पर सफलता से चलने के बराबर है। पुस्तक के हर अध्याय का विषय अलग-अलग होते हुए भी उनके बीच एक गहरा आपसी सूत्र है। अध्यायों का विषयगत परिचय भूमिका में दिया गया है।

यहाँ स्पष्ट करना जरूरी है कि हिंदू समाज परंपरा में डूबा हुआ नहीं है। वह समय के साथ बदलता हुआ एक समृद्ध प्रवाह है। उसने पिछले दो-ढाई सौ साल में आधुनिकता की बहुत सी चुनौतियों का सामना किया है। ऐसी ही कुछ सृजनात्मक कोशिशों का संक्षिप्त वर्णन पुस्तक के अंत में **पुनश्च:** के तहत करने की कोशिश की गई है। दूसरा स्पष्टीकरण पुस्तक के उपशीर्षक में प्रयुक्त 'हिंदू' शब्द के बारे में करना आवश्यक है। हालाँकि यह पुस्तक ब्राह्मण परंपरा के बारे में है, पर इसका मतलब यह नहीं है कि इसमें हिंदू समाज की गैर-ब्राह्मण परंपराओं को नकारा गया है। हिंदू एक जटिल संरचना है, जो एक नहीं बल्कि कई आवाजों में बोलती है। फिर वह चाहे ब्राह्मण हो या शूद्र, या भले ही किसी सम्प्रदाय विशेष से जुड़ी हुई न हो। ये सभी परंपराएँ इस संरचना को समृद्ध

करती हैं। यह सही है कि केवल ब्राह्मण परंपरा ही हिंदू परंपरा के लिए विधेयक नहीं मानी जा सकती, पर उसकी बेहद महत्त्वपूर्ण भूमिका को स्वीकार न करना भी उचित नहीं होगा।

पुस्तक के पाँच अध्यायों के शीर्षक सहज द्विभाजनों के प्रतिनिधि के तौर पर नहीं देखे जाने चाहिए। बजाय इसके ये शीर्षक हिंदू संस्कृति में निहित 'सम्पूर्णता' के विचार पर बल देते हैं। यह एक लोकोत्तर अवधारणा है जो परस्पर विपरीत श्रेणियों को परिवेष्टित करने के बावजूद उनसे ऊँचे स्तर की है। एक अर्थ में ये परस्पर विपरीत लगने वाली श्रेणियाँ परस्पर पूरक हैं। इसीलिए किसी गृहस्थ को वैराग्य के लिए घर से बाहर जाने की अनिवार्यता नहीं होती, बल्कि वह घर-गृहस्थी का आनंद भोगते हुए भी वीतरागी हो सकता है। मुझे यकीन है कि पुस्तक का अध्ययन करने के दौरान पाठकों के सामने यह बात पूरी तरह से साफ हो जाएगी।

यह पुस्तक **नॉन-रिनंसिएशन : थीम्स एंड इंटरप्रिटेशंस ऑव हिंदू कल्चर** शीर्षक से अंग्रेजी में पहली बार १९८७ में प्रकाशित हुई थी। पाठकों और समीक्षकों के बीच इसका अच्छा स्वागत हुआ था। तब से इसके कई पुनर्मुद्रण हो चुके हैं। अंग्रेजी में आज भी इसे नए पाठक मिल रहे हैं। इसका फ्रांसीसी संस्करण पेरिस से १९९० में प्रकाशित हुआ।

कहना न होगा कि पुस्तक की विषय-वस्तु हिंदी भाषा के अधिक अनुकूल है। हिंदी में इस पुस्तक का अनुवाद कराने का श्रेय **विकासशील समाज अध्ययन पीठ** के **भारतीय भाषा कार्यक्रम** के संपादक अभय कुमार दुबे की पहलकदमी को जाता है। अनुवाद कार्य श्री राजीव कुमार ने किया है। मैं इन दोनों का कृतज्ञ हूँ। अनूदित पांडुलिपि को अंतिम रूप देने में श्री दुबे के अलावा श्रीमती उमा मदन की विशेष भूमिका रही है। उमाजी अनुवाद की प्रक्रिया के साथ शुरू से ही जुड़ी रहीं। उनके अहर्निश परिश्रम और सलाह के बिना पुस्तक इस रूप में संभव नहीं हो सकती थी। यह पुस्तक मैंने उमा और अपने दोनों बच्चों को समर्पित की है। हिंदी संस्करण के प्रकाशन के लिए मैं वाणी प्रकाशन के श्री अरुण महेश्वरी का भी शुक्रिया अदा करता हूँ।

अंत में हिंदी अनुवाद और उसके प्रकाशन की अनुमति देने के लिए मैं पुस्तक के पहले प्रकाशक ऑक्सफोर्ड यूनिवर्सिटी प्रेस को भी धन्यवाद देना चाहूँगा।

—त्रिलोकी नाथ मदन

नई दिल्ली, अक्टूबर, २००७

भूमिका

सद्जीवन के लक्षण

हम जितने प्रशिक्षित होंगे उतना ही स्वयं पर संदेह करेंगे।

–कालिदास

हर बात जानने की अनुमति नहीं होती।

–होरेस

जो तुम नहीं जानते, केवल वही तो है जिसे तुम जानते हो।

–टी. एस. इलियट

विषयक्षेत्र, तथ्य, पद्धति

हिंदू संस्कृति में *संन्यास* के महत्त्व पर बहुत कुछ लिखा गया है। लेकिन इस पुस्तक का विषय अ-संन्यास का एक मूल्य के रूप में आकलन करना है। यह पुस्तक व्याख्यात्मक है।

जाति हिंदू धर्म की सबसे प्रसिद्ध संस्था है, और संन्यास शायद इसका सबसे प्रसिद्ध सांस्कृतिक आदर्श। इस पुस्तक की व्याख्यानुसार यह कहा जा सकता है कि संन्यास एक अनोखा आदर्श है जिसका गृहस्थ के जीवन दर्शन में भी स्थान है लेकिन, इसका विशिष्ट चरित्र हिंदुओं के दैनिक जीवन पर प्रभाव नहीं डालता। वास्तव में जाति और संन्यास एक-दूसरे के खिलाफ होते हुए भी पूरक हैं।[१] सामाजिक भेदभाव और परस्पर निर्भरता पर आधारित जाति-व्यवस्था सामाजिक संबंधों में व्यक्तिगत और सामूहिक क्रिया-कलापों के लिए एक ढाँचा प्रदान करती है। मूल्य एवम् व्यवहार दोनों ही रूपों में संन्यास इसका परित्याग है। मांगलिकता, शुद्धता और नैतिक संतुलन के मूल्यों पर आधारित गार्हस्थ्य धर्म ही जाति-व्यवस्था के उपयुक्त है।

परंपरागत रूप से माना जाता है कि संन्यास गार्हस्थ्य जीवन को मनमाने

तरीके से खारिज नहीं करता बल्कि उसकी आदर्श पराकाष्ठा होता है। धर्मशास्त्रों में सबसे प्रसिद्ध मनुस्मृति से यह बात जाहिर हो जाती है। मनुस्मृति गृहस्थ जीवन गुजार कर देवताओं, गुरुओं और पूर्वजों के ऋण से उऋण हुए बिना संन्यासी होने से मना करती है। धर्मशास्त्रों के अपने बृहत् अध्ययन में केन का कहना है कि 'शास्त्रों का झुकाव गृहस्थ को ऊँचा स्थान देकर वानप्रस्थ और संन्यास आश्रम को कम महत्त्व देने की ओर है। यहाँ तक कि कुछ ग्रंथों में कहा गया है कि वानप्रस्थ और संन्यास कलयुग में निषिद्ध हैं' (१९४१ : ४२४)। केन ने दर्शाया है कि गौतम तथा बौधायन इत्यादि लेखकों ने गृहस्थाश्रम को ही संपूर्ण जीवन माना है (वही : ६४०)।

लेकिन, हिंदू समाज के सिद्धांतकार ब्राह्मणों में संन्यास को ही परम मूल्य माना गया है। इसीलिए यह तर्क दिया जाता है कि ब्राह्मण की सामाजिक श्रेष्ठता 'वैदिक ज्ञान पर उसके एकाधिकार' या पुरोहित होने के कारण नहीं बल्कि इसलिए है कि वह 'संन्यास के मूल्यों को सबसे अच्छी तरह जानता है' (हीस्टरमैन १९८५ : ४५)। डुमो ने संन्यास को 'एक प्रकार से भारतवर्ष की सार्वभौम भाषा' (१९७० : ५२) करार दिया है, और उनकी दृष्टि में भारतीय धर्म और दर्शन में संन्यासी ही 'मूल्यों का स्रष्टा' है (वही : ४६)। डुमो मानते हैं कि 'हम जिसे भारतीय विचार कहते हैं वह वास्तव में काफी हद तक संन्यासियों के विचार हैं' (वही : १२)। फलस्वरूप, आश्चर्य की बात नहीं है कि सारे विश्व में हिंदू की छवि संन्यासी कीं है। संन्यासी न केवल एक तेजस्वी, बल्कि नाटकीय व्यक्तित्व का स्वामी है जो सर्वस्व त्याग देता है, वह अपना ही दाह-संस्कार कर सभी मानवीय संबंधों से स्वतंत्र होकर अति-संयमित जीवन का व्रत लेता है – एक यायावर बन जाता है, 'दुबला-पतला शरीर... हाथ में भीख का कटोरा व लाठी और तन पर भगवा वस्त्र' (वही : ४४)।

संन्यासी महान है लेकिन हिंदू जीवन के रंगमंच पर वह अकेला अभिनेता नहीं है। बल्कि वह रंगमंच पर है ही नहीं, वह तो उसे छोड़ चुका है और किनारे खड़े होकर ही उसका अवलोकन करता है। रंगमंच के केंद्र में एक घरेलू चरित्र है–गृहस्थ। वह महानायक नहीं है, लेकिन डुमो भले ही मानते रहें वह कोई छाया-चरित्र भी नहीं है (१९७० : ४८)। संन्यासी के दर्शन के अनुरूप 'सांसारिक जीवन-यापन' करना उसका आदर्श है (देखें डुमो १९७० : १२, ४१ इत्यादि)। गृहस्थ की भाषा में अनूदित होकर संन्यास सांसारिक बंधनों में जीते हुए आत्मनियंत्रण

और विरक्ति का भाव ग्रहण करता है। उसकी नजर में ये सांसारिक संबंध अपने-आप में बुरे नहीं हैं। वह सिर्फ इन संबंधों का दास होने से बचना चाहता है। वह संपूर्ण भोग-विलास और संपूर्ण त्याग के बीच के बिंदु की तलाश करता है। वास्तव में यह केवल संबंधों का प्रश्न है।

इसलिए, यह पुस्तक गृहस्थ के बारे में है। उसकी परिभाषा में सद्‌जीवन एक संयमित सांसारिक जीवन है। अपने-आप में संपूर्ण इसके सभी अध्याय इसी विषय-वस्तु का विस्तार हैं। प्रारम्भ में मैंने गृहस्थ की विचारधारा सामने रखी है जिसमें धनधान्य से परिपूर्ण अच्छे जीवन और साथ ही मानसिक वैराग्य का वर्णन है (अध्याय १)। उसके बाद गृहस्थ की जीवन-शैली में मांगलिकता और शुद्धता का महत्त्व आँका गया है (अध्याय २)। यह दर्शाया गया है कि इसमें वैराग्य और शृंगारिकता के बीच संतुलन बनाने का, बल्कि दोनों के द्वैध से मुक्त होने का प्रयास निहित है (अध्याय ३)। यह शिव (उत्तम) की सत्ता स्वीकारता है और इच्छाओं को सदाचरण के अधीन रखने में विश्वास करता है (अध्याय ४)। और उत्तम जीवन की सर्वोत्कृष्ट साक्षी उत्तम मृत्यु जिसका व्यक्ति निर्भय होकर वरण करता है (अध्याय ५)। यह सब परंपरा हमें बताती है : लेकिन अच्छे जीवन की परिभाषाएँ समय के साथ बदलती हैं, नये नैतिक मूल्यों का आविर्भाव होता है और उनके साथ नई चिंताएँ जन्म लेती हैं। इस प्रकार आधुनिक भारतीय को पश्चिम से आए धर्मनिरपेक्षता, विकास और लोकतंत्र के विचारों के संदर्भ में अपने जीवन को पारिभाषित करने की आवश्यकता प्रतीत होती है। लेकिन एक संस्कृति की परंपराओं का निर्वाह दूसरी संस्कृति में आसानी से नहीं होता, और आधुनिक हिंदू को इसीलिए खंडित मानस का तनाव झेलना पड़ता है। हिंदू की इन्हीं मुश्किलों के चित्रण के साथ पुस्तक समाप्त होती है (उपसंहार)।

यह पुस्तक जिन तथ्यों पर आधारित है उनके तीन स्रोत हैं। पहला, कश्मीर घाटी के ब्राह्मणों के बीच मेरा अपना गहन फील्डवर्क (अध्याय १, २ और ३) और उत्तर प्रदेश के कुछ ब्राह्मण समुदायों का तुलनात्मक रूप से विरल अध्ययन (अध्याय २); दूसरा, उत्तर प्रदेश, उड़ीसा एवं कर्नाटक के हिंदू (या हिंदू-प्रवर्तित) समुदायों के लिखित, अधिकतर प्रकाशित, जाति-वैज्ञानिक अध्ययन (अध्याय २); और तीसरा, बिहार, उत्तर भारत, कर्नाटक और तमिलनाडु की प्राचीन या आधुनिक काल को दर्शाने वाला समकालीन साहित्य (अध्याय ३, ४)। हिंदू धर्म की आधुनिक

खोज के लिए कुछ ऐतिहासिक और समाजशास्त्रीय पुस्तकों का अध्ययन भी किया गया है (उपसंहार)।

यद्यपि इस पुस्तक में ब्राह्मणों से संबंधित तथ्यों का ही उपयोग किया गया है, लेकिन मुझे लगता है कि इसमें दर्शायी गयी सांस्कृतिक विषय-वस्तु का महत्त्व इससे कहीं व्यापक है। हिंदू समाज में क्षेत्रीय तथा जातिगत भिन्नताएँ (अगर हम भाषायी पविर्तनों को नजरअंदाज कर दें, तो भी) इतनी अधिक हैं कि इससे संबंधित हर सार्वभौम सत्य संदेहास्पद लगने लगता है। स्थिति यह है कि हिंदू समाज की हर समाजशास्त्रीय व्याख्या को शक की निगाह से देखा जाना स्वाभाविक ही है – और इस समाजशास्त्र पर हमें जितनी अधिक दक्षता होती है, उतना ही हम किसी भी बात को लिखने या बोलने में संकोच करते हैं। बहरहाल सावधानी की बेहद जरूरत होते हुए भी जातिशास्त्रीय भिन्नताओं की चकाचौंध में हमें अपनी आँखें बंद नहीं कर लेनी चाहिए।

अनगिनत सांस्कृतिक रूपों के बीच ही हमें ऐसे महत्त्वपूर्ण विषयों या गतिशील अभिवचनों को ढूँढ़ने की निरंतर कोशिश करनी चाहिए जो इन रूपों के 'चरित्र, संरचना और दिशा'[२] का निर्धारण करते हैं और आपसी सहयोग या विरोध से उन्हें एक विशिष्ट सभ्यता का अंग बनाते हैं। उन हिंदू जातियों और समुदायों में इस विश्व-दृष्टिकोण की विस्तृत अभिव्यक्ति मिलेगी जिनके पास अपनी स्थापित साहित्यिक परंपराएँ हैं और जो उन्हें आपस में एक-दूसरे से जोड़ती हैं, परंतु इस विश्व-दृष्टिकोण की प्रासंगकिता केवल उन तक ही सीमित नहीं है। गृहस्थ जीवन अर्थात सद्‌जीवन का महत्त्व हर हिंदू ने माना है, चाहे वह किसी भी जाति, सम्प्रदाय या क्षेत्र का हो। ब्राह्मण पुरोहितों द्वारा सम्पन्न होने वाले कर्मकांडों के कारण ये मूल्य और विश्वास दूसरी जातियों और समुदायों में भी फैल गए हैं जिससे हिंदू समाज में एक स्पष्ट सामंजस्य पैदा हुआ है (देखें, श्रीनिवास १९६७)। इस प्रकार यह पुस्तक पूरे हिंदू समाज के बारे में है हालाँकि विषयात्मक दृष्टि से ब्राह्मणों पर ही केंद्रित है।

आइए, अब उन तथ्यों की बात करें जिन पर यह पुस्तक आधारित है। मेरी अपनी खोजबीन तथा प्रकाशित मानवशास्त्रीय सामग्री से मिली जानकारियां मेरे स्वाभाविक स्रोत रहे हैं। लेकिन, मैंने लीक से हटकर उपन्यासकारों को भी श्रेष्ठ सूचनाकार माना है और उपन्यासों को सामाजिक-सांस्कृतिक यथार्थ की

प्रथम या द्वितीय श्रेणी की व्याख्या के रूप में देखा है जिनसे किसी समुदाय के नैतिक भ्रम और आग्रहों का पता चलता है। लेकिन मानवशास्त्रीय दृष्टि से उपयोग करने के लिए इन व्याख्याओं की भी व्याख्या आवश्यक है।

अपने कुछ साथियों की आपत्तियों की आशंका को देखते हुए मैंने ऐसी साहित्यिक कृतियों के उपयोग का औचित्य अपने एक निबंध में स्पष्ट किया था जिसको इस पुस्तक में अध्याय ३ के रूप में शामिल किया गया है। उस निबंध में मैंने चुने गए उपन्यासों को 'समकालीन हिंदू बुद्धिजीवियों के मौलिक संवाद के अंश' करार दिया था। मैंने कहा था कि अगर कोई उपन्यास बहुत सारे लोगों को प्रभावित करता है तो उससे समाज की किसी गहरी और सार्वभौम चिंता इंगित होती है – उसका महत्त्व साझी प्रतिक्रिया के व्याकरण द्वारा परिलक्षित होता है। लेकिन, संभव है इस बारे में मुझे और भी कहना पड़े।

जिन उपन्यासों को मैंने अध्ययन के लिए चुना है, वे वैराग्य और भोग-विलास की प्रतिद्वंद्वी और शक्तिशाली ताकतों से जूझते एक नैतिक कर्त्ता के रूप में व्यक्ति के संघर्ष पर केंद्रित हैं (देखें, अध्याय ३)। यह संघर्ष शास्त्रीय हिंदू साहित्य तथा लोक कथाओं का स्थायी विषय है। और यही दैनिक जीवन का भी हिस्सा है। चाहे वह अनपढ़ और गँवार ही क्यों न हो, क्या कोई ऐसा हिंदू किसान है जो भोगी और त्यागी के चरित्र से परिचित न हो, जो विलास और आध्यात्मिकता के विरोधी मार्गों को न जानता हो? उसी तरह क्या हर ग्रामीण समुदाय ने कभी न कभी विवाहेतर प्रेम तथा अवैधता की नैतिक समस्याओं का सामना नहीं किया है? मानवशास्त्रीय दस्तावेज इस विषय पर चुप्पी जरूर साध लेते हैं, लेकिन मानवशास्त्री भी जानते हैं कि तथाकथित वास्तविक जीवन में ये नैतिक समस्याएँ कितनी महत्त्वपूर्ण हैं।

कहा जा सकता है कि ऐसी अवस्थाओं के चित्रण के बावजूद उपन्यासों में मिलने वाले नैतिक संवाद अबूझ होते हैं; लेकिन यह वस्तुतः इस बात पर निर्भर करता है कि आप किससे बात कर रहे हैं। किसी समाज में न केवल सामाजिक ज्ञान का वितरण असमान होता है, बल्कि उसकी अभिव्यक्ति भी बहुअर्थी होती है। तथाकथित साधारण लोगों को भी वही पारंपरिक स्रोत उपलब्ध हैं जो बुद्धिजीवियों को उपलब्ध हैं, हालाँकि उनके संप्रेषण के माध्यम अलग होते हैं, और इसलिए वे परस्पर संदेशों का आदान-प्रदान भी भिन्न रूपों में करते हैं।

ज्ञान और रचनात्मक कल्पना के बीच प्लेटो द्वारा स्थापित भेद अभी भी कायम हैं, लेकिन यह विभेद कार्ल मार्क्स और सिग्मंड फ्रॉयड को साहित्य से प्रेरणा ग्रहण करने से नहीं रोक पाया। जहाँ मार्क्स ने प्रमथ्यु को दार्शनिक इतिहास का पहला संत और शहीद कहा, वहीं अपने-आपको वैज्ञानिक मानने वाले फ्रॉयड का कहना था कि वे जहाँ भी अपने अन्वेषण के दौरान पहुँचे उन्होंने पाया कि कोई-न-कोई कवि उनसे पहले वहाँ पहुँच चुका है। हाल में इर्विंग गॉफमेन (१९६१), डेविड प्लाथ (१९८०) तथा अन्य लोगों ने उपन्यासों से लिए चरित्रों तथा घटनाओं के अपने बेहतरीन उपयोग से दिखाया है कि समाजशास्त्रियों के लिए उपन्यास कितना उपयोगी हो सकता है। इस पर और अधिक कहने की बजाय मैं सिर्फ इतना जोड़ूँगा कि अगर 'यथार्थ' और 'काल्पनिक' विश्व के बीच अंतर पर ज़रूरत से ज्यादा बल दिया जाए तो वह ज्ञान तथा अन्वेषण को एकांगी बना देता है (देखें, बर्जर १९७७)।

अब मैं चुने गए विषयों की व्याख्या-पद्धति के बारे में कुछ कहना चाहूँगा। सरलतम रूप में, मेरी पद्धति मानवशास्त्रीय है। यानी यह वर्णनात्मक तथा व्याख्यात्मक पद्धति है और इस मान्यता पर आधारित है कि हमारा सरोकार मुख्य रूप से संस्कृति-पोषित या सार्थक सामाजिक संबंधों से है न कि व्यक्तियों तथा घटनाओं से, जिनमें हमारी रुचि केवल संजात (यानी संबंधात्मक) है। अपने पास उपलब्ध तथ्यों पर विचार कर मैं कुछ महत्त्वपूर्ण संबंधों (माता-पिता व संतान, पति-पत्नी); घटनाओं (मृत्यु); नैतिक समस्याओं (विवाहेतर प्रेम, गृहस्थ या संन्यासी मांगलिकता, जीवन का प्रारम्भ, आधुनिकीकरण); और मूल्यों (शुद्धता, अलोभ, निष्ठा, भक्ति), आदि की व्याख्या करना चाहता हूं। व्याख्या शब्द का प्रयोग करने में मुझे किंचित हिचकिचाहट हो रही है, क्योंकि इसका प्रयोग कुछ प्रतिष्ठित बौद्धिक दायरों में होता तो हैं लेकिन समाजशास्त्रीय मानवशास्त्र में व्याप्त सैद्धांतिक गुटबाजी के कारण इससे भ्रम भी पैदा हो सकता है। इसीलिए यहां मुझे अपना दृष्टिकोण थोड़ा और स्पष्ट कर देना चाहिए।

जैसा कि मैंने पहले अध्याय में लिखा है, मैं मानवीय व्यवहार की व्याख्या कारणों या निर्धारकों के संदर्भ में नहीं करना चाहता हालाँकि मैं इस बात से इनकार नहीं करता कि मानवीय क्रिया-कलाप के भौतिक कारण, व्यावहारिक उद्देश्य और ठोस नतीजे हो सकते हैं। मैं जानता हूँ कि बंगाली हिंदू कौटुंम्बिक संबंधों में 'प्रेम'

को 'स्वतंत्र चर' माना गया है (देखें, इंडेन और निकोलस १९७७: ८८), लेकिन संस्कृति के अध्ययन के प्रति मेरा दृष्टिकोण यह नहीं है। मेरा फोकस कार्य-कारण संबंधों पर नहीं बल्कि मनोगत अर्थों पर है। मैंने ऐसी कुछ साधारण और कुछ परिष्कृत विचार-श्रेणियों की व्याख्या का प्रयत्न किया है जिनका इस्तेमाल पर हिंदू अपने दैनिक जीवन का तात्पर्य समझने के लिए करते हैं। इसके लिए वे विचार तथा कर्म, भूतकाल की स्मृतियों, वर्तमान की चिंताओं और भविष्य की आशाओं को परस्पर जोड़ देते हैं – और यह भी एक व्याख्या है। दिक्कत यह है कि लोगों को अपने द्वारा की गई जो व्याख्या समुचित और सुस्पष्ट लग सकती है, वह किसी बाहरी व्यक्ति को अस्पष्ट लगेगी और, सामान्यतः मानवशास्त्री तो बाहरी व्यक्ति ही होता है। भले ही उसका जन्म दूसरे समाज में न हुआ हो, मानवशास्त्री के रूप में उसकी शिक्षा उसे हर जानी-पहचानी वस्तु को संदेह की दृष्टि से देखना सिखा देती है। कहने का मतलब यह है कि या तो वह घनिष्ठ लोगों के बीच अजनबी बने रहने को बाध्य है, या उसे अजनबियों के बीच घनिष्ठ की भाँति रहना पड़ता है।

मैं क्लिफर्ड गीयट्ज़ॅ जैसे उन मानव-संस्कृति अध्येताओं से सहमत हूँ जो यह नहीं मानते कि मानवशास्त्रियों के पास कोई विशेष सहमर्मिता (ऐम्पेथी) या कल्पनाशक्ति होती है। इसलिए हमारे लिए लोगों की व्याख्याएँ भी वैसी ही जानकारियां होती हैं जैसी कि हमारी देखी-सुनी बातें। जैसा कि लुई डुमो शायद कहें, वे ऐसे सिद्धांत हैं जिनके आलोक में देखे-सुने तथ्यों को समझा जा सकता है इसलिए वे उच्चतर श्रेणी के तथ्य हैं। अर्थात, हमारे सूचनादाता सिर्फ सूचना ही नहीं बल्कि व्याख्याएँ भी प्रदान करते हैं। लेकिन जीवन के प्रति उनके दृष्टिकोण हमेशा एक-से नहीं होते। सांसारिक जीवन के बारे में हिंदू गृहस्थ और संन्यासी की टीकाएँ समान नहीं होंगी।

व्याख्या करने के लिए सामाजिक मानवशास्त्री को शुरू में पहेली लगने वाले तथ्यों में निहित अर्थों की गुत्थियाँ खोलनी होती हैं। इस प्रक्रिया में न केवल हमारे मौलिक विचार, बल्कि उनके प्रतिपक्षी या पूरक, नियंत्रक सिद्धांत भी स्पष्ट होते हैं। हम सरलता से जटिलता की ओर बढ़ते हैं और जो 'हमने कमोबेश संभ्रमित रूप में जाना है, उसे अच्छी तरह सूत्रबद्ध कर पाते हैं' (डुमो १९७०: ३६)। व्याख्या की इस पद्धति में दैनिक जीवन की घटनाओं का अवलोकन भी

शामिल है और उनसे अलगाव भी; इसमें एक ही समय लोगों पर विश्वास भी करना होता है, और संदेह भी। यह मूर्त्त को अमूर्त्त से जोड़ने की कला है। संक्षेप में, यह आलोचक की दृष्टि से महत्त्व और संरचना की परख है।

जिस प्रकार आंतरिक व्याख्याकार कई होते हैं, उसी प्रकार बाह्य व्याख्याकार भी कई हो सकते हैं जिनमें हरेक सामाजिक यथार्थ का एक अंश ही जान पाता है। वह यथार्थ को एक व्यवस्था, संरचना, चाल, पाठ, मनःस्थिति इत्यादि के रूप में देख कर एक दृष्टिकोण प्रदान करता है। ऐसा कहना नाशवाद अथवा अतिसंदेहवाद के सामने आत्मसमर्पण कर देना नहीं, वरन् बहुलवाद का सत्य और महत्त्व स्वीकारना है। मैं यह बिल्कुल नहीं कहना चाहता कि कर्म के व्याख्याकारों का जन्म कर्म के कर्त्ताओं की मृत्यु और उनकी महत्त्वहीनता का द्योतक है। मैं इससे ज्यादा दावा नहीं करना चाहता कि मैंने हिंदू समाज में सद्‌जीवन से संबंधित कुछ मूलभूत प्रश्न उठाए हैं और इसके संकेत प्रदान किए हैं कि कैसे इन प्रश्नों का लोगों द्वारा प्रयुक्त विचार-श्रेणियों के प्रकाश में उत्तर दिया जा सकता है। सत्य यह है कि जिन लोगों के बीच मैंने सर्वेक्षण कार्य किया है, अथवा जिनके विषय में मैंने पढ़ा है, वे अपने-आपको मुझसे कहीं ज्यादा अच्छी तरह जानते हैं। यह बात और है कि उनके संबंध में मैं कुछ ऐसी बातें जानता हूँ जो वे नहीं जानते। होरेस ने अरसा पहले ही कहा था कि हमें सब कुछ जानने की अनुमति नहीं है। मानवशास्त्रीय ग्रंथ जिस संपूर्णता और स्थायित्व का भ्रम पैदा करते हैं, वे उपयोगी और कुछ हद तक सत्य होने के बावजूद भ्रम ही हैं। व्याख्या कर्म कभी संपूर्ण नहीं होता। उसमें केवल मोड़, ठहराव, समझ तथा फिर नए मोड़ आते हैं। लेकिन इसका यह अर्थ नहीं है कि इसकी सैद्धांतिक निर्णयों में कोई रुचि नहीं होती। हर समझ दूसरी के लिए प्रस्तावना है, हर 'गंतव्य-स्थल' एक नई शुरुआत। जैसे-जैसे प्रश्न बदलते हैं, उनके उत्तर भी बदल जाते हैं और विवरण की संपूर्णता स्थगित हो जाती है। मेरा विश्वास है कि कल के प्रत्यक्षवादी भी इसे उतनी ही अच्छी तरह जानते थे, जितना आज के ग्रामेटोलॉजिस्ट, लेकिन इस उद्यम के लक्ष्य तथा इसकी प्रकृति बिल्कुल स्पष्ट है। जिन लोगों को हम समझने की कोशिश कर रहे हैं, वे क्या सोचते और करते हैं, उसका अर्थ पता लगाने का ही हम प्रयत्न करते हैं। मैक्स वेबर के शब्दों में, वे किस तरह अपने जीवन को 'अर्थ और महत्त्व' देते हैं, इसे जानने की कोशिश ही हमारा काम है। हमारी व्याख्याएँ नियोजनतः यथार्थ का चित्रण नहीं हैं। वे

वर्णनात्मक हैं, लेकिन वे सिर्फ वर्णन नहीं हैं। हम केवल *देखते* और *सुनते* ही नहीं, वरन् *सोचते* भी हैं।

विषय-वस्तु

अब मैं *सद्जीवन* के संदर्भ में उठाए गए विषयों के बारे में कुछ कहना चाहूँगा। पहला अध्याय 'गार्हस्थ्य और विरक्ति' मूलतः हार्वर्ड में 'व्यक्ति की भारतीय धारणा' पर आयोजित एक गोष्ठी में प्रस्तुत किया गया था। बाद में वह इसी रूप में प्रकाशित भी हुआ (देखें, मदन १९८३)। एक संशोधित संस्करण पहले ही प्रकाशित किया जा चुका था (देखें, मदन १९८१) और दोनों संस्करणों में एक ही व्याख्या प्रस्तुत की गई थी। यहाँ १९८१ के संस्करण का कुछ मामूली संशोधनों के साथ उपयोग किया गया है।

यहाँ यह इंगित किया जा सकता है कि यद्यपि ग्रहस्थ की विचारधारा पर मेरी विवेचना कश्मीरी ब्राह्मणों के अध्ययन पर आधारित है लेकिन, जैसा कि पहले ही कहा जा चुका है, भारतीय और मानवशास्त्रीय साहित्य में इस बात के प्रचुर प्रमाण हैं कि गृहस्थ जीवन को हिंदू समाज में सबसे अधिक महत्त्व दिया गया है। अगर हम सिर्फ एक प्रमाण यहाँ दें तो मध्ययुगीन भारत के सभी विरोधी सांप्रदायिक भक्ति आंदोलनों ने आत्मसंयमित सांसारिकता का गुणगान किया है। दक्षिण में लिंगायत सम्प्रदाय के जन्मदाता बासव (११२५-११७०?), उत्तर में सिखों के प्रथम गुरु नानक (१४६९-१५३८), पश्चिम में पुष्टि मार्ग के जनक वल्लभ (१४७९-१५३१) तथा पूर्व में आध्यात्मिक और दांपत्य प्रेम को सर्वोच्च मानने वाले लोकप्रिय संप्रदाय के जनक चैतन्य (१४८५-१५३४), ने गृहस्थ और सांसारिक जीवन की महिमा बताई है। लेकिन, इस तरह के जीवन में भक्त और भगवान का योग होना चाहिए, दुराव नहीं।

लिंगायत तथा सिख संप्रदाय गार्हस्थ्य और दाम्पत्य को सर्वोपरि मानते हैं। लेकिन कुछ दूसरे सम्प्रदाय बिना गार्हस्थ्य के आदर्श को छोड़े कभी-कभी अति भोग-विलास के मार्ग पर चल पड़े। जैसा कि इस भूमिका में बताया जा चुका है कि धर्मशास्त्र साहित्य और महाकाव्यों में भी गृहस्थ अवस्था की बहुत प्रशंसा की गई है। इन प्रमाणों के आधार पर यह कहने में कोई दिक्कत नहीं है कि हिंदू समाज में गृहस्थ की विचारधारा का अस्तित्व है, संन्यास की तरह गृहस्थ धर्म को भी मूल्य

प्रदान किया गया है। इससे इन दोनों विपरीत विचारधाराओं के आपसी संबंध का प्रश्न उठता है।

जाहिर है कि दोनों विचारधाराएँ एक ही स्तर पर प्रभावशाली नहीं हो सकतीं। अगर हम मानते हैं कि संन्यास सामान्य न होते हुए भी आदर्श है, तो संन्यास द्वारा अभिव्यक्त मूल्य भी सर्वमान्य मानने होंगे। गृहस्थ, संन्यासी से नीचे और उसके द्वारा निर्देशित होगा। जिन कश्मीरी ब्राह्मणों का मैंने अध्ययन किया है, उनके और दूसरे करोड़ों हिंदुओं द्वारा विरक्ति को दिया महत्त्व इसी का द्योतक लगता है। लेकिन जैसा कि एक अन्य संदर्भ में डुमो ने कहा है, 'जिस क्षण एक कार्य पारिभाषित होता है, उससे संबद्ध परिस्थितियों के विपर्यय की आवश्यकता महसूस होती है' (१९८२: २२५)। गृहस्थों के बीच संन्यासियों के लिए, विरोधाभासी रूप से, शत्रुता और सम्मान दोनों होते हैं। (इसके बारे में मैंने अध्याय १ में लिखा है।) यदि संन्यास का चयन पूर्णता की आकांक्षा की बजाय पराजय के कारण किया गया हो तो इससे संन्यास की दुर्बलता या अविश्वसनीयता का संकेत मिलता है। गृहस्थ धर्म का पालन और उसका आनंद भोगने के बाद ही कामहीनता की स्थिति का अनुभव किया जा सकता है जो संन्यास के लिए आवश्यक है। इससे इनके बीच विरोधामास समाप्त हो जाता है : गृहस्थ द्वारा संन्यास नकारने से एक अधिक ऊँचे स्तर पर इसका मूल्य खंडित नहीं होता।

गृहस्थ अपने दरवाजे पर प्रतिदिन भिक्षा माँगते संन्यासी की पुकार सुनता है। यह जीवन उसका भविष्य हो सकता है, जिसे वह कभी भी अपना सकता है। दूसरी तरफ, पिछवाड़े खड़ा भोगी असंयमित भोग के लिए उसे उकसाता है। दोनों ही ओर से उसके गृहस्थ जीवन के लिए चुनौती और खतरा है। उसकी सफलता इसमें है कि वह किसी के सामने आत्मसमर्पण न करे, और गार्हस्थ्य व विरक्ति के तत्त्वों को एक साथ महत्त्व दे।

हिंदुओं के लिए गार्हस्थ्य प्रसन्नता तथा संपन्नता के साथ जुड़ी है। यह मांगलिकता और शुद्धता के मूल्यों को साकार करती है। इन्हीं मूल्यों पर दूसरा अध्याय केंद्रित है। यह अध्याय दक्षिण भारत में धर्म सम्मेलन के सौजन्य से जॉर्ज वॉशिंगटन विश्वविद्यालय, वॉशिंगटन में 'शुभ और शुद्ध' विषय पर हुई सभा के भाषणों को एकत्र करके प्रकाशित की गई पुस्तक में से लिया गया है (कारमैन तथा मार्गलिन, १९८५)। यह एक खोजपरक लेख है जिसमें 'शुद्धता' के बहु-अन्वेषित

विचार के साथ 'मांगलिकता' का संबंध जानने का प्रयत्न किया गया है। यह कालजनित घटनाओं का महत्त्व आँकने का प्रयत्न है। घरेलू जीवन में सर्वव्याप्त 'मांगलिकता' का मूल्य केवल उच्च जाति के हिंदुओं तक ही सीमित नहीं है। यह और बात है कि उनके घरों में इसका महत्त्व अधिक है। भारत में सभी स्थानों पर आप घर की दीवारों पर या सामने के बरामदे में ज्यामितीय या शुभ पुण्यात्मक चिह्न बने देख सकते हैं (इनमें सफेद चूना, पीली हल्दी और लाल ईंट का बुरादा या उनका मिश्रण प्रयुक्त होता है)। मैंने ये चिह्न गरीब, अनपढ़, छोटी जाति के ग्रामीणों के घर में भी देखे हैं और संपन्न ऊँची जातियों के यहाँ भी। ये चिह्न स्त्रियों द्वारा बनाए जाते हैं (जिससे मांगलिकता और स्त्रीत्व के बीच निकट संबंध का भान होता है)। ये चिह्न मंडल तथा यंत्र से प्रेरित हैं, जो एक व्यवस्थित ब्रह्मांड के अमूर्त चित्रण हैं।

अपना पिछला लेख लिखने के बाद अगले पाँच वर्षों में मैंने 'शुभ' या इससे संबंधित विषयों पर वीणा दास, फ्रेडरिक मार्गलिन, वसुधा नारायणन इत्यादि कई विद्वानों को पढ़ा है। इनमें कुछ लोग मेरे द्वारा सुझायी विवेचना की पुष्टि करते हैं, जबकि दूसरे लोगों ने अध्ययन का विस्तार उसी रास्ते पर किया है। दास (१९८२ : १४३एफएफ) शुभ-अशुभ, शुद्ध-अशुद्ध और जीवन-मृत्यु की एकबद्ध रूपावली रचने का प्रयत्न करती हैं। अगर उनके प्रशंसनीय कार्य में फेरबदल तथा स्पष्टता की आवश्यकता है, तो इससे कार्य की जटिलता ही पता चलती है। उदाहरणार्थ, वे इस संभावना को नहीं मानतीं कि मृत्यु कुछ परिस्थितियों में शुभ भी हो सकती है (देखें, नारायणन १९८५ तथा आगे अध्याय ५)। मार्गलिन का यह कहना शायद सही है कि मांगलिकता, शकुन और दूसरे ऐसे शब्दों का अर्थ 'कालजनित' घटनाओं तक सीमित कर देना एकांगी है।[3] महत्त्वपूर्ण बात यह है कि शुभ का विचार अब अध्ययन योग्य महत्त्वपूर्ण विषय समझा जाने लगा है।

मेरा विश्वास है कि शुद्ध-अशुद्ध की श्रेणियाँ महत्त्वपूर्ण होते हुए भी हिंदू गार्हस्थ्य जीवन के अध्ययन के लिए पर्याप्त नहीं हैं। मुझे यह भान कई वर्ष पूर्व कश्मीरी ब्राह्मणों का अध्ययन करते समय हुआ। इसलिए वे इस विषय में मेरे प्रथम गुरु हैं। मुझे लगता है कि मांगलिकता और शुद्धता का एकबद्ध सिद्धांत मूल्यों के क्षेत्र में जाति और परिवार के अध्ययन में एक और कड़ी का काम करेगा। शुभ-अशुभ अंतर्जातीय संबंधों में भी एक भूमिका अदा करता है जिस पर मैंने

(अध्याय २) संक्षेप में विचार किया है।[४]

१६७८ में लिखा गया और तीन वर्ष बाद प्रकाशित (देखें, मदन १६८१ए) अध्याय ३, 'तपस और कामुकता' यहाँ मामूली बदलाव के साथ संकलित है। इसमें गृहस्थ जीवन के तहत तपस और कामुकता के दो विपरीत बिंदुओं के द्वंद्व से परे जाने का प्रयत्न ज्यादा विस्तार से चित्रित किया गया है। इस नैतिक दुविधा की हिंदू साहित्यिक, दार्शनिक और मिथकीय परंपरा ने काफी समय से विवेचना की है। संन्यासी और भोगी दोनों का ही व्यक्तित्व विशाल है; एक आत्मनियंत्रण का मंत्र देता है, तो दूसरा भोग का। राजा आदर्श भोगी है। लेकिन इस अध्याय में तर्क दिया गया है कि अगर भोग को जीवन का आदर्श मान लिया जाए तो वह पतन का कारण बनता है। उसी तरह तपस सिर्फ आत्मपीड़न का खोखला दंभ बन जाता है।

ये सर्वज्ञात बातें हैं। यहां मैं इस पर बल देना चाहता हूँ कि इस समस्या का आदर्श हिंदू समाधान इन प्रतिपक्षों का सामंजस्य नहीं है, जैसा कि कई विद्वान समझते हैं। हिंदू संस्कृति में अनुराग और वैराग्य के एक हालिया अध्ययन में कहा गया है कि 'विपक्षी भावों का सामंजस्य... भारतीय संस्कृति का एक पुनरावर्ती विषय है जो एक ही साथ व्यक्तिगत भी है और रहस्यात्मक रूप से सर्वनिष्ठ भी' (सीगल १६८३ : xi)। हिंदू की नैतिक चिंता 'व्यक्तिगत' तथा 'रहस्यात्मक रूप से सर्वनिष्ठ' है, लेकिन इसके प्रति उसकी आदर्श प्रतिक्रिया ऐसी नैतिक संवेदनशीलता का निर्माण है जो उसे नैतिक चयन करने और अपने-आप को कई विशेष कार्य करने के लिए बाध्य करने की आवश्यकता से परे ले जाती है। अत्यंत प्रतिष्ठित समकालीन हिंदू दार्शनिक जदु कृष्णमूर्ति का इस विषय पर कहना है : 'स्पष्ट है कि चुनना नहीं, बल्कि बिना चुने अवगत होना ही महत्त्वपूर्ण है, क्योंकि चयन करना द्वंद्व पैदा करता है। चयनकर्ता संभ्रमित है इसलिए वह चुनता है; अगर वह सम्भ्रमित न हो तो किसी चयन की आवश्यकता नहीं' (लुटयेन्स १६७० : ७०)।[५] इसलिए सद्जीवन में बाह्य नियंत्रण से मुक्ति सर्वोपरि है : यह परिपक्वता तथा शालीनता की अवस्था है।

अध्याय ४ में नैतिक चयन की दुर्बलता की विवेचना को आगे बढ़ाया गया है। एक उन्नत नैतिक बोध *आदर्श* है, लेकिन आम लोग संस्कृति द्वारा नियमित सही जीवन को इसका मार्ग मानते हैं। इसी परिपक्वता की प्रक्रिया का अध्याय

१ में कश्मीरी ब्राह्मणों के सद्‌जीवन संबंधी विचार के संदर्भ में उल्लेख हुआ है। हिंदू संस्कृति में अहंकार के मद में नैतिक चयन करने के खतरों के बारे में तो कहा ही गया है (देखें अध्याय ३), इच्छित (प्रेयस) को श्रेयस (जो करना सही हो) के नियंत्रण में लाने पर भी बल दिया गया है। इन दोनों दृष्टिकोणों को एक-दूसरे का पूरक माना गया है, न कि विरोधी। नैतिक प्रयास बहुत कठिन है, लेकिन प्रयास न कर पाना भी कष्ट का कारण बनता है। पारंपरिक हिंदू दृष्टिकोण यह है कि जो भी सांस्कृतिक नियमों को धता बता कर अपनी स्वतंत्रता का दावा करता है, वास्तव में वह अपनी वासनाओं का दास बन जाता है। अनियंत्रित इंद्रियाँ ही उस पर शासन करने लगती हैं जिससे अंततः दुःख का जन्म होता है। दुःख तथा मृत्यु के विषय भारतीय दर्शनों (हिंदू, बौद्ध, जैन) में अति-महत्त्वपूर्ण हैं (अध्याय ४) लेकिन मेरे पास न तो तथ्य हैं, न ही विद्वत्ता कि मैं दुःख की विस्तार से विवेचना कर सकूँ।

मृत्यु से जुड़े दुःख का विषय मैंने अध्याय ५ में उठाया है। दूसरी सभ्यताओं की तरह हिंदू भी दीर्घ आयु की कामना करते रहे हैं। वैदिक काल में बार-बार सौ वर्ष जीने की कामना की गई है और यह संतानोत्पत्ति तथा संपन्नता के साथ जुड़ी है। इसलिए यह आश्चर्यजनक नहीं कि ब्राह्मणवादी कर्मकांड अधिकतर आयुवृद्धि से जुड़े थे। पुराने शरीर के बदले नया शरीर पाने की संभावना का विचार भी अस्तित्व में था (देखें अध्याय ३)। बाद में नैतिक मूल्यों का पालन करते हुए सद्‌जीवन का निर्वाह अधिक महत्त्वपूर्ण हो गया, लेकिन संपन्नता का महत्त्व तब भी बना रहा। इसके अतिरिक्त कर्मकांडों द्वारा मृत्यु को टालने के प्रयास का स्थान उपनिषदिक दार्शनिकता ने ले लिया। कर्म को जन्म तथा मृत्यु का मूल कारण समझा जाने लगा। यह कार्य तथा फल के नैतिक सिद्धांत का भी आधार बना। जैसा कि बृहदारण्यक उपनिषद ने कहा है 'वास्तव में, व्यक्ति अच्छे कर्मों से अच्छा और बुरे कर्मों से बुरा बनता है (III.ii : १३)।'

इसलिए हिंदू परंपरा में बुराई को जीतने की शिक्षा दी जाती है, मृत्यु से डरने की नहीं। वास्तव में, जन्म तथा मृत्यु की अलग सत्ताएँ नहीं होतीं, बल्कि उन्हें ब्रह्म-नैतिक प्रक्रिया की आवर्ती घटनाएँ माना गया है। कुछ मानवशास्त्रियों ने जन्म को हिंदू संस्कृति का प्रच्छन्न मूल प्रतिमान माना है। इंडेन तथा निकोलस लिखते हैं, 'सभी संस्कार जन्म को सांकेतिक रूप में व्यक्त करते हैं' (१९७७ : ९१)। मेरा

विचार है कि उन्हें 'जन्म, मृत्यु और पुनर्जन्म...' कहना चाहिए था। ऐसे दार्शनिक विचार और ईश्वरीय कृपा (कर्म के बाद आया विचार) की सहायता से ही हिंदू मृत्यु से जूझना तथा उसे सद्जीवन का संकेत बनाना सम्भव समझते हैं।[६] लेकिन हिंदुओं के अनुसार जीवन का अंतिम क्षण सारे जीवन पर भारी नहीं पड़ सकता (वैसे दैवी कृपा के मिथकों में ऐसा भी कहा गया है)। कर्मकांड, संतों का आदर, पवित्र ग्रंथों का श्रवण, मिथकों को पुनर्जीवित करना और पवित्र स्थानों में वास : ये सभी दार्शनिक दृष्टिकोण से निम्न स्तर के वे तरीके हैं जो मृत्यु और इससे जुड़े भय तथा दुःख का सामना करने में सहायक हैं।

इस पुस्तक के केंद्रीय पाँच अध्यायों में मैंने संन्यास की बजाय सांसारिकता को सद्जीवन मानने का पारंपरिक दृष्टिकोण प्रस्तुत करने का यत्न किया है। मैंने 'आधुनिक' (तथा 'आधुनिककर्त्ता') हिंदू के खंडित संसार के बारे में कुछ नहीं कहा, जो पुराने स्मारकों और नई अर्धनिर्मित संरचनाओं का घालमेल है। कार्ल मार्क्स ने हिंदू विषाद का कारण सही पहचाना था : 'नई दुनिया मिले बिना पुरानी दुनिया का खो जाना' (मार्क्स १८५३)। जिस जीवन पद्धति में हिंदुओं के अलावा दूसरे भारतीय भी एक हद तक सहभागी हैं, वह अनिश्चितताओं से भरी है। 'सद्जीवन' का अब भौतिक संपन्नता, राजनीतिक प्रजातंत्र तथा सेकुलरवाद के पश्चिमी उदारवादी आदर्शों के उधार लिए मानकों द्वारा मूल्यांकन किया जा रहा है। रवींद्रनाथ, नेहरू, गांधी, किसी भी आधुनिक भारतीय का जीवन के प्रति दृष्टिकोण भारत पर पश्चिम का प्रभाव समझे बिना जाना नहीं जा सकता। इस प्रभाव से पहले 'आत्मह्रास' हुआ तथा फिर उसे पुनः पाने का प्रयत्न।[७] उपसंहार में मैंने हिंदू धर्म की इसी खोज के बारे में लिखा है। यह अस्मिता की खोज का एक अंश है और तथाकथित 'आधुनिक भारतीय संस्कृति' का एक अहम विषय। मैंने कई साक्षियों (जिनमें अधिकतर हिंदू हैं) के साक्ष्य उनके अपने शब्दों में प्रस्तुत करना उचित समझा है। वे 'आधुनिक' भारतीय होने की उलझन व्यक्तिगत या सामूहिक रूप में किस तरह अनुभव करते हैं, यह इससे व्यक्त होगा। इस परिदृश्य की मेरी व्याख्या का अधूरापन शायद व्याख्याकार के रूप में मेरी कमियाँ दर्शाता है, हिंदुओं की वर्तमान दशा नहीं।

मेरे लेखक-व्याख्याकार होने पर जिन लोगों का प्रभाव है उनके बारे में मेरा चुप रहना ही बेहतर होगा। अगर उन्हें मैं बताना शुरू करूँ, तो शायद जिनको

मैं धन्यवाद देना चाहता हूँ उन्हें शर्मिंदगी महसूस हो। मैं सिर्फ इतना कहूँगा कि मैं हिंदू पैदा हुआ और सामाजिक मानवशास्त्री के रूप में प्रशिक्षित हूँ। इस योग ने मुझे अपने समाज में भीतरी-बाहरी की स्थिति प्रदान की है (देखें, मदन १९७५बी)। इस तरह की विभक्त (या युक्त) पहचान कोई अनन्यता नहीं रखती। और जैसा कि मनोवैज्ञानिक सुधीर कक्कड़ कहते हैं : 'जहाँ संस्कृतियों की सीमाएँ मिलती हैं, वे दायरे जीने के लिए लाजमी तौर पर बुरे नहीं होते'।

संदर्भ एवं टिप्पणियाँ

१. अपनी-अपनी समझ के हिसाब से इनमें से किसी से भी संबंध पर बल दिया जा सकता है। उदाहरणार्थ, डुमो पूरकता पर अधिक बल देते हैं। उनके अनुसार : 'जाति-व्यवस्था अपने प्रतिपक्षी संन्यास की अनुपस्थिति में शायद ही इतने समय तक अस्तित्व में रह पाती' (१९८० : १८६)।

२. मैंने यहाँ मॉरिस ओपलर के एक पुराने, प्रायः भूले-बिसरे लेख के कुछ शब्दों और मुहावरों का प्रयोग किया है। मैं यह बताना आवश्यक समझता हूँ कि 'थीम' शब्द का मेरा प्रयोग ओपलर से पूर्णतः मिलता-जुलता नहीं है (देखें ओपलर १९४५)।

३. मार्गलिन 'शुभ' के लिए प्रायः 'मंगल' शब्द का प्रयोग करती हैं। यह ध्यान देने योग्य है कि कुछ शब्दकोश रचयिता 'मंगल' शब्द का मूल, *मंग* को मानते हैं, जो प्रथम पुरुष में जाने, चलने के लिए प्रयुक्त होता है।

४. भूमिका और अध्याय १, २ तथा ५ में मैंने कुछ प्रमुख वाक्प्रतीकों पर ध्यान केंद्रित किया है, क्योंकि मुझे लगता है कि लोग अपनी परिस्थितियाँ समझने और उनसे संबंध बनाने में इन शब्दों से प्रभावित होते हैं। लेकिन मैं व्याकरण जानने की कीमत पर अपने-आप को रूढ़िवादी तरीके से इस पद्धति से नहीं जोड़ना चाहता।

५. 'चयनहीन बोध' का हिंदू विचार शायद आधुनिक दृष्टिकोण से गूढ़ (या रहस्यमय) लग सकता है। लेकिन, इस पर चिंतन के पश्चात शायद यह उलझन खत्म हो जाएगी। दार्शनिक रिचर्ड वोल्हीम के इस सुझाव पर गौर करने से भी मदद मिल सकती है जो परिपक्वता के साथ सोद्देश्य चयन से चयनहीन चेतना की ओर धीमे परिवर्तन का संकेत करता है : 'मेरा मानना है कि पराअहं (सुपरईगो) की ओर या उससे परे जाने की यात्रा को सबसे अच्छी तरह यूँ समझा जा सकता है : आंतरिक आकृति या आकृतियाँ, जिनकी प्रेतनुमा गतिविधियाँ विचारों, भावनाओं और कर्मों का निर्धारण करती हैं अपने जीवन

का प्रारम्भ केवल अंतःकृत आकृतियों के रूप में करती हैं। वे अ़ंह (ईगो) को "चुनौती" देती हैं। लेकिन परिस्थितियों के साथ धीरे-धीरे उन आकृतियों के साथ व्यक्ति का तादात्म्य हो जाता है' (१९८४ : २१८)।

६. समकालीन अमेरिका में 'शुभ मृत्यु' का कोई विचार न होने पर अफसोस करते हुए बेटसन लिखते हैं : 'कहानी के अंत की तरह मृत्यु का क्षण उसके पूर्व की घटनाओं को नया अर्थ देता है। मृत्यु वह अंतिम क्षण भी है जब वृद्ध युवकों को जीवन के बारे में नया पाठ दे सकते हैं। लेकिन यह संयोग पर इतना निर्भर है कि यह पाठ कई बार अनकहा रह जाता है' (१९८४ : २०६)। कुछ पंडित मानवीय जीवन में संयोग के महत्त्व से इनकार करेंगे, लेकिन अधिकतर बेटसन का उक्त कथन स्वीकार करेंगे।

७. मनोवैज्ञानिक आशिस नंदी ने 'आधुनिक' हिंदुओं के बीच 'इयत्ता-ह्रास' और 'इयत्ता' की पुनःप्राप्ति के प्रयत्न का प्रबुद्ध और सुरुचिपूर्ण अध्ययन किया है (१९८३)।

१

गार्हस्थ्य और विरक्ति

हम अपना यह प्रिय संसार क्यों त्यागें? ईश्वर से हमारा प्रेम ही हमारी तपस्या है...।

–कृष्ण राज़दान

मेरे लिए मोक्ष संन्यास में नहीं है। मैं आनंद के सहस्रों बंधनों में स्वतंत्रता पाता हूँ।

–रबींद्रनाथ ठाकुर

प्रस्तावना

भारतीय धर्मों में संन्यास विषयक अपने प्रसिद्ध लेख में लुई डुमो ने सुझाया है कि 'हिंदू धर्म का रहस्य संन्यासी और सांसारिक व्यक्ति के बीच संवाद में है' (१९६० : ३७ एफ)। जाहिर है कि डुमो हिंदू संसार के इन दो 'मानव प्रकारों' की ओर ध्यान आकर्षित करने वाले प्रथम व्यक्ति नहीं थे : लेकिन उन्होंने ही इस बात पर बल दिया कि संन्यासी और सांसारिक व्यक्ति को केवल आपसी द्वंद्व में ही नहीं, बल्कि एक-दूसरे के पूरक के रूप में भी देखा जाना चाहिए। यह अध्याय लुई डुमो के सम्मान में लिखे मेरे एक लेख पर आधारित है। इसमें मैंने उनके द्वारा लक्षित इस 'संवाद' की सार्थकता को कश्मीरी पंडितों के बीच गृहस्थ की स्थिति के जरिए समझने की कोशिश की है।[१] एक अन्य रचना में मैंने विस्तार से बताया है (देखें, मदन १९६५) कि गृहस्थ का पंडित समाज में केंद्रीय स्थान है; वास्तव में साधारण पंडित गृहस्थ ही है। यहाँ मैं गृहस्थ पंडित की विचारधारा के कुछ बिंदुओं को स्पष्ट करना चाहता हूँ।

यहाँ यह स्पष्ट कर देना उचित होगा कि पहले वाली रचना (मदन१९६५) में सामाजिक संबंधों के ज्यादा महत्त्वपूर्ण होने की धारणा अंतर्निहित थी इस कारण

सामाजिक यथार्थ के सांस्कृतिक पहलुओं की तरफ पर्याप्त ध्यान नहीं दिया जा सका। जाहिर है कि एक संकीर्ण धारणा के बदले दूसरी संकीर्ण धारणा इसका इलाज नहीं है, बल्कि हमें रोजमर्रा की घटनाएँ समझने के लिए एक बहुआयामी तरीका अपनाना चाहिए। विचारों तथा विश्वासों का अध्ययन इंद्रियगोचर व्यवहार के संदर्भ में ही किया जा सकता है और विचार-विश्वास के संदर्भ में ही व्यवहार का अध्ययन सम्भव है।

डुमो (१९५७ : १२) का अनुसरण करते हुए, मैं यहाँ उन विचारों का अध्ययन करूँगा जिनका पंडित स्वयं अपनी संस्थाओं तथा रिवाजों की सार्थकता जानने के लिए प्रयोग करते हैं। ये विचार मूल्यात्मक हैं जिन पर प्रश्न नहीं उठाए जा सकते, लेकिन वे धर्म के संदर्भ में व्यक्ति को ऐसे चयन करने की स्वतंत्रता प्रदान करते हैं जिनसे मानवीय कर्म तथा उनके मार्ग, दोनों तय हो सकें। इस प्रकार इन विचारों से सामाजिक संबंध अनुप्राणित होते हैं–कभी उन्हें बल प्रदान करते हुए तथा कभी उन्हें बदल कर।

लेकिन यहाँ सावधानी की आवश्यकता है क्योंकि जैसा कि डुमो (१९८० : ३६ एफ) ने संकेत किया है, जिस प्रकार इंद्रियगोचर व्यवहार संपूर्ण यथार्थ नहीं है उसी प्रकार विचार तथा मूल्य भी सब कुछ नहीं हैं और न ही वे अपने-आप में सामाजिक-संस्कृतिक यथार्थ हैं। विचार वह ढाँचा तो देता है जिसमें व्यवहार को समझा जाता है लेकिन जैसा कि डुमो (१९७७ : २७) ने बताया है, सचमुच होने वाला व्यवहार एक 'अंकुश' प्रदान करता है जो बिचारों को ज्यादा महत्त्व देने से पैदा हुई गलतियों से बचाता है। संक्षेप में, मैं संस्कृति तथा समाज के बीच कोई खाई नहीं देखता। बल्कि मेरा कहना है कि हम यह स्वीकार करें कि सामाजिक कर्म अर्थवान हैं और उद्देश्य उनका केंद्रीय तत्त्व है। लेकिन उद्देश्य कारण नहीं होते और वैसे भी मैं हर चीज की उद्देश्यवाद से व्याख्या करने के पक्ष में नहीं हूँ। यह एक व्याख्यात्मक लेख है जिसका कार्य शुट्ज़ (१९७६) के शब्दों में 'स्वाभाविकताओं की निर्मिति' है।

लोगों के विचार जानना तथा उनका विश्लेषण करना कठिन है। वे मानवशास्त्री की मर्जी से रास्ते में पड़े नहीं मिलते। उसे न केवल ये विचार खोजने पड़ते हैं बल्कि कड़े क्षेत्रीय अध्ययन से खोद-खोद कर निकालने पड़ते हैं। मानवशास्त्रीय ग्रंथ देखे-सुने 'तथ्यों' के प्रतिबिंब नहीं होते। उनका ताल्लुक जनसाधारण के जीवन

तथा उसके उद्देश्यों के प्रति विचार से होता है। वे सामाजिक जीवन और लोगों के विचारों के महत्त्व के बारे में मानवशास्त्री की सैद्धांतिक अवधारणाओं के आलोक में 'देखे-सुने' की पुनर्रचना तथा पुनर्वर्णन होते हैं। शायद इसीलिए कुछ विद्वान इसे 'अनुवाद' कहते हैं।

आंतरिक (विचार, अर्थ) तथा बाह्य (व्यवहार, नियम), दोनों दृष्टिकोणों का संलयन आवश्यक है क्योंकि, जैसा कि डुमो ने कहा है (१९७० : १५७), मानवशात्र इन्हीं दो दृष्टिकोणों के तनाव से उत्पन्न समझ है। डुमो लिखते हैं, 'इस कार्य में मूल शब्दों का अनुवाद कर देना काफी नहीं है, क्योंकि यह कई बार होता है कि जिन विचारों की उनसे अभिव्यक्ति होती है वे आपस में ज्यादा मूलभूत विचारों द्वारा जुड़े होते हैं, भले ही *वे विचार अनभिव्यक्त हों*। मूलभूत विचार शब्दशः "बिना कहे ही" कह दिए जाते हैं और उन्हें अलग से कहने की आवश्यकता नहीं होती। यही परंपरा है। केवल उनके निष्कर्ष साफ होते हैं' (१९५७:१२।)।[२]

इस उद्देश्य की प्राप्ति के लिए जरूरी है कि मानवशास्त्री अपने सूचनाकारों के साथ मिलकर दैनिक जीवन की छोटी-छोटी घटनाओं के अर्थ ढूँढने का काम करे। सूचनाकार हमेशा नियम बताने की स्थिति में नहीं होते। जैसा कि वेबर ने इंगित किया है, 'वास्तविक कर्म अव्यक्त अर्धचेतना या व्यक्तिपरक अर्थ के प्रति अचेनत अवस्था में होता है' (१९४७ : III एफ)। इस बारे में हम तार्किक अवधारणा बना लेते हैं कि किसी व्यक्ति का जीवन तथा इसके उद्देश्यों के प्रति कोई दृष्टिकोण या जीवनदृष्टि न होना एक नामुमकिन बात है। यह बात और है कि वह उसे स्पष्ट अभिव्यक्ति न दे पाए। उससे इस अभिव्यक्ति की आशा तो की ही जा सकती है। इसलिए मानवशास्त्री सूचनाकारों से आग्रह करता है कि वे अपने दैनिक जीवन पर विचार करें, व्यवहार और उद्देश्यों की समीक्षा करें (सिर्फ विशेष कार्यों के उद्देश्यों की ही नहीं, बल्कि उनसे ज्यादा महत्त्वपूर्ण सामान्य उद्देश्यों की भी), प्रणालियों का मूल्यांकन करें तथा उन्हें अर्थ प्रदान करें। शुट्ज़ (१९७६) के मुताबिक यह अतीत-पर्यालोचन विधि से भी किया जा सकता है।

संक्षेप में, जिसे सूचनाकार अस्पष्ट या धुँधले रूप में जानते हैं उसी को मानवशास्त्री सुस्पष्ट व्यक्त करने का प्रयत्न करता है। उसका कार्य अपने देखे और सुने सत्य के बीच संबंध स्थापित करना तथा उसका पुनः वर्णन करना है। इसमें अर्थ का ह्रास नहीं होना चाहिए। उसे सूचनाकारों की मान्यताओं और

असंबद्ध ज्ञान से उनकी संस्कृति का पता लगाना होता है। जाहिर है, मान्यताएं, ज्ञान तथा समझ एक ही चीज नहीं हैं।

इस बात पर बल देने की आवश्यकता नहीं है कि मानवशास्त्री हर सूचनाकार के साथ इतना उर्वर संबंध नहीं बना पाता। सौभाग्यवश, हर जगह कुछ चिंतनशील लोग मिल जाते हैं जो अपनी संस्कृति के बारे में सोचते हैं, और इसके बारे में अधिक जानना चाहते हैं।[३] लेकिन, बच्चों समेत हर कोई मानवशास्त्री के ज्ञान का संवर्धन कर सकता है, और जिस जीवन को समझने का प्रयत्न वह कर रहा है, उसकी समझ बढ़ा सकता है। जिस संपूर्ण संश्लेषण का मानवशास्त्री प्रयत्न करता है, उसमें वह अपने योगदान सहित सभी के योगांशों को उचित महत्त्व देते हुए उनके बीच संबंध स्थापित करता है। इस अध्याय में प्रयुक्त तथ्य इसी पद्धति से प्रकाश में आए हैं। उल्लेखनीय है कि यहाँ मैं प्रायः पंडितों की वाचिक-परंपरा पर ही विचार कर रहा हूँ।[४]

सामाजिक-सांस्कृतिक अस्मिता : 'भट्टिल' और 'गार्हस्थ्य'

आत्मत्व तथा अस्मिता

पंडितों की गृहस्थ संबंधी विचारधारा संपूर्णता में प्रस्तुत करने के लिए उनकी सामाजिक-सांस्कृतिक अस्मिता या व्यक्तित्व की धारणा से प्रारंभ करना उचित लगता हैं, क्योंकि जो गृहस्थ नहीं हैं वे भी समुदाय (बिरादरी)[५] के सदस्य तो होते ही हैं। जिनसे मैंने बात की उनमें से कुछ पंडितों ने पंडित-संस्कृति की अवधारणाएँ जानने के लिए व्यक्तित्व (समाज-में-व्यक्ति) के स्तर से गहरे पैठ कर आत्मत्व, यानी 'मैं कौन हूँ?' के प्राचीन प्रश्न में 'आत्मत्व' संबंधी उनकी धारणाओं को जानने पर बल दिया। उनके अनुसार दूसरी चेतन हस्तियों के मुकाबले मानव, चिंतन तथा आत्मज्ञान कर सकने के कारण भिन्न होता है। कश्मीरी शैव दर्शन के अद्वैतवाद से अधिकतर पंडित कम ही परिचित हैं (देखें, चटर्जी १९१४), लेकिन उनमें कई 'शिवोहम्' यानी 'मैं शिव हूँ!' को भक्ति का अंतिम चरण मानने के कारण इसे आत्मत्व के प्रश्न का एकमात्र सही उत्तर मानते हैं। लेकिन यह साधारण जन का लक्ष्य नहीं है। इसमें सिर्फ जानकार ही रुचि ले पाते हैं।

जब मैंने इसके बारे में बात की तो अधिकतर पंडितों ने जवाब दिया कि

इस तरह का ज्ञान दैनिक जीवन के मायांजाल में फँसे साधारण व्यक्ति के वश से बाहर है। इससे आत्मनिवारण नहीं, बल्कि तथ्यात्मक सत्य का परिचय मिलता है। वे कहते हैं कि अंतर्मुखी होकर आत्मत्व पर विचार करना साधारण व्यक्ति की समस्या नहीं : उसका कार्य तो धर्मानुसार दुनियादारी निभाना है। दूसरे शब्दों में, दैनिक जीवन के यथार्थ का दुर्निवार आग्रह अधिकतर पंडितों का प्राथमिक सरोकार है। (यह दुर्भाग्य है या सौभाग्य, इसे पंडित एक अलग प्रश्न मानते हैं)। गृहस्थ समग्रता में दुनियादार है। लेकिन, दैनिक जीवन के साथ ऐसी लिप्तता के संदर्भ में भी 'मैं कौन हूँ?' जैसा प्रश्न महत्त्वपूर्ण बना रहता है। लेकिन इसे सामाजिक अंतर्सम्बन्धों या व्यक्तित्व के दृष्टिकोण से पूछा जाता है, समाज से कटकर आत्मत्व के दृष्टिकोण से नहीं।

इस मुकाम पर व्यक्तित्व से संबंधित दो प्रश्न उठाए जा सकते हैं। पहला, आप कैसे पहचानेंगे कि कोई व्यक्ति पंडित है? दूसरा, पंडित स्वयं अपनी सामाजिक-सांस्कृतिक पहचान कैसे परिभाषित और समय आने पर दूसरों तक संप्रेषित करते हैं?

पंडित अस्मिता के बाह्य चिह्न

खुद पंडित तथा कश्मीरी बोलने वाले अन्य लोग भी पंडितों को भट्ट कहते हैं। यह संस्कृत मूल का शब्द है जिसका अर्थ है विद्वान तथा दूसरों को ज्ञान की बातें बताने वाला व्यक्ति।[6] कहने की आवश्यकता नहीं कि हर पंडित विद्वान या किसी गुप्त ज्ञान से लैस नहीं होता। 'भट्ट' शब्द की व्युत्पत्ति का भी कोई व्यावहारिक महत्त्व नहीं है। यह सिर्फ उन कश्मीरियों को इंगित करता है जो मुसलमान या सिख नहीं हैं।

पंडितों तथा उनसे जुड़े स्थानों और घटनाओं को पहचानने के कई बाहरी चिह्न हैं। पंडित पुरुष, स्त्री तथा बच्चों के वस्त्र उनके सहग्रामीण मुसलमानों से अलग होते हैं। स्त्रियों के पहनावे में तो धोखा खाने की कोई गुंजाइश नहीं, लेकिन गैर-कश्मीरी पंडित पुरुषों और बच्चों को शायद उनके वस्त्रों से पहचान न सकें। कश्मीरी आंखें यह अंतर देख सकती हैं। इसके अलावा, कई पंडित, विशेषकर औरतें, अपने माथे पर चंदन, केसर, सिंदूर या इन सभी के मिश्रण का *ट्योक* लगाते हैं। खाली सिर होने पर पंडित पुरुष या लड़के की चुटिया (छोग) दिखती है।

लेकिन यह अब उतनी नहीं दिखाई देती, जितना दो पीढ़ी पहले दिखती थी। नहाने-धोने को तैयार पंडित के गले या कंधे में यज्ञोपवीत (या *योन्या*) दिखेगा। यह तीन धागों का बना पवित्र जनेऊ सभी द्विजों द्वारा सारे उत्तर भारत में पहना जाता है।

बाहर और भीतर, दोनों तरह से पंडितों के घर दूसरे कश्मीरियों के घरों से भिन्न लगते हैं। उनके पूजा स्थल, धार्मिक आयोजन शादी तथा देहावसान के जमावड़े भी अपनी विशिष्टता रखते हैं। फूल (विशेषकर गेंदा) और शंख-ध्वनि इन घटनाओं की विशेषता हैं। वे दूसरे लोगों की तरह कश्मीरी बोलते हैं लेकिन उनकी भाषा में संस्कृत शब्द ज्यादा मिलते हैं। कुछ अपवादों को छोड़कर व्यक्तिगत और पारिवारिक नाम भी भिन्न होते हैं।[७]

अधिकतर पंडित परिवार अपना जीविकोपार्जन कृषि, नौकरी या व्यापार से करते हैं। ऐसे पंडितों को 'कारकुन' ('लाभ के लिए काम करने वाला') कहा जाता है। बहुत थोड़े लोग पुरोहिती से जीविका चलाते हैं (*गोर*)। इन्हें भाषा (यानी संस्कृत) भट्ट भी कहा जाता है। कारकुन तथा गोर एक-दूसरे से विवाह नहीं करते। पंडित दस्तकारों या दूसरी जातियों द्वारा सारे भारत में किए जाने वाले सेवा कार्य नहीं करते : कश्मीरी मुसलमान ये कार्य करते हैं। पंडित तथा मुसलमान एक ही गाँव या शहरी मुहल्ले में निवास तथा आर्थिक लेन-देन के संबंधों से जुड़े हुए हैं। परंतु उनके बीच ब्याह या इस तरह का कोई रिश्ता नहीं हो सकता। उनके बीच किसी भी प्रकार का शारीरिक स्पर्श भी निषिद्ध है। समुदायों के बीच समझौता आपस की भिन्नताओं के मुखर स्वीकार पर आधारित है (देखें, मदन १९७२)। पंडितों के लिए मुसलमान 'विजातीय' तथा अन्य (या म्लेच्छ) हैं लेकिन अजनबी (*वोपर*) नहीं है; मुसलमानों के लिए भी यही बात सही है।

पंडित अस्मिता : स्वस्तवन

पंडित अपने-आप में एक नस्ल (बीज या ब्योल) ही नहीं एक 'ज़ात' भी है जो ज्यादा महत्त्वपूर्ण है। 'ज़ात' का अर्थ समुदाय या परिवार-कुनबे और परंपरागत व्यवहार से ज्यादा सूक्ष्म है। वास्तव में इस शब्द का दो अर्थों में प्रयोग होता है। साधारणतः ज्यादा चलताऊ तरीके से इसे पारिवारिक नाम या कर्म-पेशे के नाम के रूप में प्रयोग करते हैं। इससे इस विचार की भी झलक मिलती है कि पंडित

और दूसरी कौमें (जो मानवशास्त्रियों के लिहाज से मानवजातीय समूह हैं) जो होती और करती हैं वे जन्मजात जातिगत गुणों के कारण करती हैं। लेकिन ऐसा नहीं है कि ये गुण बदले नहीं जा सकते। मिट्टी, पौधे, पशु, मानव, देवता सबकी अपनी ज़ात या सहज प्रवृत्ति है। मानवों में यह भौतिक और नैतिक तत्त्वों के मिश्रण से बनी मानी गई है। इसमें नैतिक तत्त्व ज्यादा महत्त्वपूर्ण हैं। नैतिक तत्त्व भौतिक तत्त्वों को अपने दायरे में ले लेता है। 'ज़ात' उचित प्रयत्न से परिष्कृत हो सकती है। इसे मेरियट (१६७७) परिपक्वता की प्रक्रिया कहते हैं। दूसरी ओर नैतिक दायित्वों को न निभाने की स्थिति में ज़ात भ्रष्ट भी हो सकती है। मुझे एक सूचनाकार ने बताया कि 'पंडित काम के अनुसरण का नहीं बल्कि धर्म के अनुसरण का परिणाम है'। यहाँ संतान, विशेषकर पुत्र पैदा करने को सर्वोच्च दायित्व इंगित किया गया है। इससे कुल चलता है, और पितरों को जल (त्रेश, तर्पण, प्यास बुझाना) और पिंड (भोजन) दान होता रहता है। इस प्रक्रिया से पंडित समुदाय का अस्तित्व बना रहता है।

इसलिए पंडित जन्मना पंडित होता है और यह पहचान पाने का कोई दूसरा तरीका नहीं है। परंपरा या उसके मुख्य तत्त्वों को छोड़ देने पर यह पहचान खो जाती है। उदाहरणार्थ, अगर कोई पंडित मुसलमानों के साथ रहे और खाए या उनसे शादी करे तो वह पंडित नहीं रह जाएगा। ऐसे कर्मों से उसकी ज़ात भ्रष्ट हो जाती है इसलिए पंडित के लिए हमेशा इसकी रक्षा करना आवश्यक है। मुसलमान बन गए एक पंडित से मैंने पूछा कि उसने ऐसा क्यों किया तो उसका जवाब था कि उसके कर्म में दोष था जिसके कारण वह सही रास्ता नहीं देख सका और भटक गया। मेरा कहना यह नहीं है कि मुसलमान बना हर पंडित अफसोस करता है। वैसे भी ऐसे धर्म-परिवर्तन बहुत कम होते हैं। ध्यान देने योग्य बात यह है कि पश्चातापी को अपने नैतिक दोष और धर्म-च्युति पर और ज़ात-भ्रष्ट होने पर है। अफसोस होने के बावजूद इस व्यक्ति ने कभी अपना पुराना दर्जा पाने की आशा व्यक्त नहीं की। उसे पता था कि वह दर्जा फिर पाया नहीं जा सकता। उसके गाँव के पंडित उसे पतित – अत्यंत दयनीय जीव – समझते थे।

नैतिक और भौतिक तत्त्वों के बीच महत्त्वपूर्ण संबंध व्यक्तित्व की भौतिक जड़ें नहीं नकारता। इसके ठीक विपरीत हर महत्त्वपूर्ण कर्मकांड के पहले काफी नाटकीय तरीके से यजमान मानो अपने-आपको बुलाता है। वह पैरों से प्रारंभ कर

शरीर के विभिन्न अंगों को इंगित करता है, उनके नाम लेता है और उन्हें पवित्र *दर्भा* घास के तृणों से पानी डाल शुद्ध करता है।

मातृ-पितृत्व : जैविकी तथा नैतिकता

पंडितों के अनुसार दैहिक संभोग से बच्चा न होना पति या पत्नी में किसी शारीरिक दोष से हो सकता है। बाँझपन शारीरिक अक्षमता माना जाता है, लेकिन इसके कारण कर्म-संबंधी भी हो सकते हैं। बिना बच्चे की औरत को उसकी सहेलियाँ मजाक में दूसरी रजाई (*वुरुन*) ओढ़ लेने यानी दूसरे मर्द के साथ सोने के लिए कह सकती हैं। कहने की आवश्यकता नहीं कि यह एक अक्षम्य अनैतिक कार्य होगा। औरतों में बाँझपन या मर्दों में नपुंसकता बीमारी, जादू-टोने या असाधारण दैवी शक्तियों के स्वामियों के शाप के कारण हो सकते हैं। लेकिन अंततः किसी दंपति को संतान, विशेषकर पुत्र प्राप्ति होगी या नहीं, यह प्रारब्ध और कर्म-लेखा पर निर्भर करता है। कालांतर में कोई अपने कर्मों के परिणामों से बच नहीं सकता। केवल ईश्वर का अनुग्रह ही इससे बचा सकता है जिसे पाना अत्यधिक कठिन है।

प्रायः माना जाता है कि जब पति-पत्नी दोनों एक साथ रतिसुख के चरम पर पहुँचते हैं तो गर्भधारण होता है। माना जाता है कि स्त्री रति, गर्भ में आवश्यक रसों का स्राव करती है जो पुरुष का बीज ग्रहण करता है। मेरे सूचनाकार न केवल स्त्री रस की प्रकृति के बारे में अनिश्चित थे, बल्कि उनमें से कुछ इसे महत्त्वहीन भी समझते थे। उनका विश्वास था कि पुरुष बीज में संपूर्ण मानव बनाने के सभी तत्त्व मौजूद हैं : मांस, खून, सारे आंतरिक और बाह्य अंग, बाल, नाखून, बुद्धि, ज्ञान, अज्ञान, स्वास्थ्य, बीमारी, इत्यादि। इसमें भ्रूण और उसके बाद नवजात शिशु को जीवित रखने के लिए पदार्थ होते हैं। माता की माहवारी का खून बीज के बढ़ने के लिए मिट्टी प्रदान करता है। जब यह बहना बंद हो जाता है तो जम कर मांस का थैला बन जाता है जिसमें भ्रूण रहता और पलता है। कुछ सूचनाकारों का कहना है कि इसी कारण गर्भाकार शालिग्राम को रक्षक विष्णु का प्रतीक माना गया है। बीजरूप में वर्तमान बच्चे के शरीर की वृद्धि माता और उसकी भौतिक व नैतिक अवस्था पर निर्भर है। गर्भ में बीजारोपण से ही माता की दूध बनाने की क्षमता विकसित होती है जिसे बच्चा पीता है। जैसा कि एक सूचनाकार ने बताया, पुरुष का

बीज अखरोट की तरह है जिसमें संपूर्ण अखरोट का वृक्ष छुपा हुआ है (अखरोट कश्मीर का सबसे बड़ा फलों का पेड़ है)।

पुरुष बीज की केंद्रीयता के बावजूद पिता की भूमिका सांयोगिक तथा क्षणिक मानी जाती है। उसकी तुलना में माँ का बच्चे से रिश्ता ज्यादा नजदीकी और ज्यादा समय तक है। एक कश्मीरी कहावत इस समीपता को दो टूक कहती है : 'जायज हो या नाजायज, मैंने नौ महीने इसे पेट में रखा है'। अर्थात, पिता और संतान के बीच भौतिक संबंध कभी सिद्ध नहीं किया जा सकता, लेकिन माता के बारे में कभी कोई संदेह नहीं हो सकता। पंडितों का कहना है कि मानव जीवन में कई ऋण चुकाने होते हैं जो हमने कई जन्मों में ग्रहण किये हैं : देवों का ऋण, पूर्वजों (जिसमें पिता भी शामिल है), गुरुओं, दूसरे लोगों का ऋण। लेकिन एक ऋण कभी नहीं चुकता क्योंकि वह चुकाया नहीं जा सकता : वह माता का ऋण है (मातृ ऋण)। पिता, यहाँ तक कि भगवान से भी ज्यादा माता की आज्ञा पालन करना हर मानव का कर्तव्य है। किसी के सारे संबंधी, पिता समेत बुरे हो सकते हैं लेकिन माता कुमाता नहीं होती।[८] माँ और बच्चे के बीच संबंध उच्चतम नैतिक प्रेम का संबंध है। इसे फोर्ट्स (१९६९ : २१९ एवं आगे) ने सौहार्द का स्वयंसिद्ध तथ्य कहा है। यह पिता-पुत्र संबंध में दुनियादारी से पैदा होने वाले दूषण से मुक्त रहता है। कश्मीरी औरतें बच्चों को पूजने वाली (बच्चा-परस्त) समझी जाती हैं। मानवीय माताओं की पूजा के समानांतर ही पंडितों द्वारा माता-देवियों की पूजा-अर्चना है। वे अपनी संरक्षक देवी शारिका तथा राग्न्या, दोनों को जगदम्बा कहते हैं और उन्हें दैवी श्रेणी में उनके देव पतियों से ऊँचा स्थान देते हैं। इस प्रकार मानवीय और दैवी, दोनों स्तरों पर माताएँ छायी हुई हैं।

जाहिर है कि पिता भी महत्त्वपूर्ण है : जैसा कि मैंने एक सूचनाकार से सुना, 'बीज बहता है और सम्पत्ति के प्रवाह का रास्ता साफ करता चलता है'। यह पिता-पुत्र के बीच संबंध का जैविक और सामाजिक महत्त्व दर्शाता है। मैंने अब उसे (और दूसरों को) सुझाव दिया कि 'बीज' केवल नीचे की तरफ सम्पत्ति के बहाव का रास्ता ही साफ नहीं करता है, बल्कि ऊपर की तरफ पिंड का भी रास्ता साफ करता है तो उन्होंने अपनी सहमति जताई, लेकिन पिता-पुत्र संबंध में एक समस्या है। माता के पास दूध है और वह इसे पूरा बच्चे को देती है। वह बच्चे के लिए जीवन का त्याग कर मर भी सकती है (बच्चा पैदा करने में)। पिता के

पास सम्पत्ति है और इसे वह अपने पुत्र के साथ बाँटता है : वह इस कर्तव्य से मुँह चुराने की कोशिश कर सकता है। माता अपना सर्वस्व दे डालती है, लेकिन पिता सिर्फ अंशतः और शर्तों के साथ देता है : यही ज्यादातर घरेलू झगड़ों की जड़ है (देखें, मदन १९६५ : अध्याय ८)।

जिस प्रकार माता-संतान का संबंध नैतिक है वैसे ही पिता-संतान का रिश्ता भी नैतिक है। लेकिन, इसका भौतिक पक्ष भी है : केवल पुत्रों को ही पूर्वजों की सम्पत्ति में हिस्सा और पिता का उत्तराधिकार नहीं मिलता, पुत्रियों को भी दहेज मिलता है और शादी के बाद उपहार मिलते हैं (देखें, मदन १९७५ : २३१-४१) पुत्रों को उत्तराधिकार और पुत्रियों (तथा उनकी ससुरालों को) उपहार निश्चित नियमों और परंपराओं के अनुसार मिलते हैं जिन्हें कई बार खास व्यक्तियों द्वारा अपने लाभ के लिए तोड़ा-मरोड़ा भी जाता है। पंडित कई बार पुत्र की सम्पत्ति के लिए पिता से लड़ाई को जायज ठहराते हैं, और बूढ़े व्यक्ति में लालच और असहिष्णुता जैसे अवगुण देखते हैं। वे पुत्र द्वारा माता की भौतिक आवश्यकताओं की पूर्ति न किए जाना असभ्य मानते हैं, चाहे वह सौतेली माँ ही क्यों न हो। लीच (देखें, लीच १९६१ : ९) का यह कथन, कि आर्थिक बाध्यताएँ पारिवारिक नैतिकता की बाध्यताओं से ऊपर हैं, पंडितों के बीच माता-संतान के रिश्ते पर लागू नहीं होता। यह पिता-पुत्र संबंध में भी व्यवहार के स्तर पर ही प्रचलित है। पारिवारिक विचारधारा में पितृभक्ति धार्मिक कर्तव्य माना गया है।

जैसा कि लीच (१९६१ : ११) ने कहा है सम्पत्ति के साथ-साथ जनक और संतान के बीच नैतिक संबंध का अस्तित्व भी बना रहता है। एक वयस्क पंडित सुबह नहाने-धोने के बाद और खुद भोजन ग्रहण करने के पहले अपने पितरों की 'प्यास' (त्रेष) बुझाने के लिए जब अर्पण करता है, तो इन पितरों में सबसे पहले उसके मृत माता-पिता होते हैं। साल में दो बार वह हिंदू चंद्र पंचांग के अनुसार अपने माता-पिता के मृत्यु-दिवस पर उनका श्राद्ध करता है। पितरों को खिलाने (*काम्बर पच्छ*) के पंद्रह दिनों में प्रतीकात्मक तौर पर पितरों को पिंड (भात के तिकोने लड्डू) खिलाए जाते हैं। पिंड या तो बहते जल में फेंके जाते हैं या पक्षियों को खिला दिए जाते हैं। इसके बाद आमंत्रित पुरोहितों को मृत माता-पिता के पसंद की चीजें खिलाई जाती हैं।

दूसरे पूर्वजों को भी पिंडदान किया जाता है : पिता के श्राद्ध के अवसर

पर पिता के पिता से प्रारंभ कर ऊपर पाँच पुरुष पूर्वज तक और माता के श्राद्ध के अवसर पर पिता की माता, पिता के पिता की माता से ऊपर जाते हुए चौथे पूर्वज की माता तक। इनके अलावा दूसरे पूर्वजों को, विशेषकर माता के पिता को भी पिंड दान किया जा सकता है। लेकिन प्रायः उनके नाम पर सूखे, कच्चे चावल, नमक और फल (*सीधा*) पारिवारिक पुरोहित को दिए जाते हैं। जिन्हें पिंड दान या सीधा देते हैं तथा उनके वंशज, दान देने वाले के सपिंड होते हैं : पिंडदान से वे आपस के संबंधी होते हैं। किसी को भी सपिंडों के बीच शादी-ब्याह की अनुमति नहीं होती।[६] जाहिर है पंडित श्रेणियों का मिश्रण तथा उनमें अस्त-व्यस्तता पसंद नहीं करते। इस संदर्भ में ये श्रेणियाँ पत्नियाँ देने वाले और लेने वाले और इनसे संबंधित रिश्ते हैं (देखें, मदन १९६५ : १०५; १९७५ए)।

इस प्रकार माता-पिता तथा संतान का रिश्ता धर्म में पारिभाषित है जो इसका नैतिक आधार और सार तय करता है। पंडित पूर्णतः व्यावहारिक आदमी हैं और स्वीकारते हैं कि धर्म के आदेशों का कई बार उल्लंघन हो सकता है। ऐसा क्यों होता है? कुछ मामलों में आर्थिक लाभ नैतिकता की माँग से ज्यादा महत्त्वपूर्ण क्यों हो जाता है? पंडितों का उत्तर है 'हवालयत' यानी आपको अपने बच्चों से वही मिलेगा जो आपने उन्हें पिछले जन्म में दिया था (मानो सुरक्षित रखने के लिए दिया हो)। संक्षेप में, यह कर्म है।

माता-पिता और संतान के रिश्ते पर हमेशा प्रारब्ध की छाया रहती है : कन्यादान के पहले कदम से गर्भाधान और अंत में पिंडदान तक। दान किए तथा ग्रहण किए उपहारों का यह तिहरा रूप पंडितों के बीच सांसारिकता और पारिवारिक संबंधों की विशेषता है। शुट्ज के ही शब्दों में, यह व्यक्ति के अपने पूर्वजों, संगियों तथा वंशजों के साथ संबंध का आधार है। ज्यादा बृहत् रूप में यह पंडितों की जीवन पद्धति का आधार और उनकी सांस्कृतिक पहचान की परिभाषा है। हर जीव जन्म लेता और मरता है। इन घटनाओं की सांस्कृतिक अभिव्यक्ति और उनके पूर्व, उनके दौरान तथा बाद जो होता है वह पंडित को सिर्फ दूसरे जीवों से ही नहीं, विशेषकर सभी गैर-पंडितों से भी अलग करता है। जातिगत शारीरिक विशेषताएँ, नैतिक आदर्श, रीति-रिवाज परंपरा तथा नियम, ये सभी अस्मिता की परिभाषा और उसकी सांस्कृतिक अभिव्यक्ति के तत्त्व हैं।

'भट्टिल' : जीवन के परंपरागत उद्देश्य

पंडितों के सामाजिक-सांस्कृतिक पहचान के विचार की सुस्पष्ट अभिव्यक्ति 'भट्टिल' या भट्ट की जीवन-पद्धति में होती है। भट्टिल को पंडित सबसे उत्तम, नैतिक रूप से सबसे ऊँची जीवन पद्धति मानते हैं। इसमें जीवन के कई मूलभूत उद्देश्य (पुरुषार्थ या अभिप्राय) और उन्हें पूरा करने की रीतियाँ हैं जो अधिकतर गृहस्थ जीवन से संबंधित हैं। इन उद्देश्यों और रीतियों का आधार परंपरा में है। जब प्रश्नातुर बच्चे या जिज्ञासु वयस्क पूछते हैं कि कोई कार्य क्यों किया जा रहा है, या एक विशेष विधि से क्यों किया जा रहा है तो प्रायः पंडितों का उत्तर होता है : यही *भट्टिल* है। यदि पूछने वाला अड़ा रहे तो उसे 'अद' कह कर चुप कराने की कोशिश की जाती है। सकारात्मक रूप में 'अद' का मतलब होगा 'यह ऐसे ही होता है' जिससे 'यह ऐसा ही होना चाहिए' का संकेत मिलता है। नकारात्मकता में इसका मतलब 'कोई कारण नहीं है' यानी 'कोई कारण देने की आवश्यकता नहीं' होगा। 'अद' को प्रतिप्रश्न 'दूसरा क्या तरीका है?' या 'मैं तुम्हें क्यों बताऊँ?' के रूप में भी समझा जा सकता है।

इस शक्तिशाली शब्द प्रतीक का मतलब निकालने के लिए मैंने संदर्भ और बोलने के लहजे पर बहुत ध्यान दिया है। सूचनाकारों ने मुझे कभी इसका मतलब नहीं समझाया, लेकिन इस पर संदेह की सम्भावना भी नहीं छोड़ी कि यह शब्द बहुत महत्त्व रखता है। यह नैतिक कर्तव्य बिना सवाल उठाए मान लेने के गुण को दर्शाता है, महज एक दृष्टिकोण को नहीं। यह प्राकृतिक या शारीरिक प्रक्रियाओं (मौसम बदलने और मृत्यु जैसी) की अनिवार्यता के लिए इस्तेमाल नहीं किया जाता। मेरे सूचनाकारों में कई संशयी थे जो 'अद' को अज्ञान या अतार्किकता की अभिव्यक्ति मानते हैं; वे व्यंग्यपूर्वक कहते हैं, 'भट्टों के लिए सबसे ऊँचा शास्त्र 'अद-शास्त्र' है'। यहाँ हम उन स्वयंसिद्ध सत्य कथनों को जान रहे हैं जो हर स्थान पर परंपरा के आधार हैं। ये कथन व्यवस्थित रूप में किसी सूचनाकार ने मुझे नहीं बताए। लेकिन कुछ विशेष विचार व्यक्तियों और समूहों के साथ बातचीत में उभर कर आए हैं। अब मैं अपने वर्तमान सरोकार से संबंधित इन बिंदुओं पर विचार करूँगा।

मुझे बार-बार बताया गया है कि एक पंडित के पास सबसे मूल्यवान चीज उसका आत्म होता है। आत्म से मतलब सिर्फ शरीर नहीं होता। भौतिक आत्म

या शरीर अपने-आप में काफी कम महत्त्व रखता है। यह कमजोर और क्षणभंगुर है। जब शरीर अंतरात्मा से मिल जाता है तो वह धर्म का वाहक बन जाता है। इसलिए शरीर नहीं, बल्कि धार्मिक संबंध महत्त्वपूर्ण है। इस प्रकार परिवार और कुल की रीढ़ श्राद्ध द्वारा स्वीकृत पूर्वजों और संतति के बीच संबंध है। जो शरीर को उससे बाहर के उद्देश्यों की प्राप्ति करने का साधन न समझ साध्य समझ लेता है, वह मेरे एक सूचनाकार के शब्दों में (वे कश्मीरी छोड़ हिंदी बोलने लगे थे) 'तीन जन्म का भूखा' यानी पिछले, वर्तमान और भावी जन्म में आध्यात्मिक रूप से भूखा रहता है। वर्तमान जीवन की कठिनाइयाँ पिछले जन्म में धर्मानुसार आचरण न करने का फल हैं और इस जन्म की असफलताएँ अगले जन्म में मुश्किलें पैदा करेंगी। आध्यात्मिक प्रगति का महत्त्वपूर्ण कर्तव्य कैसे निभाया जाए? यह हर कार्य और रीति-रिवाज में 'भट्टिल' का अनुसरण करने से ही संभव है।

शरीर रहने तक प्रकृति की माँग को नकारना नहीं वरन् उन्हें भट्टिल के अनुसार पूरा करना चाहिए। ऐसा करने पर इहलोक में यश और परलोक में पुण्य प्राप्त होता है। इस प्रकार शरीर भूत, भविष्य तथा वर्तमान का मिलन-स्थल है। दूसरे शब्दों में, वर्तमान भूत तथा भविष्य के बीच कड़ी है। जाहिर है कि कोई अपने शरीर से वर्तमान में क्या करता है यह अतिमहत्त्वपूर्ण है।

इस संदर्भ में ध्यान देने योग्य बात यह है कि पंडितों की सारी जीवन-पद्धति 'शुभ' और शुद्ध के शैव भाव से अनुप्राणित है और इसीलिए उसमें अशुभ व अशुद्ध का भय भी व्याप्त है।[१०] अपशकुन (मृत्यु, ग्रहण, उल्लू की आवाज) अपने नियंत्रण से बाहर की चीज है, पर अशुद्धता से अपवित्र होने का खतरा पंडित के जीव होने तथा जैविक आवश्यकताओं की पूर्ति गलत तरीके से करने से उत्पन्न होता है। इसीलिए शंका के निरंतर प्रयोग पर अत्यधिक बल दिया गया है। पंडित शंकालु है क्योंकि वह आस्थावान है। मैंने कई पंडितों को मजाकिया आत्म-निवारक अंदाज में कहते सुना है कि वे सांसारिक सुखों के उपभोग से इसलिए संकोच करते हैं क्योंकि उन्हें उच्च उद्देश्यों की प्राप्ति में ऐन्द्रिक सुखों की भूमिका पर संदेह है। पंडितों को धैर्य और आत्मसंयम (चेद) रखना चाहिए और तब तक शारीरिक आवश्यकताओं पर नियंत्रण रखना चाहिए जब तक भट्टिल के अनुसार उनकी पूर्ति संभव न हो जाए। इस प्रकार 'चेद' पंडितों का विशेष गुण है : यह उनका कर्तव्य भी है और विशेषाधिकार भी। मानव के पास चित्त है जिसका उसे शंका निवारण

के लिए उपयोग करना चाहिए। अन्यथा वह इसे खोकर जड़ (जिसमें भेद ज्ञान की क्षमता न हो) या उन्मत्त (जिसकी बुद्धि भ्रष्ट हो गई हो) हो जाएगा।

लेकिन, अपने उतार-चढ़ाव से भरपूर इतिहास[११] ने पंडितों को सिखाया है कि ऐसी असाधारण परिस्थितियाँ भी उत्पन्न होती हैं जब समझौतों की जरूरत पड़ती है और भट्टिल के निर्देशों का उल्लंघन करना पड़ता है। जैसा पीछे इस पुस्तक में, और ज्यादा विस्तार से अन्यत्र (देखें, मदन १९७२) कहा जा चुका है, कश्मीर के ग्रामीण इलाकों में हिंदू कारीगर और सेवक जातियाँ नहीं हैं। इसलिए पंडितों को मुसलमान कसाइयों, मोचियों और खेतिहरों की ही नहीं धोबियों, नाइयों, ग्वालों की भी मदद लेनी पड़ती है। मुसलमानों का स्पर्श पंडितों की व्यक्तिगत और घरेलू शुद्धता के लिए खतरा है। पंडित मुसलमानों के साथ प्रत्यक्ष अंतरंगता से बचते हैं, लेकिन अप्रत्यक्ष स्पर्श से या तो बचा नहीं जा सकता (जैसे नाई की सेवाएँ या श्मशान घाट पर सेवक) या उसे सह लिया जाता है (जैसे मुसलमान ग्वाले से दूध लेना या अपने घर की सफाई मुसलमान नौकर से करवाना)। इस समस्या का कोई समाधान नहीं और पंडित कहते हैं : *'यथ ना पुष्, तथ ना दुष्'* अर्थात 'जहाँ आप असहाय हैं, वहाँ आप निर्दोष हैं'।

यह बात सही व्यवहार के निर्देशों के सभी अनचाहे उल्लंघनों पर लागू होती है। मुसलमानों के स्पर्श जैसे छोटे-मोटे दोष हाथ धोने (शुद्धि) से धुल जाते हैं। ज्यादा गंभीर मामलों में (जैसे बिना जाने निषिद्ध भोजन ग्रहण करना) प्रायश्चित करना होता है। मैंने यह कर्मकांड देखा नहीं है, लेकिन शुद्धिकर्म आम हैं।

शंका, चेद और चित्त वह ढाँचा प्रदान करते हैं जिसमें पंडित को अपना जीवन जीना है : विचार ही आचार का आधार होना चाहिए। धर्मसाधना कोई वायवीय वस्तु नहीं : दैनिक जीवन में अर्थ तथा काम की प्राप्ति में ही धर्म की विजय आवश्यक है। यही भट्टिल है। डुमो के शब्दों में काम और अर्थ धर्म के अधीन होने चाहिए।[१२] पुरुषार्थ का यह श्रेणीबद्ध संतुलन सिर्फ गृहस्थ के जीवन में सम्भव है और इसीलिए यह पंडितों की दृष्टि में मानव की सर्वाधिक महत्त्वपूर्ण पहचान है।

सांसारिक क्रिया-कलापों व भोग के प्रति पंडितों का दृष्टिकोण स्वीकारात्मक है। वे इसी जन्म में मोक्षप्राप्ति का प्रयत्न नहीं करते, भविष्य के लिए पुण्य इकट्ठा करने की कोशिश करते हैं। कर्म बंधनों में बांधता है, लेकिन केवल इसी कारण

यह अवांछनीय नहीं है। कई सूचनाकारों ने कहा कि ईश्वर के प्रति शरणभाव तथा अहंकार का निषेध महत्त्वपूर्ण बात है। यहाँ, पंडित फौरी तौर पर स्वास्थ्य, धन तथा संतान के लिए प्रयत्नशील हैं और इनके लिए दैवी आशीर्वाद हेतु प्रार्थना करते हैं। जब एक व्यक्ति माथे पर सिन्दूर या केसर का टीका लगवाने के लिए पुरोहित के सामने करबद्ध झुकता है, तो पुरोहित (संस्कृत में) आशीर्वाद देता है :

> तू दीर्घायु हो, तुझे पुत्र प्राप्ति हो, तुझे धन मिले, तू यशस्वी हो, तू बुद्धिमान बने, ऐश्वर्यशाली हो, तुझे दया-दान में श्रद्धा हो, तुझे ख्याति मिले, दुश्मनों का मान-मर्दन करे, तू व्यापार में चतुर हो, हमेशा ईश्वर के चरणों की पूजा में तेरा ध्यान लगे, सभी का तुमसे कल्याण हो!

उसी प्रकार विवाहित स्त्री को भी आशीर्वाद मिलता है : 'तुम्हें धन और पुत्र प्राप्त हों, तुम पतिपरायण रहो, तुम्हारा पति हमेशा तुमसे प्रेम करे, तुम्हें ज्ञान-चक्षु मिलें, तुम्हारी समझ सही हो, शतायु हो'। जिन्हें अपनी इच्छानुसार फल मिलता है, वे इसे पूर्वजन्म के कर्मों के साथ-साथ दैवी कृपा का प्रताप मानते हैं।

इस प्रकार जीवन के उद्देश्यों का परंपरा में अच्छी तरह अस्तित्व है। धर्मानुसार सांसारिक सुखों के उपभोग पर बल दिया गया है। जैसा एक व्यक्ति ने बताया, "स्त्री तथा धन द्वारा ही गृहस्थ पवित्र कार्य (धर्म-काज) कर पाता है, पर कामिनी और कंचन ही उसके पतन के कारण भी बनते हैं। इसी के बारे में ऋषियों ने कहा है कि यह तलवार की धार पर चलने समान है। धन-दौलत स्वागतयोग्य हैं, लेकिन भट्टिल मर्यादा के अंदर ही। उसी सूचनाकार को फिर उद्धृत करूँ तो 'जहाँ विलास है, वहाँ भट्टिल नहीं'।

भट्टिल : पारंपरिक रीतिं-रिवाज

सामाजिक कर्म की सबसे बोधशील धारणा मर्यादित व्यवहार की है। इसमें रीति, विधि तथा नियम या नित्यकर्म का समावेश है। इसके अलावा विशिष्ट क्रियाएं सुषुप्त शक्तियों को जगाने के लिए हैं, लेकिन इनका उपयोग सिर्फ दक्ष लोगों के लिए है। व्यवहार का अतिमहत्त्वपूर्ण अंश वे क्रमबद्ध संस्कार हैं जो जन्म से पहले शुरू होते हैं तथा मृत्यु के बाद ही समाप्त होते हैं। इन संस्कारों के लिए उपयुक्त स्थान घर है जहाँ तीन प्रकार की अग्नियाँ प्रज्वलित होती हैं : गृहाग्नि, यज्ञाग्नि और 'देहाग्नि–धार्मिक–व्यवहार की आग'।

मुख्य जीवन-चक्र से जुड़े कर्मकांडों में बचपन में शुद्धिकर्म (*काहनेथर* जो जन्म के ग्यारहवें दिन होता है), पहला ठोस आहार (*अन्नप्राशन*), पहला मुंडन (*ज़रकासई* जो सिर्फ लड़कों का होता है), कर्ण छेदन (*कनचोम्बुन* आजकल केवल लड़कियों का), और लड़कों को कमरधनी (*मेखला*) और जनेऊ (यज्ञोपवीत)[१३] पहनाया जाना शामिल हैं। शादी (नेथर यानी जिसे तोड़ा नहीं जा सकता) वयस्क जीवन का मुख्य संस्कार है। अंतिम संस्कार दाह-संस्कार है जिसके बाद मृत्योत्तर संस्कार होते हैं। इन संस्कारों का उद्देश्य व्यक्ति को ब्राह्मण का औपचारिक दर्जा देना, जीवन में पुरुष-स्त्री की भूमिकाओं को दीर्घता प्रदान करना तथा मृत्यु पश्चात उनका कुशल-मंगल करना है। यह तथाकथित परिपक्वता की प्रक्रिया है। हर व्यक्ति के जीवन में शादी केंद्रीय संस्कार तथा घटना है जिससे वह गृहस्थ-गृहस्थिन की महत्त्वपूर्ण भूमिका अपनाते हैं। इन सभी संस्कारों में पारिवारिक पुरोहित गृहस्थ की सहायता करता है। वह इन विधियों में दक्ष होता है और उसकी उपस्थिति अति आवश्यक है।

संस्कार ऐसे महत्त्वपूर्ण प्रकरण हैं जिनमें सभी वयस्क और कुछ बच्चे भी अलग-अलग भूमिकाओं में शामिल होते हैं। इसके विपरीत नित्यकर्म व्यक्ति का निजी सरोकार है, और भट्टिल के निरंतर विद्यमान तत्त्व हैं। यहाँ इनका संपूर्ण विवरण देना सम्भव नहीं होगा, इसलिए मैं इनमें से मुख्य क्रियाओं के बारे में ही लिखूँगा। हर दिन शौचाचार तथा पूर्वजों को जल तर्पण के साथ प्रारंभ होना चाहिए। घर में या घर के बाहर किसी पवित्र स्थान, जैसे बहते पानी के समीप या मंदिर में देवी-देवताओं, विशेषकर अपने इष्टदेव या देवी की पूजा-अर्चना होनी चाहिए। इसमें समय तथा व्यक्ति के अनुसार काफी अंतर संभव है। अपनी स्मृति से या पढ़कर किसी पवित्र ग्रंथ (जैसे शिव की प्रशंसा में शिवमहिमनास्तोत्रम, देवी की प्रशंसा में भवानीसहस्त्रनाम या भगवद्गीता) के मंत्रों का पाठ करना चाहिए। या विष्णु, शिव, देवी के प्रतीक शालिग्राम, लिंग तथा श्रीयंत्र की पूजा की जा सकती है। नित्यकर्मों में जन्म दिवस तथा मृत्यु दिवस मनाना (श्राद्ध पंडितों के लिए बहुत महत्त्वपूर्ण है), सही तरीके से पकाया सही भोजन करना (पंडित शाकाहारी नहीं हैं लेकिन वे कई तरह के भोजन संबंधी नियमों का पालन करते हैं), सामाजिक दायित्वों का निर्वाह (संबंधियों, रिश्तेदारों के यहाँ बधाई देने या दुःख प्रकट करने जाना, इत्यादि) शामिल हैं।

संस्कार की भाँति नित्यकर्म का भी उद्देश्य अपनी व्यक्तिगत, नैतिक तथा भौतिक सुरक्षा और संबंधियों, पुरखों और मानवों तथा देवताओं के बीच सही संबंधों की स्थापना और उनका पालन करना है। दैनिक क्रियाएँ पुनर्जन्म के संदर्भ में आँकी जाती हैं : वे पूर्वजन्म के कर्मों का बोझ बढ़ाती हैं या घटाती हैं। पाप का बोझ ही दूसरों के श्राप को प्रभावशील बनाता है। इससे दुःख की संभावना बढ़ती है। पंडितों की जीवन-दृष्टि नैतिकतावादी है : अच्छी और बुरी घटनाओं के तात्कालिक कारण जो भी हों, वास्तव में कर्म का कठोर नियम ही मानव जीवन को निर्देशित करता है। किसी को भी अपने दुःखों के लिए ईश्वर को दोष नहीं देना चाहिए। जैसा एक सूचनाकार ने बताया, 'ईश्वर मनुष्यों में भेदभाव नहीं करता कि किसी को सुख और किसी को कष्ट दे।'

इसलिए हर स्थिति में धर्म के सीधे रास्ते पर चलना परमावश्यक है। भविष्य बनाने के लिए सबसे जरूरी वर्तमान सुधारना है, क्योंकि भूत और वर्तमान की द्वंद्वात्मकता ही भविष्य का निर्धारण करती है। इसलिए व्यक्ति के संचित कर्म अति महत्त्वपूर्ण हैं : परिष्कृत नैतिक चेतना से सही चयन कर पाने की संभावना बनती है जिससे व्यक्ति के कर्म उसे दैवी कृपा के योग्य बना सकें। इसी अर्थ में व्यक्ति कर्मवान या नैतिक कर्त्ता होने की आकांक्षा रख सकता है। वर्ना वह कर्मचक्र में बँधा रहता है, 'जन्म लेता है, मरता है और पुनः गर्भ[१४] में जाता है'। संपूर्णतः चेतनावस्था में कर्तव्यपालन और ईश्वर के प्रति आस्था से ही शनैः-शनैः व्यक्ति अपने पापों से मुक्त होता है। इसी क्रम में वह जीवन के नियमबद्ध उद्देश्यों की प्राप्ति के प्रयत्न में विदेह सुख पाता है। मुझे कई बार उन्नीसवीं शताब्दी के संत-कवि परमानंद के ये शब्द सुनाए गए हैं, 'कर्म की नींव धर्म में रखो, संतोष का बीज बोओ और आनंद की फसल काटो'।

वैकल्पिक दिशाएं

मैंने ऊपर पंडित विचारधारा में अंतर्निहित यह विश्वास दिखाने की कोशिश की है कि सभी जीव प्राकृतिक नियमों से बँधे हैं (वे जन्मते और मरते हैं), लेकिन मानव उनके अलावा नैतिक बंधनों से भी बँधा है। यह बात भी सत्य है कि हर व्यक्ति में नैतिक चेतना का विकास समान नहीं होता। पंडितों के अनुसार भट्टिल अगर सबसे अच्छी नहीं, तो सर्वश्रेष्ठ नैतिकताओं में से एक जरूर है। जैसा कि हम देख

चुके हैं, भट्टिल की सबसे परिष्कृत अभिव्यक्ति गृहस्थ जीवन में होती है : वे विरक्ति तथा संन्यास के मूल्य को मानते हैं, लेकिन व्यावहारिक नहीं केवल सैद्धांतिक तौर पर। दैवी आशीर्वाद पाने के लिए न तो इसे आवश्यक और न ही बेहतर पथ माना जाता है। तथ्य यह है कि साधारणतः इस जीवन को अपनाया भी नहीं जाता। इसके बारे में और बाद में यहाँ इस बात पर बल देना आवश्यक है कि पंडित मानते हैं कि अंततः अच्छे कर्म और दैवी कृपा महत्त्वपूर्ण हैं, न कि अतिसंयम।

भक्ति

पंडित गृहस्थ जीवन से संतुष्ट हैं और उसके दायित्वों का सही प्रकार से निर्वाह कर पुण्य और मोक्ष प्राप्त करना चाहते हैं। गृहस्थ का जीवन नैतिक कर्तव्यों और विधियों से पारिभाषित (यानी सीमित) होता है। इसलिए इस राह से फिसलने और उसके कुपरिणामों का डर हमेशा रहता है। इसीलिए, पंडित गार्हस्थ्य को तप और महायज्ञ मानते हैं। पंडित कहते हैं कि भट्टिल का बोझ हल्का करने का अकेला तरीका भक्ति है। भक्ति एक जटिल विचार है, जिसमें भगवान के प्रति प्रेम और अहम् नष्ट कर उनकी शरण लेने का विचार शामिल है।

भक्ति एक वैकल्पिक जीवन-पद्धति नहीं, बल्कि गार्हस्थ्य जीवन की एक विशेष दिशा है, 'संसार का मोह छोड़ ईश्वर के प्रति मोह।' पंडित भक्ति को अपने-आप में मूल्यवान समझते हैं। 'आत्मा को परमात्मा के प्रति प्रेम से भरना, जिस प्रकार बर्तन में अमृत भरा जा सकता है,' ऐसा कार्य जो स्वयं अपना पुरस्कार है। अगर ईश्वर कृपा करे तो भक्त को सद्‌विचार तथा सद्‌कर्मों की क्षमता मिल जाएगी और वह मुक्त हो जाएगा। इस संदर्भ में मुक्ति के लिए प्रयुक्त शब्द है '*मोक्लावुन*'। इसका शाब्दिक अर्थ 'समाप्ति' या 'स्वतंत्रता' है जो जीवन-मृत्यु चक्र से मुक्ति को इंगित करता है। यह दैवी कृपा (अनुग्रह) का प्रभाव है। पंडित कहते हैं कि कलियुग की यह विशिष्टता है कि ईश्वरीय कृपा की प्राप्ति के लिए व्यक्ति को लंबी, कठिन तपस्या की आवश्यकता नहीं होती। उनका मानना है कि 'अगर भक्त का हृदय भगवान के विरह में केवल उतनी देर के लिए टूट जाए जितनी देर बर्फ का ओला साँड़ के सींग पर टिका रहता है', तो उतनी ही देर में उसे भगवत्‌कृपा की प्राप्ति अवश्य होगी। लेकिन कलियुग में लोग इतने दुष्ट हैं कि

बहुत कम ही कोई भगवत्प्रेम में इतना ओत-प्रोत होता है कि उसे ईश्वर का अनुग्रह प्राप्त हो। इस प्रकार यह कृपा सुलभ नहीं अत्यधिक दुर्लभ है।[१५] लेकिन व्यक्ति को प्रार्थना और प्रयत्न करना कभी नहीं छोड़ना चाहिए। डुमो ने भक्ति को एक क्रांतिकारी विचारधारा कहा है, क्योंकि यह जाति और संन्यास दोनों से परे होकर बिना भेदभाव सबके लिए मुक्ति का आसान रास्ता खोल देती है (१९६० : ५७)। यह ध्यान देने योग्य बात है कि पंडित भी भक्ति को 'आसान राह' मानते हैं, लेकिन साथ ही इस पर जोर भी देते हैं कि इस पर चलना और मंजिल तक पहुँचना कठिन है। असफलता भक्त की है, राह की नहीं।

लेकिन दैवी प्रेम और कृपा की चाहत किसी को अपना परिवार छोड़कर संन्यासी बन जाने के लिए मजबूर नहीं करती। यह सभी को भगवत् प्रेम का अंश बना देती है। भगवान के लिए प्रेम एकांगी नहीं है और संन्यास और परित्याग उसकी शर्त नहीं हैं। कई लोगों ने बताया कि भक्ति, 'दिल को खाली नहीं करती बल्कि प्रेम से लबालब भर देती है'। यानी भक्ति की शर्त है कि संबंधियों से प्रेम भगवान के प्रति प्रेम से स्वतंत्र नहीं बल्कि उसका अंश होना चाहिए। भक्त कर्मकांडों के जाल में भी नहीं फंसता, क्योंकि ईश्वर-प्रेम एक जीवन दृष्टि है। कर्मकांडों का व्यक्ति के जीवन में अपना स्थान है, क्योंकि वे भट्टिल के लिए आवश्यक हैं, लेकिन कर्मकांड केवल उद्देश्य प्राप्ति के तरीके हैं। भक्त दुनियावी बंधनों के बीच विरक्त होकर सिर्फ ईश्वर से प्रेम करता है। परिवार होने के बावजूद वह जानता है कि वह अकेला (केवल) है और अनन्य (कैवल्य) या ईश्वर के साथ ऐक्यता से संपूर्णता प्राप्त करने का प्रयत्न करता है। उसकी अभिवृत्ति विनम्रता और ईश्वर के प्रति समर्पण की होती है। फील्डवर्क के दौरान मैं कुछ ऐसे व्यक्तियों से मिला जिन्हें दूसरे लोग भगवान का आदमी मानते हैं, और उनका जीवन पवित्र माना जाता है, गोकि वे गृहस्थ हैं और उनकी पत्नियाँ तथा बच्चे हैं।[१६]

शक्ति

कश्मीर की एक दूसरी प्रसिद्ध परंपरा है शक्ति-साधना द्वारा आंतरिक प्रकाश की खोज (देखें, वुडरफ १९७८)। यह एक परिष्कृत तकनीकी ज्ञान की, तन्त्र की परिधि है। जिन गृहस्थों के साथ मैंने काम किया है, उन्हें इस बारे में बहुत धुँधली और भ्रमित जानकारी है। इतने वर्षों में मैं सिर्फ एक ऐसे पंडित से मिला हूँ, जो

अपने-आप को शाक्त कहता है। लेकिन मुझे कुछ ऐसे लोगों के बारे में भी बताया गया जो दक्ष तांत्रिक हैं / थे।

लोकप्रिय धारणा यह है कि *क्रिया* (अध्ययन, बातचीत, विचार, कर्मकांड तथा योग) द्वारा शाक्त शक्ति को जाग्रत करने की कोशिश करते है। शक्ति, जो हर व्यक्ति की सुषुम्ना नाड़ी के अंत में कुंडलिनी के रूप में होती है। इसे जाग्रत कर सिर तक ले जाने से अन्वेषक ईश्वर से अपनी एकता महसूस कर सकता है। मैंने शाक्तों की चमत्कारी शक्तियों के बारे में सुना है कि वे मौसम और भूकंप जैसी प्राकृतिक घटनाओं को भी नियंत्रित कर सकते हैं। मुझे यह भी बताया गया है कि भट्टिल के आम नियम शाक्त पर लागू नहीं होते। जैसे, वह ऐसे स्थानों और मौकों पर मांस खा सकता है, जहां दूसरे पंडित इसकी हिम्मत नहीं कर सकते। इसके अलावा वे गृहस्थ धर्म के दूसरे नियम भी तोड़ सकते हैं। हालाँकि कुछ तांत्रिक ग्रंथ पंचतत्व (मांस, मत्स्य, मदिरा, मैथुन और मुद्रा) को शक्ति प्राप्ति के लिए आवश्यक मानते हैं, पर मेरे सूचनाकारों ने मैथुन का शाक्त के जीवन में कोई विशेष महत्त्व होने से इनकार किया।

मेरे सूचनाकारों के अनुसार शाक्त का कोई व्यक्तिगत परिवार नहीं हो सकता, लेकिन वह अपने परिवार के सदस्यों के साथ रह सकता है। अच्छा है कि वह अपने गुरु और दूसरे शिष्यों के साथ रहे। बाद में उसके अपने शिष्य हो सकते हैं, जो उसकी जरूरतों का ध्यान रखें। इनमें से एक को वह पुत्र मान सकता है, ताकि दाह-संस्कार और मृत्योपरांत संस्कार पूरे हो सकें। इस प्रकार, शाक्त भी बिना घर-परिवार का व्यक्ति नहीं है, लेकिन वह साधारण गृहस्थ भी नहीं है। उसका जीवन सिर्फ आम जीवन का परिवर्तित रूप नहीं है : वह एक वैकल्पिक जीवन पद्धति है, भले ही वह गृहस्थ की तुलना में ही परिभाषित होती हो। वास्तव में, उसके अधिकतर शिष्य गृहस्थ होते हैं, जो उसका आशीर्वाद और निर्देश पाना चाहते हैं। लेकिन इसके लिए वे अपना घर-परिवार और दुनियादारी नहीं छोड़ते। शाक्त, पंडितों के सांस्कृतिक संसार के क्षितिज पर अस्पष्ट छाया की तरह है। जिन ग्रामीणों के साथ मैं रहा हूँ उन्हें केवल धुंधली सी स्मृति है कि कभी कश्मीर के ब्राह्मण शैव और शाक्त के रूप में प्रसिद्ध थे और उन्होंने तंत्र के दर्शन और व्यवहार में असाधारण योगदान दिया था।

विरक्ति

मैंने ऊपर संन्यास के प्रति पंडितों के दृष्टिकोण के बारे में लिखा है। अपने अन्वेषण के दौरान मुझे पंडितों में कोई संन्यासी नहीं मिला : कश्मीर में जो संन्यासी मिलते है वे प्रायः गैर-कश्मीरी होते हैं। कुछ व्यक्ति, जिनमें पुरुषों की संख्या अधिक है, घर से दूर, अलग रहते हैं लेकिन उन्होंने किसी संन्यासी पंथ की सदस्यता नहीं ली है। गार्हस्थ्य धर्म के चरण को त्याग देने पर भी कोई बल नहीं है। जैसे-जैसे व्यक्ति वृद्ध होता है, उससे भगवत् भक्ति के प्रति झुकाव बढ़ने की उम्मीद की जाती है, लेकिन किसी से गृहत्याग की माँग नहीं होती। इस प्रकार न केवल संन्यास स्थगित किया जाता है, जैसा कि डुमो (१९६० : ४५) ने कहा है, बल्कि पंडित के जीवन में उसका स्थान ही नहीं है। जीवन के सिर्फ दो चरण हैं : बच्चे जो अपने माता-पिता के साथ रहते हैं और वयस्क जो अपने बच्चों के साथ रहते हैं। ये दोनों गृहस्थ जीवन के पक्ष हैं। गृहस्थ संसार को अस्तित्व में रखता है : पहले कहा जा चुका है कि वह दुनियादार है।[१७] अगर वह विरक्ति-भाव ही जाग्रत कर सके, तो बहुत है। लेकिन, वह भी आसान नहीं होता।

पंडित उन लोगों को संदेह की दृष्टि से देखते हैं जो विरक्ति और विशेषकर संन्यास का दावा करते हैं। आदर, सम्मान और भक्तों वाले अधिकतर गुरु किस्म के लोग भी पंडितों की निगाह में ढोंगी हैं। ऐसे लोगों के लिए मजाकिया तौर पर प्रयुक्त शब्द है *साध* (संस्कृत के 'साधु' से) जिसका छंद *बाद* (वायु के लिए फारसी शब्द से) से होता है। एक पुरानी कहावत में पंडितों को चेतावनी दी गई है कि वे संन्यासियों से ज्यादा मिलें-जुलें नहीं, क्योंकि वे उससे उसकी पत्नी और घर छुड़वा देंगे और अपने रहस्यमय भेद भी नहीं बताएंगे!

अपने बीच संन्यासियों के अभाव को देखते हुए पंडित संन्यासी होने का दावा करने वालों को अविश्वास और व्यंग्य की दृष्टि से क्यों देखते हैं? मुझे नहीं लगता कि पंडितों के पास ऐसी बातें जाँचने के लिए दूसरे हिंदू समुदायों से अधिक ऊँचे मानदंड होते हैं। बल्कि, गृहस्थ-धर्म के प्रति उनकी प्रतिबद्धता के कारण ऐसा है। ऐसा लगता है कि वे घर-बार छोड़ देने वालों के प्रति अश्रद्धा का भाव रखते हैं, क्योंकि उनमें अधिकतर का अपना कोई परिवार था ही नहीं (या तो इसलिए कि उनकी शादी ही नहीं हो पाई या संतान होने के पहले ही वे विधुर हो गए), या अपने संबंधियों के साथ उनके संबंध खराब थे। लेकिन ज्यादा गहरे स्तर पर

संन्यासी के प्रति डर का भाव देखा जा सकता है, क्योंकि वह गार्हस्थ्य तथा संपन्नता की विचारधारा को चुनौती देता है। गृहस्थ के विपरीत वह न केवल पारिवारिक और दूसरे सांसारिक संबंधों के जाल से मुक्ति पाना चाहता है, बल्कि उन्हें मायाजाल मानता है। संन्यासी इतना सशक्त प्रतिद्वंद्वी है कि उसे शांत चित्त से नहीं देखा जा सकता। सामने पड़ने पर संन्यासियों को आदर-सम्मान व दान दिया जाता है। लेकिन उनके बारे में बात करते समय उनका मजाक उड़ाया जाता है, बल्कि अपमान भी किया जाता है और उनकी सत्यता पर संदेह व्यक्त किया जाता है। डुमो (१९६० : ४५) संन्यास के प्रति 'दबी शत्रुता' की बात करते हैं तो गलत नहीं कहते। वास्तव में पंडित संन्यासी को उसके आदर्श का व्यंग्यचित्र बना देते हैं। यह अलग बात है कि जिन महात्माओं से हमारा सामना होता है उनमें से अधिकतर इसी तरह के होते हैं। यथार्थ और छवि के इस साम्य को पूरी तरह असंबद्ध भी नहीं ठहराया जा सकता। मुख्य बात यह लगती है कि संन्यासी को ऐसा मानने से ही उसकी तुलना में गृहस्थ जीवन के सद्‌गुणों की चर्चा की जा सकती है। ये 'भोग में विरक्ति' के परिणामस्वरूप देखे जाते हैं, जो संन्यास का सत्व है।[१८] एक सूचनाकार राजा जनक के जीवन का विवरण देकर बताने लगा कि किस प्रकार जनक मिथिला के राजा ही नहीं बल्कि एक महान गृहस्थ और सर्वोच्च संन्यासी भी थे।

निष्कर्ष

पंडितों की गार्हस्थ्य विचारधारा सिर्फ गार्हस्थ्य की ही नहीं, बल्कि मानवता की भी विचारधारा है। सभी जीव जन्मते और मरते हैं, लेकिन मानव संस्कारों द्वारा बनाया जाता है और अपने व्यवहार से संपूर्णता के विभिन्न चरण प्राप्त करता है। लड़का कमरधनी और जनेऊ पाकर पंडित की कर्मकांडी और नैतिक श्रेणी में आ जाता है। लड़कियों को शादी से यह श्रेणी प्राप्त होती है। शादी पुरुष तथा स्त्री दोनों के लिए महत्त्वपूर्ण है, क्योंकि तभी वे गृहस्थ बन पाते हैं। कुंवारे, विधुर और विधवाएँ परिवार के सदस्य होते हैं, पर स्वयं गृहस्थ नहीं होते। इस कारण उन्हें भाग्यहीन समझा जाता है। पंडित पुरुष की सबसे बड़ी आकांक्षा अपनी पत्नी और बच्चों के साथ गृहस्थी बसाने की होती है।

स्त्रियाँ और बच्चे

बच्चों और स्त्रियों के बारे में विचारधारा पंडित मौन है : वे पुरुषों से अपने संबंध के आधार पर केवल अप्रत्यक्ष रूप से ही सामने आते हैं। शायद यह इस कारण हो कि पुरुष होने के कारण मेरी पहुँच महिलाओं तक नहीं थी। लेकिन मुख्य कारण कहीं ज्यादा गहरा लगता है। यह पंडितों की संस्कृति और विचारधारा में सन्निहित है। मैंने एक दूसरी रचना (१९६५) में बताया है कि पंडितों में संतान की इच्छा बहुत तीव्र होती है। उनकी निगाह में संतान, विशेषकर, पुत्र का महत्त्व बहुत होता है। वास्तव में गृहस्थ होने का मतलब ही संतान वाला होना है। इसीलिए संतान वालों के मुकाबले कुंवारे, संतानहीन विधुर या विधवा को दया का पात्र समझा जाता है। जाहिर है बच्चों का वयस्कों के भावनात्मक जीवन में बहुत महत्त्वपूर्ण स्थान होता है, लेकिन व्यवस्था में उनका महत्त्व उन्हें स्वयं वयस्क होने के बाद ही मिल पाता है। वास्तव में बच्चे और वयस्क दोनों ही महत्त्वपूर्ण नहीं हैं; महत्त्वपूर्ण है भट्टिल।

बच्चों को शुरू में उनकी 'पंडित' पहचान पंडित माता-पिता के यहाँ जन्म के आधार पर मिलती है। जब तक वे इतने बड़े नहीं हो जाते कि स्वतंत्र हो सकें, उनका व्यवहार उनके माता-पिता निर्देशित करते हैं। जब तक लड़के का यज्ञोपवीत और लड़की की शादी नहीं हो जाती उन्हें कई तरह की छूटें और माफियाँ मिलती रहती है, लेकिन इसके बाद उनसे भट्टिल की सभी सीमाओं और आदर्शों के पालन की आशा की जाती है। इन घटनाओं के पूर्व लड़का या लड़की औपचारिक वयस्कता प्राप्त नहीं करते। यह तथ्य इस रीति में बलपूर्वक उभरता है कि न तो वे संपूर्ण दाह-संस्कार के पात्र माने जाते हैं, और न ही मृत्योपरांत पिंडदान के। परिवार में किसी जन्म या मृत्यु से वे अपवित्र भी नहीं होते। इस विचारधारा में बच्चे की अनुपस्थिति कोई अनुपस्थिति है ही नहीं; यह वयस्कता का पूर्वानुमान है। बच्चे निर्माणाधीन वयस्क हैं।

पंडित विचारधारा में महिलाओं की अनुपस्थिति एक ज्यादा जटिल समस्या है जो स्पष्टीकरण की माँग करती है। विशेषतः इसलिए कि हर पंडित महिला एक शादीशुदा गृहिणी है। महिला संन्यासियों का विचार तक अनुपस्थित है।[१९] भट्टनी कही जाने वाली पंडित स्त्रियाँ पुरुष दृष्टि की प्रधानता तले एक 'खामोश समुदाय' हैं (आर्डनर १९७७)। पुरुष इस बात को मानते हैं कि दैनिक जीवन में स्त्रियों का

बहुत महत्त्व है। 'घरवाजिन (मालकिन) के बिना घर कैसा?', वे पूछते हैं।[२०] एक शादीशुदा स्त्री को 'गृहस्थदारिन' यानी गार्हस्थ्य का बोझ उठाने वाली भी कहा जाता है। मानव तथा पंडित के रूप में पुरुष दूसरे घरेलू संबंधियों के साथ अपना भाग्य बनाता है जिनमें स्त्रियाँ, विशेषकर माँ और पत्नी शामिल हैं। पूजा, जीवन संस्कार, श्राद्ध जैसे महत्त्वपूर्ण कर्मकांडों में पत्नी की उपस्थिति आवश्यक है।

अगर ऐसा है तो विचारधारा में स्त्रियों की अनुपस्थिति क्यों है। मेरे पुरुष सूचनाकारों ने इसका जो उत्तर दिया वह यह है कि भट्टिल स्त्रियों की भी उतनी ही जिम्मेदारी है जितनी पुरुषों की, लेकिन घरेलू कार्य में रसोई की विशेष जिम्मेदारी स्त्रियों पर है। कर्मकांडों में माहवारी के समय उनका सहयोग वांछनीय नहीं समझा जाता। विशेषकर मासिक धर्म के समय महिला को मृतकों से जुड़े कर्मकांडों में बिल्कुल भाग नहीं लेना चाहिए अन्यथा उनका प्रभाव खत्म हो जायगा। इसी प्रकार मासिक धर्म से दूषित महिला घर के पूजा-गृह या मंदिर में प्रवेश नहीं कर सकती और किसी हालत में देवताओं को अर्पण नहीं कर सकती। लेकिन वह प्रार्थना कर सकती है, और किसी पवित्र स्थान की प्रदक्षिणा भी कर सकती है।

स्त्रियों की भौतिक-नैतिक प्रकृति (ज़ात) की सीमाओं के अलावा दूसरे रीति-रिवाज भी पुरुषों की श्रेष्ठता स्थापित करते हैं। जैसे स्त्री पुरखों को जल तथा पिंडदान नहीं करती वैसे ही उसे अपने पुत्र को कमरधनी और जनेऊ पहनाने का अधिकार नहीं होता : अगर पिता उपस्थित न हो तो उसकी जगह कोई निकट संबंधी ले लेता है; स्त्री कन्यादान भी नहीं करती। फिर भी (जैसा पहले कहा जा चुका है) हर महत्त्वपूर्ण मौके पर वह पति के बगल में उपस्थित रहती है : वह उसी के साथ संबंध से पारिभाषित होती है। यह एक श्रेणीबद्ध संबंध है और उनकी ऐक्यता बतलाता है, लेकिन यह इस अर्थ में जटिल है कि पुरुष स्त्री को अपने दायरे के तहत रखता है और उससे श्रेष्ठ है।

इस तथ्य की सबसे ठोस अभिव्यक्ति इसमें है कि शादी के दिन से पुरुष तीन धागों की जगह छह धागों का जनेऊ पहनने लगता है। तीन-तीन धागों के दो समूह उसकी अपनी ओर से तथा अपनी पत्नी की ओर से देवताओं, गुरुओं और पितरों के ऋण चुकाने की जिम्मेदारी का प्रतीक होते हैं। लेकिन जैसा डुमो (जिनकी रचनाओं पर ये विचार आधारित हैं) ने सही ही कहा है,

> एक चरण को दूसरे के नीचे करने वाला सिद्धांत ही कई स्तर बनाता है और स्थिति को विपरीत दिशा दे सकता है। परिवार में माता (उदाहरणार्थ, एक भारतीय परिवार) अपनी लैंगिक स्थिति की वजह से निम्न बनाई जा सकती है (मैं इसे सेक्स *और* जेंडर या शारीरिक रचना *और* विचारधारा कहना पसंद करूँगा), लेकिन कुछ अर्थों में वह पारिवारिक संबंधों में हावी रहती है (१९८० : २४१)।

संक्षेप में, विचारधारा पुरुष तथा स्त्रियों को अलग-अलग महत्त्व देती है और एक ऐसी भाषा को जन्म देती है जिसमें पुरुष के बारे में बात कहने पर स्त्री का भी बोध होता है। स्त्री और पुरुष का सापेक्ष स्थान उनके संबंध में निहित है। यह कहने की आवश्यकता नहीं कि दैनिक जीवन का यथार्थ विचारधारा का पूर्णतः अनुसरण नहीं करता : ऐसा कहना गलत और मानवशास्त्रीय सत्य को दबाना होगा।

सांसारिक व्यक्ति

इस प्रकार दैनिक जीवन की विचारधारा पंडित को गृहस्थ के रूप में स्थापित करती है। गृहस्थ सांसारिक व्यक्ति है। उसका घर वास्तव में लघु संसार है, और इसके गृहदेवता वाश्तोश्पति हैं जो पृथ्वी के रक्षक हैं। ऐसे व्यक्ति का मुख्य लक्ष्य आत्मविकास है जो पारंपरिक उद्देश्यों के अनुसार जीवन निर्वाह और उनकी प्राप्ति के लिए सही विधियाँ अपनाने से ही सम्भव है। यह माना जाता है कि मोक्ष-प्राप्ति सुदूर लक्ष्य है। इसलिए अनुशासित जीवन जीकर निरंतर पुण्य संचय करने पर बल दिया गया है।

गृहस्थ के रूप में पंडित समृद्धि तथा आनंद की आशा कर सकता है लेकिन तभी जब यह प्रयत्न धर्मानुसार हो। जैसा एक संवेदनशील सूचनाकार ने मुझे बताया, गृहस्थ का जीवन आग सेंकने के समान है। आप आग से जल भी सकते हैं। दूसरे शब्दों में गृहस्थ जीवन आनंद का स्रोत है, लेकिन वह दुःख भी दे सकता है तथा धर्म से विचलित होने पर पतन का कारण भी बन जाता है। उसी सूचनाकार के अनुसार; 'घर न तो भोगशाला है न योगशाला'। यह संकरा मध्य मार्ग है, 'तलवार की धार' : 'मार्ग तलवार की धार समान पैना है और उस पर चलना कठिन' (कठोपनिषद् १.iii.१४)

पंडित पारिवारिक एवं संबंधियों से जुड़े दायित्वों को पूरा तथा अर्थ प्राप्ति के लिए बने संबंधों को मान्यता देकर जीवन का उद्देश्य पूरा करने का प्रयत्न करता है। गैर-पंडितों के साथ संबंध भी इस दायरे में आते हैं। अपने कार्य में वह सफलता चाहता है और गाँव के लोगों के बीच प्रतिष्ठा उसके लिए घरेलू सुख जितनी ही महत्त्वपूर्ण है। इस प्रकार पंडित के जीवन में घर के अंदर और बाहर निरंतरता है, जिन्हें धार्मिक और सेकुलर पक्ष कहा जा सकता है। उसी तरह घर और पृथ्वी में निरंतरता है।

भट्टिल संपूर्ण जीवन-दृष्टि है जो किसी बात को निष्कासित नहीं करती लेकिन यह जीवन के परम उद्देश्यों तथा दैनिक जीवन के कार्यों की श्रेणीबद्ध दृष्टि है। पंडित के जीवन का मूलमंत्र विवेचन है, न कि संन्यास। लेकिन उससे यह आशा की जाती है कि वह दैवी अनुग्रह को सद्कर्मों से ऊपर जाने-समझे। मायावी शक्तियों और संन्यास का मार्ग विशेष लोगों के लिए है। आम पंडित के लिए सांसारिक या गृहस्थ जीवन कठिन होते हुए भी नैतिक, सद्जीवन है। यह जीवन जीने योग्य है।[२१]

संदर्भ एवं टिप्पणियाँ

१. पंडित शब्द का अर्थ विद्वान होता है। मैं दक्षिण-पूर्व कश्मीर घाटी के ग्रामीण इलाकों के पंडितों से सबसे अच्छी तरह परिचित हूँ। करीब बीस वर्षों के अध्ययन से मुझे विश्वास हो गया है कि कश्मीरी पंडितों की संस्कृति में काफी एकरूपता है। कश्मीरी पंडित दो उपजातियों में बंटे हैं (पुरोहित और अन्य)। उनमें सामाजिक-आर्थिक स्थिति और क्षेत्रीय संस्कृति के अंतर भी हैं। लेकिन, इस अध्याय के संदर्भ में ये गौण हो जाते हैं, क्योंकि इसका विषय वे आधारभूत सिद्धांत हैं जो सामाजिक क्रिया-कलाप निर्देशित करते हैं न कि दैनिक जीवन में दृष्टिगत व्यवहार।

२. 'प्रचलित कार्यप्रणाली जितनी अधिक मानकीकृत और गुमनाम होगी व्यक्तिपरक मनोगत संगति तथा उसके साथ अंतर्निष्ठ व्यवहार की सफलता की सम्भावना उतनी ही अधिक होगी' (शुट्ज १९६७ : ३३)।

३. शुट्ज (१९६७ : ६१) का कहना है कि यह 'ज्ञान का सामाजिक वितरण है' : 'हर व्यक्ति संसार के केवल एक अंश के बारे में जानता है और इस अंश का ज्ञान व्यक्तिगत रूप से स्पष्टता, परिचय या सिर्फ मान्यता के स्तर पर भिन्न होता है'।

इस संदर्भ में मैं जोड़ना चाहूँगा कि उत्रसु-उमानगरी नामक जिस गाँव में मैंने अधिकतर फील्डवर्क किया है (देखें, मदन १९६५), वहाँ लोग बिना किसी एतराज के मानते हैं कि कुछ विषयों के बारे में दूसरे उनसे अधिक जानते हैं। जिस बारे में आप नहीं जानते, आप दूसरों से उस पर जानकारी प्राप्त करने का प्रयत्न करते हैं। उदाहरणार्थ, मैंने एक जगह लिखा है कि पंडितों के बीच सामान्यतः वंशावलियों में रुचि का अभाव है, लेकिन कुछ पंडित इसमें अत्यधिक रुचि रखते हैं (देखें, मदन १९७५बी : १४१-६)।

४. मैं यहाँ कहना चाहूँगा कि पचास के दशक के अंतिम वर्षों में उत्रसु-उमानगरी में प्रायः सभी वयस्क पुरुष पंडित साक्षर थे। लेकिन उनमें से संस्कृत में दक्षता तथा दार्शनिक समस्याओं और कर्मकांडों से संबंधित पारंपरिक साहित्य का ज्ञान एक दर्जन से अधिक को नहीं था। पुरोहित संस्कृत पढ़ सकते थे, विशेषतः शारदा लिपि में। लेकिन गाँव के वास्तविक पंडित (विद्वान) पुरोहित परिवारों से नहीं थे। बहुत कम घरों में पंचांग तथा स्कूली किताबों के अलावा कोई पुस्तक थी। 'धार्मिक' पुस्तकों में सबसे अधिक भगवद्गीता तथा प्रार्थनाओं की पुस्तकें मिलती थीं। कुछ लोगों के पास ज्योतिष संबंधी पुस्तकें थीं। महाभारत तथा रामचरितमानस भी कुछ घरों में थे, लेकिन हमेशा संस्कृत या अवधी में नहीं, बल्कि उर्दू गद्यानुवाद में। सदियों तक मुसलमान शासकों के अत्याचार ने उन्नीसवीं शताब्दी के मध्य तक पंडितों को इस स्थिति में पहुँचा दिया था। यही समय था जब हिंदू राज पुनः स्थापित हुआ। इसीलिए मैंने पंडित परंपरा को 'वाचिक' कहना उचित समझा है। पंडितों की साहित्यिक परंपरा के अवसान पर शोकगीत लिखा जाना अभी शेष है।

५. 'बिरादरी' एक फारसी शब्द है। अधिकतर कश्मीरी शब्द संस्कृत या फारसी मूल से आए हैं, लेकिन मूल शब्द और व्युत्पन्न शब्दों के उच्चारण में कई बार बहुत फर्क होता है। जैसे, कश्मीरी 'ह' कार ध्वनि के व्यंजन प्रयोग नहीं करते। भाषायी सामग्री की सुसंगति के लिए मैंने अपनी क्षमतानुसार मूल संस्कृत या फारसी शब्दों का प्रयोग किया है (देखें कचरू १९७३)।

६. 'भट्ट' संस्कृत के 'भर्त्र' का प्राकृत रूप है जो विद्वान ब्राह्मणों के लिए आदरसूचक विशेषण है। यह पंडित का समानार्थी है। ध्यान रहे कि कश्मीरी को प्राकृत के रूप में वर्गीकृत किया गया है।

७. किसी पंडित का मुसलमान मूल का व्यक्तिगत नाम नहीं होता लेकिन आफताब (सूर्य) और महताब (चाँद) जैसे कुछ सेकुलर शब्द नामों के रूप में प्रयुक्त होते थे : १९५७-५८ में उत्रसू-उमानगरी में एक महताब कौल हुआ करते थे। यह नाम पंडित संस्कृति में मुसलमान (फारसी तथा अफगानी) संस्कृति के तत्त्वों की ओर संकेत करता है। यह असर उनके गृह निर्माण, संगीत, भोजन, वस्त्र, बोली, इत्यादि सब में नजर आता है। उसी तरह कश्मीरी मुसलमान अपने हिंदू पुरखों के अवशेष सँभाले हुए हैं।

इनमें सबसे रुचिकर या शायद विडम्बनापूर्ण है उनके बीच 'भट' पारिवारिक नाम होना। कुछ 'पंडित' मुसलमान परिवार भी हैं।

८. सौतेली माता की बात अलग है। साधारणतः माना जाता है कि वे मृत पत्नी के बच्चों के प्रति क्रूर होती हैं, विशेषकर तब जब उनके अपने बच्चे हो जाते हैं। मैंने कुछ सौतेली माताओं द्वारा अपने सौतेले बच्चों को जहर देने के किस्से भी सुने हैं। गोद लेने वाली महिलाएँ अनिश्चित व्यवहार दर्शाती हैं। अगर किसी बिन बच्चे की महिला पर उसके पति के संबंधियों द्वारा कोई बच्चा थोप दिया गया है तो वह शायद बच्चे की तरफ ज्यादा आकर्षित नहीं होगी। लेकिन बहुत बार माताएँ गोद लिए बच्चों को भी उतना ही प्यार देती हैं और उनकी देख-भाल करती हैं जितना अपने देह-जाए बच्चों को। 'पैदा करने के दर्द' (*ज़नादोद*) और 'पालने के दर्द' (*रच्छनदोद*) में पंडितों की दृष्टि में कौन ऊँचा है इसका फैसला करना मुश्किल है लेकिन अंततः 'नसों में खून बोलता है'।

९. कानूनी पुस्तकों के अनुसार सपिंड का मतलब होता है ' देह के कणों से जुड़ा हुआ' (देखें मेन १९५० : १४६)। वे इसमें विज्ञानेश्वर के बारहवीं सदी के मिताक्षर का अनुसरण करते हैं। लगता है कि बंगाल के हिंदू भी 'अपने लोग' की परिभाषा इसी तरह करते हैं, जो एक-शरीरा या सपिंड यानी एक ही शरीर के हों (इंडेन और निकोलस १९७७ : ३)। पिंड का शाब्दिक अर्थ सिर्फ शरीर ही नहीं, पूर्वजों को दिये जाने वाले भात के गोले भी होता है।

१०. आगे अध्याय २ देखें।

११. चौदहवीं शताब्दी में इस्लाम के आगमन के बाद कश्मीरी हिंदुओं को अपनी चतुराई और समझौतों के आधार पर वक्त गुजारना पड़ा। यह अपने-आप में आश्चर्यजनक है कि वे अपना अस्तित्व कैसे बनाए रख सके। उनकी बदहालियों के वर्णन के लिए देखें, बमज़ई (१९६२)।

१२. तीन 'मानवीय उद्देश्य' हैं, धर्म, अर्थ और काम। तीनों (आवश्यक तथा) नियमानुसार हैं, लेकिन वे इस प्रकार श्रेणीबद्ध हैं कि निम्न श्रेणी के उद्देश्य की प्राप्ति का प्रयत्न तभी तक किया जा सकता है जब तक उच्च श्रेणी का उद्देश्य उससे प्रभावित न हो : धर्म अर्थ से ज्यादा महत्त्वपूर्ण है, और अर्थ काम से।

१३. उत्तर भारत में दूसरे स्थानों पर जिसे उपनयन कहते हैं उसे पंडितों द्वारा मेखला या यज्ञोपवीत कहा जाता है। इसका संस्कार तथा सामाजिक घटना दोनों के ही रूप में बहुत महत्त्व है। अधिकतर यह लड़के के सातवें से नवें वर्ष में मनाया जाता है। कुल मिलाकर इसमें चौबीस धार्मिक कृत्यों या कर्मों का प्रावधान है। अगर पिता के पचीसवें और माता के सोलहवें साल में बीजवापानम संस्कार न किया गया हो, तो सबसे पहले उसे संपन्न करते हैं। इसी प्रकार दूसरे सभी कर्म जो पहले किए जाने थे, लेकिन किसी

कारणवश नहीं किए गए, संपन्न होते हैं। अंत में लड़के को मेखला और यज्ञोपवीत पहनाये जाते हैं।

१४. पराविद्या अर्थात् परम तत्त्व का ज्ञान उसी क्षण मोक्ष (सद्यमुक्ति) देता है। यह केवल उनके लिए संभव है जो सांसारिक वस्तुओं से अपना ध्यान हटा कर उसे ब्रह्मांड के परम तथ्य पर केंद्रित कर पाते हैं। ईश्वर का ज्ञान, अपरा विद्या, व्यक्ति को उस राह पर ला देते हैं जिससे उसे अंततः मुक्ति मिलती है (क्रम मुक्ति)। भक्ति से आत्मा को धीरे-धीरे वह विवेक प्राप्त होता है जिसमें परम सत्ता से ऐक्यता का बोध होता है (राधाकृष्णन १९५३ : ५७९)।

१५. रामानुज के अनुसार 'मनुष्य की दृष्टि से देखें तो ईश्वर की प्राप्ति बहुत कठिन हैं, क्योंकि इसके लिए ईश्वर पर संपूर्णतः अनुशासित ध्यान की आवश्यकता है। इससे भी ज्यादा महत्त्वपूर्ण बात यह है कि ईश्वर के साथ संवाद मानव अपने प्रयत्नों से प्राप्त नहीं कर सकता। बड़े से बड़ा भक्त भी जो इस संवाद के लिए व्याकुल हो, ईश्वर कृपा पर ही निर्भर रहता है। मोक्ष ईश्वर का चयन तथा उसका उपहार है' (कारमैन १९७४ : ८५)।

शैव कश्मीरी ब्राह्मणों पर वैष्णव प्रभाव का उदय कश्मीरी सांस्कृतिक इतिहास का ऐसा अध्याय है, जिस पर और शोध की आवश्यकता है।

१६. यहाँ कुछ विशेष प्रकार के लोगों का जिक्र करना उचित होगा। वे विक्षिप्त लगते हैं, और पंडितों तथा मुसलमान दोनों समुदायों में पाए जाते हैं। लेकिन उन्हें कश्मीरी 'ईश्वर द्वारा छुए' लोग मानते हैं (जैसा कि एक सूचनाकार ने कहा), क्योंकि उन्हें अतींद्रियदर्शी और शाप व आशीर्वाद देने की शक्ति से लैस समझा जाता है। वे न तो पारिवारिक बंधनों को मानते हैं, न सामाजिक संबंध के नियमों को। अपने पंडित या मुस्लिम जन्म के परे वे दोनों समुदायों के बीच कड़ी का काम करते हैं।

१७. मनुस्मृति (III : ७८) : 'गृहस्थ दूसरी तीनों श्रेणियों को प्रतिदिन पवित्र ज्ञान और व्यक्तियों को भोजन दान देता है, इसलिए गृहस्थ सभी श्रेणियों में श्रेष्ठ हैं' (बूहलर १९६४ : ८९)।

१८. मैंने यह लेख प्रकाशित होने के बाद १९८३ में एक पंडित विवाह देखा जिसमें दूल्हे को कन्यादान का महत्त्व समझाते हुए पुरोहित ने कहा : 'यह कन्या इसके पिता द्वारा दी गई है जिससे तुम्हें धर्म, अर्थ, काम और मोक्ष के उद्देश्यों की प्राप्ति करनी है। धर्म अपने माथे पर टीका लगाना नहीं, बल्कि देवताओं, गुरुओं और पुरखों का ऋण चुकाना है। अर्थ धन कमाना और काम ऐश्वर्य की प्राप्ति है। आदर्श संन्यास नहीं बल्कि गार्हस्थ्य है। यह सब करने के बाद हमें ईश्वर की शरण में जाना चाहिए : यही मोक्ष है।' पुरोहित जिस ग्रंथ (लौगाक्ष) का अनुसरण कर रहा था मैंने बाद में उसका निरीक्षण किया : उसमें मोक्ष की बात थी ही नहीं।

१९. प्रसिद्ध शैव रहस्यदर्शी लल्ल देद ने घर छोड़ दिया था और यायावर बन गई थीं। उनकी कहावतें पंडितों की वाचिक परंपरा में जीवित हैं। लेकिन, लल्ल एक अपवाद हैं, जो नियम को सिद्ध करता है क्योंकि वह कोई साधारण स्त्री नहीं थीं।

२०. ऋगवेद (iii) ५३-४ : 'स्वयं पत्नी ही घर है।'

२१. इस पुस्तक के प्रकाशन हेतु जाने के बाद मुझे मध्ययुग (नवीं से तेरहवीं शताब्दी) के संस्कृत ग्रंथों पर आधारित कश्मीरी ब्राह्मणों पर एक लेख मिला। इतनी लंबी अवधि और मुस्लिम शासन के बावजूद वर्तमान और उस समय के पंडितों के विचारों में इतनी साम्यता है कि मुझे बहुत आश्चर्य हुआ। उसमें लिखा है : 'मध्यमार्ग का ब्राह्मणवाद ब्राह्मण गृहस्थ कर्मकांडी को एक अद्वैतवाद प्रदान करता था, जिसमें संन्यास के लिए स्थान था लेकिन यह जीवन के चौथे चरण तक सीमित था (तीनों ऋणों से उऋण होने के बाद)। साथ ही उसे गृहस्थ धर्म के पालन द्वारा ही मोक्ष-प्राप्ति के सिद्धांत द्वारा अनावश्यक भी बना दिया गया था' (सैन्डरसन १९८५ : १९७)। गृहस्थ को 'भगवद् इच्छा का पालन करते हुए संपूर्ण विकास के मार्ग पर चलना था (उपरोक्त : १९८)।

२

शुभ और शुद्ध

> जिस प्रकार दिन में कई शुभ और अशुभ क्षण होते हैं उसी प्रकार ऐसे क्षण जीवन में भी आते हैं। दिन का सबसे शुभ क्षण सूर्योदय का होता है। यह पृथ्वी, आकाश तथा स्वर्ग को प्रकाशित कर देता है, और अपने साथ लोगों के लिए सद्कार्य और विवेक का आश्वासन लाता है। यह पुत्र-जन्म के समान है जो व्यक्ति के जीवन का सबसे शुभ क्षण होता है। संतानोत्पत्ति जिन माता-पिता को सबसे अधिक आनंद देती है उन्हीं को दूषित भी करती है, लेकिन सूर्योदय ईश्वर की शक्ति को अभिव्यक्त करता है, हमारी बुद्धि को ज्योति देता है, पृथ्वी को पवित्र करता है।
>
> –एक कश्मीरी पंडित

भूमिका

पिछले तीस साल में हुए दक्षिण एशिया के समाजशास्त्रीय अध्ययन में समाज व्यवस्था के अलावा लोगों की विचार श्रेणियों के अध्ययन पर भी बल दिया गया है। यह एक स्वागतयोग्य कदम है क्योंकि सभी जगह लोग केवल सामाजिक कर्म ही नहीं करते, बल्कि अपने कर्मों के उद्देश्य और औचित्य पर विचार भी रखते हैं। दूसरे शब्दों में, जो कुछ वे करते हैं, उनके लिए वह अर्थवान है और अगर समाजशास्त्री उनके इस नियमबद्ध व्यवहार तथा कर्त्ताओं के लिए उसके महत्त्व से वास्ता रखें तो यह उचित ही मानना चाहिए।

डुमो और एम.एन. श्रीनिवास सहित कई विद्धानों ने हिंदू समाज में प्रचलित कुछ विशेष विचारों पर प्रकाश डाला है जो व्यवहार को प्रभावित करते हैं। इनमें 'अशुद्धता' और 'शुद्धता' प्रमुख हैं। विचारधारा तथा वास्तविक व्यवहार के अंतःसंबंधों के संदर्भ में कई दूसरी संज्ञानात्मक संरचनाओं का अन्वेषण अभी शेष है। हाल में, साधारण लोगों के दैनिक जीवन और राजाओं तक को प्रभावित

करने वाला शुभ का विचार हिंदू, बौद्ध तथा जैन संस्कृतियों के अध्ययन में अत्यधिक महत्त्व का रहा है (उदाहरणार्थ देखें कारमैन तथा मार्गलिन १९८५)। पारंपरिक भारतीय विचारानुसार राजा का दर्शन करना साधारण व्यक्तियों के लिए शुभ शकुन था। इसी कारण मुगल बादशाहों ने हर सुबह किले के बाहर खड़ी भीड़ को दर्शन देना (झरोखा) शुरू कर दिया, जबकि यह इस्लामिक विचारधारा के विरुद्ध था।

इस अध्याय में मैं 'शुभ' के विचार का स्पष्टीकरण तथा 'शुद्ध' के साथ उसके संबंधों का परीक्षण करना चाहता हूं जिसके लिए मैं हिंदू, विशेषकर ब्राह्मण संस्कृति में इनके अर्थों का अन्वेषण करूँगा।[१] शुभ (अथवा शकुन) पर उतनी प्रकाशित मानवशास्त्रीय सामग्री उपलब्ध नहीं है, जितनी शुद्धता पर है। इसलिए यह प्रयत्न (टी.एस. इलियट के शब्दों में) 'अस्पष्ट पर आक्रमण' है और वह भी 'भोथरे हथियारों से'। फिर भी मैं प्रयत्न कर रहा हूँ। मैं जहाँ तक संभव हो, संस्कृत शब्दों शुभ तथा शुद्ध का प्रयोग कर रहा हूँ, न कि *ऑस्पिशसनेस* और *प्योरिटी* का। शुभ तथा शुद्ध या उनसे व्युत्पन्न अंग्रेजी शब्दों का प्रयोग न करने का कारण यह है कि वे बहुअर्थी शब्द बन चुके हैं और अर्थ बताने से अधिक अर्थ को छुपाते हैं। उनका प्रयोग हिंदू अर्थ सामने लाने के मेरे प्रयत्न को विफल कर सकता है।[२] इससे भी महत्त्वपूर्ण बात समस्या के प्रति मेरे दृष्टिकोण में निहित है। दैनंदिन जीवन में प्रयोग किए जाने वाले शब्दों का प्रयोग के संदर्भ में अध्ययन किया जाना चाहिए। दार्शनिक बहस से संबंधित साहित्य का हवाला दिए बिना मैं केवल इतना कहना चाहूँगा कि हम एक शब्द समूह के अर्थ या अर्थों को दूसरे अर्थों के संदर्भ में निरीक्षण से जान सकते हैं (यही वास्तव में 'प्रयोग' है)। अपने सीमित उद्देश्यों के लिए ऐसा करना मुझे उचित लगता है और इसके लिए इस प्रश्न पर विचार करने की आवश्यकता नहीं है कि अमूर्त अर्थों का अस्तित्व होता है या नहीं।

'शुभ' तथा 'शुद्ध' : साधारण प्रयोग पर कुछ टिप्पणियां

साधारण भाषा में 'शुभ' शब्द अधिकतर समय के लिए, और विशेष श्रेणी के लोगों के संबंध में सामयिक घटनाओं के लिए प्रयुक्त होता है। शुभ या इसका विपरीत शब्द 'अशुभ' समय या काल के पहले लगाते हैं जो किसी महत्त्वपूर्ण कार्य के लिए नियत किया जाता है। यह घटना आनंददायी होती है या इससे अच्छे परिणामों

की आशा की जाती है। लेकिन यह आवश्यक नहीं कि जो समय एक कार्य के लिए शुभ है वह दूसरे कार्यों के लिए भी शुभ हो। रात्रि महाकाली की पूजा के लिए शुभ है, लेकिन विष्णु की पूजा के लिए नहीं। इसी प्रकार शुभ को अवसर, उत्सव, ऋतु, मास, दिवस, घड़ी और क्षण के साथ इस्तेमाल करते हैं। शुभ विशेषण मुहूर्त (ज्योतिष के अनुसार महत्त्वपूर्ण कार्य के लिए उपयुक्त समय) तथा लग्न (सूर्य के किसी विशेष तारा मंडल में प्रवेश का क्षण) के साथ विशेषतः प्रयुक्त होता है। संदर्भतः लोग आरंभ, अंत, समापन, आगमन, गमन, यात्रा इत्यादि के साथ शुभ लगाकर दैवी अनुग्रह की चाह प्रकट करते हैं। खुशी की घटनाओं के साथ भी शुभ इस्तेमाल होता है (जैसे विवाह, जन्म)। सूचना, समाचार, संकेत, शकुन के साथ भी शुभ / अशुभ प्रत्यय प्रयोग किये जाते हैं। शुभ कार्य या शुभ आचार ऐसे विशेष कर्म या व्यवहार हैं, जो कुशल-मंगल के लिए अच्छे हैं। साधारण काम हो या असाधारण, उसके अच्छे परिणामों के लिए शुभ समय पता लगाने हेतु लोग ज्योतिषियों या पुरोहितों के पास जाते हैं या पंचांग देखते हैं। इन कार्यों में नये कपड़े पहनना, घर के लिए रसद खरीदना, यात्रा पर जाना या संस्कार करना, इत्यादि आते हैं। नकारात्मक रूप में, जब दुर्घटनाओं का डर होने पर वे न घटें या उनके दुष्परिणाम बुरे न हों, तो कहा जाता है कि शुभ हावी रहा। यह कुशल-मंगल दैवी अनुग्रह, परिस्थितियाँ और/या मानवीय प्रयत्न का परिणाम माना जाता है।

शुभ के इन सभी प्रयोगों में बल समय की दिशागत धारा, कालगत क्रम और उसके महत्त्वपूर्ण बिंदुओं पर है, केवल समय पर नहीं। समय का बीतना मानवीय जीवन रेखाओं और / या उन रेखाओं तथा ब्रह्मांडीय शक्तियों के प्रतिच्छेद बिंदुओं पर महत्त्वपूर्ण हो जाता है।

साधारण भाषा में प्रयोग से प्रतीत होता है कि ऊपर बताई घटनाओं तथा कार्यों के साथ जुड़े स्थान, वस्तु या व्यक्ति भी शुभ होते हैं। कर्मकांड के लिए बनायी गई वेदी को शुभ-स्थली या शुभ स्थान कहते हैं। पूजा समाप्त होने के बाद वेदी तोड़ दी जाती है और उस जगह को आम तरीके से उपयोग किया जाने लगता है। जब तक घर बसा हुआ है, तब तक चूल्हा-चौका और पूजा-कक्ष शुभ स्थल हैं। एक दिव्य शुभ स्थल का उल्लेख बराबर होता है। यह वह तारामंडल है जिसमें से चंद्रमा विशेष समय पर गुजरता है। इसे चंद्रभवन कहा जा सकता है। कुछ दिशाएँ और प्रधान दिग्बिंदु भी शुभ या अशुभ माने जाते हैं। जैसे, कोई धार्मिक

कार्य पूर्व की ओर मुँह करके करना अच्छा माना जाता है क्योंकि सूर्योदय उस दिशा में होता है, जबकि दक्षिण दिशा में मुँह करना अच्छा नहीं क्योंकि उसका संबंध मृत्यु से है।

नदी या जल के किनारे बना तीर्थस्थान पवित्र माना जाता है और इसकी यात्रा शुभ होती है। पवित्रता तथा मांगलिकता और बढ़ जाते हैं यदि उस स्थान पर दो नदियों का संगम हो।[४] भारत के सबसे पवित्र तीर्थ-स्थलों में से एक तीर्थराज प्रयाग (उत्तर प्रदेश) है, जहाँ गंगा, यमुना तथा भूमि के नीचे बहती सरस्वती मिलती हैं। यहीं बारह वर्षों में एक बार कुंभ मेला लगता है जब बृहस्पति कुंभ राशि में प्रवेश करते हैं। यात्रा कम से अधिक इच्छित अवस्था की ओर होती है और यह पवित्र जल में स्नान से प्राप्य है। यही तीर्थ का मतलब है। एक कश्मीरी ब्राह्मण के शब्दों में, 'तन के मैल से अधिक, मन का मैल धुल जाता है।' काल की भाँति स्थान नहीं, बल्कि कुछ विशेष श्रेणी के लोगों के साथ घटने वाली संभावनाएँ भी उस स्थान को शुभ बनाती हैं : हम फिर सृष्ट्यात्मक शक्तियों के प्रपथों के प्रतिच्छेद की धारणा पाते हैं जो गतिशील ग्रहों, बहती नदियों तथा मानव जीवन के प्रतीकों में उद्भासित होती है।

काल तथा दिक् बिंदुओं के अतिरिक्त कुछ वस्तुएँ भी शुभ मानी जाती हैं। इसका सबसे जाना-पहचाना उदाहरण है धातु (सोना, चाँदी, पीतल या तांबा) या मिट्टी का बना कलश जिसमें नदी (या नदियों) का जल हो। कुछ मेवे और अन्य चीजें भी शुभ मानी जाती हैं।[५] कश्मीरी ब्राह्मण इसे विघ्नहर्ता और सिद्धिदाता गणेश का प्रतीक मानते हैं। इस धर्मविधि की शुरुआत में कलश की प्रतिष्ठा और पूजा होती है। समाप्ति के बाद कलश का जल भक्तों पर छिड़का जाता है। कश्मीरी ब्राह्मणों के एक चलन के अनुसार इस पात्र में रखे अखरोट सबको बाँटे जाते हैं। इन्हें खाने से कल्याण होने की मान्यता है।

आम भाषा में शुभ कार्य कर रहे कर्त्ता के साथ भी शुभ विशेषण लगाते हैं। उदाहरणार्थ, शुभचिंतक आपका भला चाहता है। अच्छा समाचार लाने वाला शुभसूचनी कहलाता है। हिंदी-भाषी क्षेत्र में उच्च जातियों में वेश्याओं को मंगलमुखी (यानी जिसका चेहरा देखने से कल्याण हो) कहते हैं। शुभ अवस्था तथा मंगलकारक या कल्याणकारक के बीच अंतर है और उनके बीच संबंध दोनों ही महत्त्वपूर्ण हैं। इन उपयोगों के बारे में ध्यान देने योग्य बात यह है कि स्त्री-पुरुष स्वयं शुभ नहीं

होते, बल्कि उनके इरादे, कर्म या उपस्थिति (और इसका ज्ञान) शुभ होते हैं और उनसे अच्छे परिणामों की आशा की जाती है। कहने की आवश्यकता नहीं कि शुभ का परम स्रोत ईश्वर है (कारमैन १९७४ : १७२, २५५)।

शुभ की श्रेणी के बारे में पुरोहितों, ज्योतिषियों तथा इन विशेषज्ञों की राय लेने वालों की बातचीत से काफी-कुछ पता चलता है। लोग मानते हैं कि उनके जीवन पर नौ ग्रहों का प्रभाव पड़ता है। इनमें प्रमुख सूर्य है, और उसके अतिरिक्त बृहस्पति, बुध, चन्द्रमा, केतु, मंगल, राहु, शनि और शुक्र हैं। इन ग्रहों को दो श्रेणियों में बाँटा गया है, शुभ तथा अशुभ या क्रूर। मेरे कश्मीरी ब्राह्मण सूचनाकार इनमें केवल बृहस्पति, चन्द्रमा तथा शुक्र को शुभ मानते हैं। उनके अनुसार बुध शक्तिहीन है। शेष सभी अशुभ और क्रूर हैं। किसी ग्रह की प्रकृति क्या है इससे व्यक्ति विशेष को कोई अंतर नहीं पड़ता जब तक उनमें कोई एक या अधिक का योग उसके जीवन को प्रभावित न करने लगे। ग्रहों के इस प्रभाव को दशा कहते हैं। ग्रहों की स्थिति व्यक्ति को कैसे प्रभावित करेगी यह उसके जन्म के काल तथा स्थान पर निर्भर करता है। इसलिए कोई अशुभ ग्रह भी व्यक्ति को आनंद, स्वास्थ्य तथा धन प्रदान कर सकता है अगर उसकी जन्मकुंडली या वर्ष कुंडली में उसके स्थान का संबंध काल विशेष में उसके स्थान के उपयुक्त हो। नक्षत्र मंडलों को ग्रहों के मित्र और शत्रु घरों में बाँटा गया है। इस लिहाज से व्यक्ति की जन्मकुंडली का सबसे महत्त्वपूर्ण तथ्य उसका लग्न है : वहाँ से आरंभ कर व्यक्ति के सारे जीवन-प्रपथ का खाका खींचा जा सकता है। यही जन्मकुंडली बनाना है। जीवन प्रपथ को तुलनात्मक रूप में मांगलिक या अमांगलिक कहते हैं न कि पूर्ण रूप में। इस प्रकार व्यक्ति को एक पात्र कहते हैं जो भरे जाने की प्रतीक्षा करता है।

संतानोत्पत्ति, विशेषकर पुत्र का जन्म, साधारणतः एक शुभ घटना मानी जाती है, लेकिन ऐसा होना अनिवार्य नहीं है। जन्म के समय ग्रहों, नक्षत्रों की दशा उसे अपने माता-पिता के लिए अकल्याणकारी बना सकती है। ऐसी स्थिति में उसका जन्म अशुभ माना जाता है। दूसरे शब्दों में उसके जीवन-प्रपथ का उसके माता-पिता के जीवन-प्रपथ पर प्रभाव अशुभ हो सकता है, जिससे माता-पिता के जीवन-प्रपथ के शुभ अंश कमजोर हो जाते हैं और अशुभ शक्तियों को बल मिलता है। मसलन, कश्मीरी ब्राह्मण मूल नक्षत्र में जन्मे लड़के को संभावित पितृ-हंता समझते हैं। ऐसा जानबूझ कर की गई हत्या द्वारा नहीं, वरन् एक जीवन

प्रपथ पर दूसरे के प्रच्छन्न प्रभाव द्वारा हो सकता है। कोई भी ऐसे बच्चे को दत्तक पुत्र नहीं बनाएगा। जीवन पर आए संकट से बचने के लिए उसे मंदिर के द्वार या किसी अन्य पवित्र स्थान पर भगवान भरोसे छोड़ दिया जा सकता है। ऐसे कार्य को प्रतीकात्मक रूप में 'नष्ट करना' माना जा सकता है। पहले से की गई व्यवस्थानुसार पारिवारिक पुरोहित उसे उठा लेता है और 'संयोग' से मिले परिवार के किसी सदस्य से मुद्रा और अनाज लेकर उसे परिवार को लौटा देता है।

ऐसी घटनाएँ कम होती हैं, लेकिन अशुभ जन्म तथा दशा से होने वाले नुकसानों से बचने के लिए हिंदू प्रायः कर्मकांड करते हैं। इन्हें 'उपाय' कहते हैं। मेरी नजर में इन उपायों में सबसे विलक्षण कर्मकांड 'तुला भार' आया है। इसमें संकट में पड़े व्यक्ति को अनाज, दाल तथा दूसरी वस्तुओं से तौल कर इन्हें पारिवारिक पुरोहित को दान कर देते हैं।[६] कई स्थानों से लाई मिट्टी, औषधियों तथा जल से स्नान द्वारा शरीर को पुनः संघटित करते हैं। आशानुसार, कर्मकांडों की समूची शृंखला व्यक्ति के लिए बहुत संकटकारी मानी जाती है, जबकि इसका उद्देश्य मृत्यु के चरम संकट को हटाना है।

इन कर्मकांडों से संकट किस सीमा तक टल सकता है, इसके बारे में निश्चयपूर्वक कुछ कहा नहीं जा सकता, क्योंकि न तो मांगलिकता को पूर्णतः रचा जा सकता है और न ही अशुभ संपूर्णतः नष्ट किया जा सकता है, चाहे इसके लिए कुछ भी किया जाय। जैसा कि एक चतुर्वेदी ब्राह्मण ने मुझे बताया, राम का विवाह शुभ मुहूर्त में किया गया था और उनके राज्याभिषेक के समय की भी उसी प्रकार गणना की गई थी, लेकिन पहले उनके वैवाहिक जीवन में मुश्किलें आईं (क्योंकि रावण ने सीता का अपहरण कर लिया) और फिर उसका दुखांत हुआ (जब सीता धरती माँ की गोद में समा गईं); उसी प्रकार उनका राजा बनना भी चौदह वर्ष के वनवास के कारण स्थगित रहा।

साधारणतः जन्म को शुभ तथा मृत्यु को अशुभ मानते हैं। लेकिन मृत्यु की अमांगलिकता की कोटि और प्रकृति भी समय, स्थान तथा दूसरी परिस्थितियों पर निर्भर होती है। चंद्रमा संचालित कैलेंडर के हर मास में कुछ दिन (*पंचक*) अशुभ माने जाते हैं। इस समय पाँच नक्षत्रों का योग होता है, तथा जहाँ तक संभव हो कई कार्य इस समय नहीं करने चाहिए। पंचक के दौरान दाह-संस्कार दुर्भाग्यपूर्ण माना जाता है, लेकिन इसे टाला भी नहीं जा सकता। मुझे बताया गया कि इस

अवधि में मृत्यु होने पर मृत व्यक्ति की आत्मा की पितृलोक तक यात्रा बहुत कठिन हो जाती है और यह परिवार के बाकी सदस्यों के लिए भी अशुभ है क्योंकि उनमें से पाँच एक वर्ष के भीतर-भीतर मृत्यु के शिकार हो सकते हैं।

मृत्यु अशुभ है, लेकिन ऊँची जाति की हिंदू स्त्री के लिए वैधव्य उससे भी ज्यादा दुर्भाग्यपूर्ण है। यह उसकी सामाजिक अस्मिता तथा धार्मिक स्थिति में भारी परिवर्तन कर देता है (देखें, मदन १९७५ए)। कश्मीरी ब्राह्मणों में जब कोई स्त्री मर जाती है, तथा आयु में उससे अधिक वरिष्ठ पति अर्थी के साथ श्मशान तक जाता है तो कई स्त्रियाँ यह इच्छा व्यक्त करती हैं कि उनकी भी ऐसी ही मृत्यु हो और उनकी मृत देह के साथ भी उनके पति तथा पुत्र दाह-संस्कार हेतु जाएँ।

अब मैं कुछ अधिक जटिल शब्द-प्रयोगों के बारे में बात करूँगा जो अभी तक के विश्लेषण में नहीं आए हैं। जो पहला उदाहरण सूझता है वह है हिंदी भाषी क्षेत्रों में 'शुभनाम' शब्द का प्रयोग।[७] इसी प्रकार एक व्यक्ति के शरीर या अंगों पर, जैसे, मुख या हथेली पर, शुभ लक्षण (शुभ चिह्न) हो सकते हैं। 'शुभ' शब्द यहाँ सुंदरता, सुघड़ता, कांति, भव्यता, इत्यादि के लिए उपयोग किया जाता है (देखें, मोनियेर-विलियम्स १९७६)। लेकिन, ध्यान देने योग्य बात है कि ये गुण अपने-आप में उतना मूल्य नहीं रखते, उन्हें व्यक्ति के भावी जीवन तथा दूसरों के जीवन पर उसके प्रभाव के संकेतों के रूप में देखा जाता है।[८] कश्मीरी ब्राह्मण शिव को सबसे कृपालु देव मानते हैं। एक लोकप्रिय प्रार्थना के अनुसार 'वही समस्त शुभ लक्षणों से युक्त हैं'।

शुभ शब्द के उपयुक्त प्रयोग पर प्रकाश डालने के लिए इस ओर इंगित किया जा सकता है कि कुछ कार्य अपने-आप में कल्याणकारी होते हैं और उन्हें करने के लिए या उनके परिणामों के लिए किसी शुभ समय की प्रतीक्षा करने की आवश्यकता नहीं होती। कश्मीरी ब्राह्मण प्रायः यात्रा पर निकलने के पहले शुभ घड़ी देखते हैं, लेकिन लौटने के लिए शुभ मुहूर्त आवश्यक नहीं मानते, क्योंकि लौटना हमेशा शुभ होता है। उसी प्रकार, प्रति दिन किये जाने वाले कार्य, जैसे पूजा और खाना पकाना भी शुभ मुहूर्त की माँग नहीं करते। हाँ, ग्रहण के दौरान या घर में मृत शरीर होने जैसी अशुभ अवधियों में ये कार्य नहीं करने चाहिए। उत्तर प्रदेश के कुछ सूचनाकारों ने इस बारे में एक और भेद स्पष्ट किया। अगर कार्य व्यावहारिक न होकर आध्यात्मिक या परमार्थिक हो, तो अशुभ काल के बंधन

मायने नहीं रखते। ऐसे समय ग्रहण, मलमास या देवशयन अपना अशुभ प्रभाव खो देते हैं।[९]

ऊपर चुने गये शब्द प्रयोगों (जो मैंने कश्मीर और उत्तर प्रदेश से एकत्र किए हैं) से निष्कर्ष निकलता है कि इन शब्द-प्रयोगों की आपसी समानता के मूल में मानवों के लिए होने वाला 'काल-गमन' है। यह एक श्रेणी के लोगों से दूसरी श्रेणी, बल्कि एक व्यक्ति से दूसरे व्यक्ति के लिए भिन्न होता है। काल की अमूर्त धारणा अपने-आप में महत्त्वपूर्ण नहीं है, क्योंकि काल तटस्थ है। इस गति के कारण ब्रह्मांड तथा व्यक्ति के जीवन प्रपथों का एक-दूसरे को काटना महत्त्वपूर्ण है। इस प्रकार, मांगलिकता एक चरम मूल्य है जो मनुष्य (पात्र) के जीवन की घटनाओं में अभिव्यक्त होती है। काल तथा स्थान इसी के आयाम हैं।

शुभ के विपरीत शुद्ध को साधारण भाषा में प्रायः घटनाओं के लिए प्रयोग नहीं किया जाता।[१०] इस शब्द का अर्थ श्रेष्ठता की पूर्णता के रूप में देखा जा सकता है। यह मानव शरीर की अधिक इच्छित अवस्था या अस्तित्व की सबसे इच्छित अवस्था है। शुद्ध तथा इसके विपरीतार्थक अशुद्ध का ताल्लुक उन निर्जीव और सजीव वस्तुओं तथा स्थानों से है जिनका स्पर्श व्यक्ति दैनिक जीवन में करता है। उदाहरणार्थ कन्या, पवित्र नदी का जल, कच्चा दूध, घी तथा मंदिर शुद्ध हैं। दूसरी ओर, कुछ प्रकार के व्यक्तियों का स्पर्श (नीची जाति के हिंदू या गैर-हिंदू), पशु (कुत्ते), वस्तुएँ (चमड़े के सामान), भोजन (गोमांस या अपवित्र बर्तनों में बना खाना), विष्ठा, स्थान (श्मशान घाट), आदि ब्राह्मण तथा अन्य उच्च जाति के व्यक्तियों को दूषित कर देते हैं। जिसमें कोई कमी न हो, ऐसी श्रेष्ठता का विचार कुछ कार्यों पर लागू होता है, जैसे शुद्ध विचार, शुद्ध उच्चारण (जिसका धार्मिक ग्रंथों के पाठ में अत्यधिक महत्त्व है) तथा शुद्ध स्वर। वस्तुओं के समान ही विचार, शब्द तथा संगीत-स्वरों को आँका जाता है।

यह ध्यान रखना आवश्यक है कि शुद्धता की कोटि तय है। उदाहरणार्थ सोना तांबे से अधिक शुद्ध माना जाता है, इसलिए सोने की वस्तुएँ हमेशा शुद्ध होती हैं। दूसरी धातुओं से बनी चीजों को पानी से धोने या मिट्टी से माँजने या गाय के गोबर और पानी से धोने की आवश्यकता पड़ती है। इससे भी अधिक महत्त्वपूर्ण धारणा यह है कि कुछ वस्तुएँ शुद्ध हैं, लेकिन दर्भा घास, स्वर्ण, विवाह संस्कार के समय जली आग को जीवित रख उससे घर के चूल्हे पर पका भोजन

इत्यादि इतने शुद्ध हैं कि वे अपने संपर्क से हर चीज को शुद्ध कर देते हैं। केवल बिल्कुल अशुद्ध मानव या वस्तु पर उनका प्रभाव नहीं चलता (जैसे मानव विष्ठा या शूद्र)। कुछ धार्मिक कृत्यों के पहले कश्मीरी ब्राह्मण दर्भा घास के सात पत्तों से बनी अंगूठी मध्यम अँगुली पर पहनते हैं।[११] इस अंगूठी को पवित्र कहते हैं, अर्थात् ऐसी वस्तु जो स्वयं भी शुद्ध है और धारक को भी शुद्ध करती है। ब्राह्मण के लिए सबसे पवित्र (परम पवित्र) वस्तु उसका यज्ञोपवीत है, जिसे वह अपने उपनयन संस्कार के बाद निरंतर पहनता है। यह उसकी द्विज (दो बार जन्मा) अवस्था का द्योतक है। व्यक्ति को पहली बार जनेऊ पहनाते हुए, पुरोहित उसके कान में गांयत्री मंत्र[१२] फुसफुसाता है जिससे वह शुद्ध हो जाता है। इस प्रकार वह कर्मकांडों का सम्पादन और गृहस्थ के कर्तव्यों का निर्वाह करने योग्य बन जाता है। शुद्धता तथा अशुद्धता पर मानवशास्त्रीय वर्णन बहुत विस्तृत हैं, लेकिन इसके तात्पर्य हमेशा स्पष्ट नहीं होते (देखें, डुमो १९८०)। मुझे नहीं लगता कि इस विषय पर मैं और अधिक योगदान कर सकता हूँ।

लेकिन, पात्र या कर्त्ता के संदर्भ में शुभ तथा शुद्ध के संबंधों पर मैं कुछ कहना चाहूँगा। मैं फिर बच्चे के जन्म की घटना लेता हूँ। अगर यह सही परिस्थितियों में हो, जो काल-दिक् तथा पात्रों (विशेषकर माता तथा संतान) के गुणों पर निर्भर है, तो यह शुभ है। यथार्थ में, परिस्थितियों का उपयुक्त होना तुलनात्मक है, क्योंकि ऐसा कम ही होता है कि हर कारक दोषरहित हो जिससे घटना पूर्णतः शुभ हो। लेकिन सर्वश्रेष्ठ परिस्थितियों में भी संतान के जन्म से माता तथा निकट संबंधी अशौच (अशुद्ध का एक प्रकार) के शिकार होकर दूषित हो जाते हैं। बच्चा भी अशुद्ध होता है। लेकिन संतानोत्पत्ति के शुभ चरित्र के आनंद में यह दोष महत्त्वहीन हो जाता है। विशेषकर पुत्र जन्म पर, जब धार्मिक कृत्यों तथा सामाजिक रीति-रिवाजों से उसके जन्म की खुशियाँ ग्यारह दिनों तक मनाई जाती हैं, जिसका चरम शुद्धिकरण के कर्मकांडों के रुप में होता है।

जन्म के शुभ लेकिन अशुद्ध मूल्यांकन के समान ही यह तथ्य है कि मृत्यु से होने वाली अशुद्धता को उतना चिंताजनक नहीं माना जाता जितना उसकी अमांगलिकता। मेरे कश्मीरी ब्राह्मण सूचनाकार इस बात पर बिल्कुल स्पष्ट हैं। समय के साथ अशुद्धता कम हो जाती है और कर्मकांडों द्वारा उसे हटा दिया जाता है लेकिन नर संतान के जन्म जैसी शुभ घटना से ही अमांगलिकता के बादल

परिवार पर से हटते हैं (देखें, खरे १९७६ए : १८५)।

दो अन्य स्थितियों के बारे में संक्षेप में लिखा जा सकता है। प्रथम वह, जिसमें घटना शुभ तथा शुद्ध दोनों है। ब्राह्मण उपनयन तथा विवाह (शायद पहले को दूसरे से अधिक) ऐसी घटनाओं के उदाहरण हैं। द्वितीय, वह स्थिति जो अशुभ लेकिन शुद्ध हो। लेकिन ऐसी किसी परिस्थिति का अस्तित्व नहीं जिससे पता पलता हो कि शुभ अधिक महत्त्वपूर्ण है।

कश्मीरी ब्राह्मणों की बात करें तो अशुद्धता के प्रति उनका दृष्टिकोण व्यावहारिक है। प्रयास तथा आत्म-संयम से कई प्रकार की अशुद्ध वस्तुओं से बचा जा सकता है। ऐसी वस्तुओं को छूने से हुए दोष से नियत विधियों द्वारा मुक्त हुआ जा सकता है। इनमें कई बहुत सरल हैं, जैसे स्नान। जब किसी चीज से बचने का कोई उपाय न हो तो ऐसी अवस्था में स्नान आवश्यक है, उदाहरणार्थ मल-त्याग के पश्चात। परिवार में जन्म या मृत्यु की एक खास अवधि के बाद ऐसा किया जाता है। सिर्फ स्नान धार्मिक कोटि वापस दिलाने में नाकाम भी हो सकता है। ऐसी स्थिति में कुछ पाप विशोधक कर्मकांड भी करने पड़ सकते हैं।[१३] इसके अतिरिक्त एक व्यक्ति दूसरे के सापेक्ष शुद्ध या अशुद्ध होता है। यही बात वस्तु या किसी कार्य के संबंध में सत्य है। मासिक धर्म से गुजरती स्त्री अधिकतर विधि-विधानों के लिए अत्यधिक दूषित है (विशेषकर पितरों को पिंड देने के मामले में)। लेकिन उसे सबसे अलग नहीं रहना पड़ता, और न ही उसे घर के बाहर खाना और सोना पड़ता है।

कश्मीरी ब्राह्मणों का दैनिक जीवन शंका से घिरा हुआ है। उन्हें दुविधा रहती है कि कोई काम करें या न करें, या उसे कैसे करें इत्यादि। इस अनिश्चितता का कारण कुछ वस्तुओं की अशुद्धता से अधिक कुछ घटनाओं के अशुभ होने के संदर्भ में है। यही कारण है कि वस्तुएँ तो शुद्ध की जा सकती हैं, लेकिन घटनाओं पर ऐसा वश नहीं चलता।[१४] जब कोई ज़रूरी काम के लिए घर से बाहर निकलता है तो उसे सावधान रहना चाहिए कि विघ्न या विफलता का प्रतीक व्यक्ति उसकी राह में न आ जाए। अगर ऐसा हो भी, तो उसे दाहिनी ओर से निकल जाने देना चाहिए। ऐसी अनचाही मुलाकातों में पुरोहित (चाहे अपना ही पुरोहित क्यों न हो) का सामने पड़ना भी एक है, जिसके बिना कोई विधि-विधान पूरा नहीं होता।[१५]

इसी प्रकार उत्तर प्रदेश में महाब्राह्मण (जो दाह संस्कार में उपस्थित रहता

है और मृतक के संबंधियों से दान-दक्षिणा पाता है) से आकस्मिक भेंट अत्यधिक अशुभ मानी जाती है। लेकिन अगर अर्थी लेकर जाते लोगों के सामने वह पड़ जाए तो इससे मृत्यु की अमांगलिकता कम हो गई मानी जाती है। ऐसी स्थिति में उसका स्वागत होता है। विद्यारम्भ (धार्मिक ग्रंथों के पाठ के शुरू होते समय) पर अगर कोई संन्यासी अचानक आ जाय, तो इसे अत्यन्त शुभ समझते हैं, पर यदि विवाह के लिए जाती बारात के सामने वह पड़ जाए, तो उसे उतना ही अशुभ मानते हैं। कश्मीर और उत्तर प्रदेश, दोनों स्थानों के ब्राह्मण दूध को सबसे शुद्ध पेयों में एक मानते हैं जो विशेष मौकों पर पिया जाता है और देवताओं को अर्पित भी किया जाता है (लेकिन यात्रा आरम्भ करते समय इसे कभी नहीं पीते, बल्कि दही खाते हैं जो देवताओं को अर्पित नहीं किया जाता)।

पुरोहित, महाब्राह्मण तथा संन्यासी या दूध तथा दही की प्रकृति नहीं बदलती, लेकिन भिन्न घटनाओं का महत्त्व व्यक्ति से इन व्यक्तियों तथा भोज्य पदार्थों का संबंध बदल देता है, जब कर्त्ताओं के जीवन के आम (इच्छित हो यह आवश्यक नहीं) प्रपथ या तो और मजबूत हो जाते हैं या पथ से विचलित हो कमजोर हो जाते हैं। ये उदाहरण 'काल की विषमता' (इलिएड १९७ : १४७) और परिणामस्वरूप अशुभता के समक्ष मन की शंकाओं की ओर इंगित करते हैं। मेरे सूचनाकारों के अनुसार अपशकुनी घटनाएँ जिन चिंताओं, भय तथा भावनात्मक उथल-पुथल को जन्म देती हैं वे अशुद्ध व्यक्ति, वस्तु तथा स्थान के स्पर्श के साथ उचित व्यवहार के प्रति संदेह से कहीं अधिक तीक्ष्ण हैं। ग्रामीण कश्मीर में लोगों के व्यवहार का मेरा अपना अवलोकन इस बात की पुष्टि करता है।

'शुभ' और 'शुद्ध' के बारे में मानवशास्त्रीय टिप्पणियाँ और जिज्ञासाएँ

शुभ की धारणा मानवशास्त्री किस प्रकार प्रयोग करते हैं इसके लिए इससे संबंधित साहित्य का कुछ विवेचन यहाँ समीचीन होगा। मैंने यहाँ केवल तीन लेखकों को चुना है : एम.एन. श्रीनिवास, आर. एस. खरे तथा फ्रेडरीक मार्गलिन। इन तीनों ने इस विषय पर विस्तृत अध्ययन किया है। उनका लक्ष्य कुछ ऐसे महत्त्वपूर्ण विषय तलाश करना है जिनका आगे अन्वेषण तथा परिष्कार संभव हो। इसके अतिरिक्त, ये तीनों लेखक दक्षिण, पूर्व और उत्तर भारत से उदाहरण प्रस्तुत करते हैं।[१९]

दक्षिण भारत में कुर्गों के धर्म और समाज का श्रीनिवास द्वारा किया गया क्लासिक अध्ययन (१९५२) शुद्धता तथा अशुद्धि के प्रश्न पर अभूतपूर्व विचार करता है। इसके अलावा गृहस्थ जीवन में मांगलिकता के पहलू को समझने में उन्होंने महत्त्वपूर्ण योगदान किया है। ऐसा लगता है कि कर्नाटक की विभिन्न जातियों में विवाह तथा परिवार (श्रीनिवास १९५२) पर किए गए अध्ययन के दौरान ही उन्हें हिंदुओं की इस विशिष्ट धारणा का अनुभव हो चुका था। उन्होंने उल्लेख किया है कि विवाह के लिए सामान की खरीदारी तथा शादी, दोनों ही मुहूर्त निकाल कर शुभ चुने जाते हैं। उन्होंने यह भी देखा कि कथित तौर पर सुमंगली स्त्रियाँ दुल्हन को आशीर्वाद देने के लिए विशेष योग्यता व अधिकार रखती हैं (वही : ६८-७५)।

अपनी दूसरी पुस्तक के शुरू में ही श्रीनिवास इंगित करते हैं कि कुर्ग विश्वास में, 'हर महत्त्वपूर्ण कार्य का आरम्भ शुभ मुहूर्त में होना चाहिए, अन्यथा वह विफल हो जायगा' (१९५२ : ३९)। उसके बाद वे 'मंगल' से जुड़े रीति-रिवाजों पर लिखते हैं (वही : ७० से आगे)। किसी व्यक्ति के जीवन में कुछ विशेष आनंददायक अवसरों पर इनका सम्पादन किया जा सकता है, लेकिन उसे अधिकतर लोग विवाह से जुड़ा मानते हैं। मंगल को वे एक शुभ संस्कार के रूप में पारिभाषित करते हैं, जिसका शुभ क्षण पर सम्पादन होना चाहिए (वही : ७४)। 'मंगल' परिसर से जुड़े रीति-रिवाजों में केंद्रीय कर्मकांड मूर्ता (संस्कृत के 'मुहूर्त' का व्युत्पन्न) को चुने दिन के सबसे शुभ पहर में रखा जाता है। कर्मकांड पितृगृह जैसे किसी शुभ स्थान पर होना चाहिए। 'मंगल' से सामाजिक संरचना में बदलाव आता है। इन बदलावों के केंद्र में वह युवा लड़की है जो अब सुमंगली बन गई है। यानी, अब उसका दूसरों के जीवन पर प्रभाव शुभ है क्योंकि वह स्वयं धन्य है (वही : १५७)।[१७] इससे पता चलता है कि यौन आनंद से परे और अकेले रहने के लिए नियत[१८] विधवा अपनी धन्यता और आशीर्वाद देने की क्षमता, दोनों खो देती है।

लेख के पिछले भाग में दिए विश्लेषण के साथ यह उपयुक्त लगता है। लेकिन ध्यान रखना चाहिए कि श्रीनिवास ने शुभ शब्द के प्रयोग के विभिन्न अर्थों को उतना स्पष्ट नहीं किया जितनी आवश्यकता है। उनका शुभ शब्द का घटनाओं, व्यक्तियों तथा स्थानों के साथ विशेषण के रूप में प्रयोग इस तथ्य को छुपा सकता है कि यह प्रथमतः एक घटना, विवाह के लिए प्रयोग होता है, जिससे सबका

कल्याण होता है (संस्कृत में 'मंगल')। शायद इससे भी ज्यादा खेद की बात यह है कि उन्होंने शुभ तथा शुद्ध दोनों को विना अंतर किए एक साथ शुभ-पवित्र श्रेणी में सम्मिलित कर लिया है। उन्होंने शुभ तथा अशुभ अवसरों पर की जाने वाली क्रियाओं के बीच साम्यता की ओर भी ध्यान आकर्षित किया है, लेकिन इस औपचारिक साम्यता के महत्त्व और उन क्रियाओं का उन्होंने कोई विवेचन प्रस्तुत नहीं किया। लेकिन यह स्पष्ट है कि इनमें 'विपरीतता' होती है।

श्रीनिवास द्वारा मंगल की धारणा से जूझने के प्रयास पर डुमो तथा पोकॉक (१९५९ : ३३) का सुझाव है कि मांगलिकता को उनके अनुसार ज्यादा मूलभूत विचार यानी शुद्धता में शामिल कर लेना चाहिए। मैं मांगलिकता तथा शुद्धता के बीच संबंध से जुड़े प्रश्न के इस उत्तर से संतुष्ट नहीं हूँ, क्योंकि यह मांगलिकता से जुड़े संबंधों के स्वतंत्र चरित्र के अध्ययन को नकारता है। लेख के पिछले भाग में इस बारे में महत्त्वपूर्ण तथ्य बताया जा चुका है कि अशुभ तथा शुद्ध के संयोग के उदाहरण वास्तविक जीवन में नहीं मिलते, जबकि बाकी तीनों युग्म मिलते हैं। ये युग्म जन्म (शुभ-अशुद्ध), मृत्यु (अशुभ-अशुद्ध) तथा विवाह (शुभ-शुद्ध) हैं, जो ये लेखक भी मानते हैं (गोकि वे बिल्कुल यही शब्दावली इस्तेमाल नहीं करते)। उनकी राय अंततः उनकी इस पूर्वधारणा पर आधारित है कि 'जाति-धर्म सर्वोपरि है' (वही : ३४)।

अब खरे की उन दो पुस्तकों की चर्चा कर लें जिनमें उत्तर प्रदेश के कान्यकुब्ज ब्राह्मणों के बीच भोजन के सांस्कृतिक महत्त्व पर विचार किया गया है। इनमें उन्होंने शुभ तथा अशुभ शब्दों का प्रचुर प्रयोग किया है। उनकी मांगलिकता की सबसे व्यापक परिभाषा उसे उन नियमित घटनाओं के रूप में देखती है जो या तो सबका, हर प्रकार से कल्याण करती हैं या उसका प्रतीक हैं (१९७६ए : १०९, १२१एन, १८५ यत्र-तत्र)। स्पष्ट है कि वे शुद्धता को शुभ के अंश के रूप में देखते हैं। वे लिखते हैं : 'शुद्धिकरण के सभी कर्मकांड हिंदू गृहस्थ की मर्यादित मांगलिकता के प्रति मोह दर्शाते हैं (किसी अन्य प्रकार की मांगलिकता होती भी नहीं)। अगर उसके तथा उसके समाज और देवताओं के मध्य सब कुछ ठीक है, तो यह मांगलिकता कर्मकांड तथा सामाजिक संसार में व्याप्त होगी' (वही : १०९)। दूसरी जगह वे लिखते हैं कि चाहे अवस्था शुद्ध हो या अशुद्ध 'अशुभ का प्रभाव अपने घरेलू जीवन में नहीं रहने देना चाहिए' (वही : १४४)।

हैरानी की बात यह है कि खरे ने स्पष्ट तौर पर मांगलिकता तथा शुद्धता अथवा घटनाओं और वस्तुओं के बीच अंतर नहीं समझाया है, सिर्फ दोनों की समलक्षणता के बारे में लिखा है (१९७६बी : ७१ आगे देखें)। उन्होंने जो समीकरण बनाया है ('मांगलिकता : शुद्ध : उच्च :: अमांगलिकता : अशुद्ध : निम्न') लागू नहीं होता, क्योंकि जन्म शुभ है लेकिन दूषित करता है। एक और अन्वेषण के लिहाज से महत्त्वपूर्ण अंतर अस्पष्ट हो जाता है, जब खरे (कई दूसरे विद्वानों की भाँति) शुभ विशेषण को भोजन, भोजन-स्थान, बर्तन, भोजन पकाने की तकनीक यहाँ तक कि अंकों के साथ भी लगाने लगाते हैं, लेकिन उनका कोई सामयिक संदर्भ नहीं देते। हमें स्वीकार करना चाहिए कि उन्होंने कुछ ऐसी वस्तुओं (जैसे बर्तन) की विशिष्टता की ओर हमारा ध्यान आकृष्ट किया है जो 'आनंद तथा दुःख के स्पष्ट और प्रमुख प्रतीक' हैं (वही : ५५)। उन्होंने कुछ ऐसी क्रियाओं पर भी प्रकाश डाला है (उदाहरणार्थ, भोजन बनाने की विधियाँ) जो 'सामान्यता या शुभ या उत्सव' (वही : ६२) की प्रतीक हैं। यह जाना हुआ द्योतक-द्योतित संबंध है। मुझे उम्मीद है कि भविष्य में इस संबंध का विस्तृत अध्ययन हो सकेगा।

मेरी तीसरी लेखक हैं फ्रेडरीक मार्गलिन। उनका विषय पुरी के जगन्नाथ मंदिर में कर्मकांडों के दौरान राजा और देवदासियों की भूमिका पर केंद्रित है। वे अपना अध्ययन कई संबंधित विषयों पर एक साथ करती हैं। इनमें एक अध्ययन प्रचुर प्रलेख से सज्जित और मुखर विवेचन से युक्त है। उन्होंने मांगलिकता, शुद्धता तथा शक्ति की प्रकृति और महत्त्व पर भी विचार किया है। यहाँ उनकी प्रकाशित और अप्रकाशित सामग्री (१९७७, १९८५) का विशद विवेचन संभव नहीं है, और मेरी भूमिका केवल कुछ पक्षों की ओर ध्यान आकृष्ट करने तक ही सीमित होगी।

(१) मार्गलिन मांगलिकता और शुद्धता के बीच स्पष्ट अंतर देखती हैं : शुद्धता के बारे उनकी मान्यता है कि यह जातियों के व्यवस्थित और श्रेणीबद्ध दायरे में आती है। लेकिन, मांगलिकता सबके लिए है। इसका सबसे अच्छा उदाहरण मंदिर में हर रोज नाचने-गाने वाली देवदासियाँ हैं, जो अपने संरक्षक पुरोहितों के यहाँ शुभ अवसरों, विशेषकर शादी पर मंगलगीत गाती हैं। वे जाति-धर्म के नियमों से भी मुक्त हैं, लेकिन उन्हें मन्दिर के गर्भगृह में नहीं जाने दिया जाता क्योंकि वे अशुद्ध (अकुमारी) मानी जाती हैं। उनकी मांगलिकता उनके भगवान

जगन्नाथ तथा धरती पर उनके प्रतिनिधि, पुरी के राजा, की पत्नी होने का परिणाम है। वे अह्या (चिरविवाहित) हैं, क्योंकि ईश्वर जन्म-मृत्यु से परे है। देवदासियाँ इस कारण अशुद्ध हैं, क्योंकि उन्हें मंदिर के पुजारियों के साथ रखैल बन कर रहने की न सिर्फ अनुमति है बल्कि उनसे यही आशा भी की जाती है। दूसरी तरफ, पुजारी मंदिर में स्थापित देव के सेवक (*सेबाकार*) हैं इसलिए उनकी देह अशुद्ध है। शुभ-अशुभ तथा शुद्ध-अशुद्ध के बीच के जिस महत्त्वपूर्ण अंतर की ओर मैंने लेख के आरम्भ में ध्यान आकृष्ट किया था, वह दूसरे क्षेत्रों के तथ्यों से भी सिद्ध होता लगता है। यह विश्लेषण के लिए भी सुविधाजनक प्रतीत होता है।

(२) मार्गलिन ने मांगलिकता के सांस्कृतिक अर्थों, मूर्त रूपों और प्रतिनिधि चिन्हों की एक सूची भी दी है। यह कल्याण, प्रसन्नता और सुख की अवस्था कही गई है। यह भोजन करने और अन्न की प्रचुरता से संबद्ध है; यह संभोग, उर्वरता, विकास, संतान और ऐश्वर्य से संबद्ध है। इनका मूर्त रूप या प्रतिनिधि पानी के घड़े, जल जीव, झंडे, दरवाजे, कामुक मुद्रा वाली मूर्तियाँ, ध्वनि आदि हैं, पर सबसे अधिक देवदासियाँ हैं।

मार्गलिन उन्हें 'मांगलिकता की अग्रदूत' और 'मांगलिकता विशेषज्ञ' भी कहती हैं। जब मार्गलिन देवदासियों को मांगलिकता (और आदिवासी दैता को अमांगलिकता) का विशेषज्ञ कहती हैं तो उससे मैं समझता हूँ कि देवदासी / दैता जो करते हैं उनके परिणाम अच्छे होते हैं, क्योंकि उनके कार्य मंगलकारी हैं। लेकिन ऐसी परिस्थितियाँ भी आती हैं जिनमें दैता देवता की 'मृत्यु' या 'अस्वस्थता' जैसी अशुभ घटनाओं में शामिल होते हैं। लेकिन दैता से ही देवता नवजीवन भी पाता है। यहाँ काल-गमन महत्त्वपूर्ण है और काल का हिंदू विचार पश्चिम से ज्यादा जटिल प्रतीत होता है। इसके कई उदाहरण मार्गलिन ने दिये हैं। जैसे, मांगलिकता और देवदासी समय के आगे बहने की प्रवृत्ति के प्रतीक माने गए हैं जिसमें वर्तमान को भविष्य के संबंध में देखा जाता है, वहीं अमांगलिकता तथा दैता समय के उल्टा बहने, मृत्यु तथा भूतकाल के प्रतीक हैं। दैता अति महत्त्वपूर्ण है, क्योंकि वह समय के बहाव को देवदासी से अधिक नाटकीय अंदाज में प्रस्तुत करता है। इतना कि शुभ-अशुभ के बीच रेखा मनमानी लगने लगती है, या उनके बीच द्वंद्व मिट जाता है। लेकिन, मार्गलिन इस दिशा में अपना शोध नहीं बढ़ातीं।

यहाँ उन दो महत्त्वपूर्ण अंतरों को याद कर लेना उचित होगा जो मैंने पहले

बताये थे : पहला, एकतरफा स्वयं वस्तुओं और व्यक्तियों तथा दूसरी तरफ प्रतीकों के रूप में वस्तुओं, व्यक्तियों के बीच; दूसरा वस्तु, व्यक्ति और घटना तथा कर्म के बीच। जब देवदासियों को मंगलनारी कहा जाता है और उनके गायन को मंगलगीत, तो उसके दो अर्थ निकलते हैं : पहले स्पष्ट (शायद सतही) अर्थ में ये स्त्रियाँ और उनके गीत आनंद प्रदान करते हैं; दूसरे, वे अच्छी घटनाओं से जुड़े हैं चाहे वे स्वयं घटित हों (जैसे जन्म) या घटित की गई हों (विवाह, तीर्थयात्रा)। इस प्रक्रिया में वे मांगलिकता की प्रतीक बन जाती हैं। व्यक्ति और कर्म, घटना और प्रतीक के बीच अंतर साधारण भाषा और उसे प्रयोग करने वाले लोगों के मन में धुँधला पड़ सकता है, लेकिन इसकी वैधता विश्लेषक के लिए स्पष्ट होनी चाहिए।

जब तीर्थयात्री पुरी आते है त्तो उन्हें पुरोहित बताते हैं कि देवदासियों का दर्शन और उनकी परिक्रमा मंगलकारी हैं, अर्थात इनसे कल्याण होता है। उसी भावना से मंदिर में भक्त नाचती हुई देवदासियों की चरण धूलि उठाते हैं या उस जगह लोटते हैं जहाँ उन्होंने नृत्य किया है। उन्हें बताया जाता है कि देवदासियाँ लक्ष्मी की अवतार हैं,[१६] और ऐसा करके वे कल्याण और दैवी अनुग्रह की आशा करते हैं। यहाँ हम मांगलिकता के धारक (देवदासी) और उसके स्रोत (लक्ष्मी) का सम्मिलन देखते हैं।

(३) रथ यात्रा से जुड़े कर्मकांडों में एक अभिषेक है जिसके विश्लेषण में मार्गलिन समय, स्थान और कर्त्ता के अंतर्संबंधों की स्पष्टता से प्रस्तुति करती हैं : देवदासियाँ और दैता मंदिर के अलग-अलग हिस्सों में भिन्न गतिविधियों में लगे होते हैं जिनका उद्देश्य एक जटिल कार्य का संपादन करना होता है। इस संदर्भ में पात्र कोई साधारण नहीं वरन् दक्ष व्यक्ति होता है जो दी गई भूमिका योग्यता से निभा सकता है। उसे किसी भूमिका के लिए अपनी पात्रता सिद्ध करनी होती है। ब्राह्मण और दैता जन्म से अपनी भूमिका पाते हैं; देवदासियाँ विभिन्न जातियों द्वारा जगन्नाथ को समर्पित की जाती हैं।

इस प्रकार, मार्गलिन के विश्लेषण में मांगलिकता एक परिस्थिति है जो हमारे लिए उसके तत्त्वों को उनके अंतर्संबंधों के साथ और इस कारण सही दृष्टिकोण से देखना संभव बनाती है। पात्र एक विशेष उद्देश्य से, विशेष रीति से, विशेष स्थान पर और विशेष काल में कार्य करता है, जिससे सबका मंगल होता

है। यानी भगवान को समर्पित ईश्वर भक्ति में लीन देवदासी मंदिर के बाहरी अहाते में दिन तथा वर्ष में कई बार नाचती-गाती है : इससे मंगल होता है। उसी प्रकार ब्राह्मणों द्वारा मंदिर स्थित देव को खाना खिलाने से कल्याण होता है। खिलाने और नाचने की प्रक्रिया साथ-साथ होती है। हमें आगे बताया गया है कि इस कर्मकांडी संदर्भ में नृत्य संभोग का प्रतीक है। अगर एक भी तत्त्व (उद्देश्य, पात्र, कर्म, काल तथा स्थान) अनुपस्थित या अपूर्ण हो तो परिस्थिति की मांगलिकता समाप्त हो जाती है। उदाहरणार्थ, सबसे पारंगत ओडिसी नृत्यांगना को भी मंदिर में नृत्य करने की अनुमति नहीं दी जा सकती, क्योंकि वह सही पात्र नहीं है। उसी प्रकार यदि कोई देवदासी पुरी छोड़ कर पेशेवर नर्तकी बन जाए तो मंदिर की पूजा-अर्चना में भाग लेने का अधिकार उससे छिन जाएगा क्योंकि उसने काल तथा स्थान की सीमाओं का उल्लंघन किया है और अपने कार्य के नियमित उद्देश्यों से भटक गई है। कहने की आवश्यकता नहीं कि ऐसी ही शर्तें ब्राह्मणों और दैताओं पर भी लागू होती हैं।

यहाँ मेरा तर्क है कि परिस्थिति को गति में देखा जाना चाहिए स्थिरता में नहीं : इसे एक घटना के रूप में देखना आवश्यक है। इस बात पर मैंने पहले भी बल दिया है, जब मैं साधारण भाषा में शुभ तथा शुद्ध के प्रयोग की बात कर रहा था। इस प्रकार काल सबसे महत्त्वपूर्ण तत्त्व प्रतीत होता है जो शेष तत्त्वों पर प्रकाश डालता है। इस संदर्भ में उत्तर प्रदेश के दो पारंपरिक पंडित ब्राह्मण सूचनाकारों की बात उपयुक्त लगती है। उनके अनुसार हर किसी घटना का चरम कारण काल है। इसकी विशिष्ट अभिव्यक्ति प्रवाह या वर्तन (गति, वृत्ताकार गति) है। यह अनादि, अनंत तथा सर्वव्यापी है। काल के रूप में पूजित समय जीवन और धर्म का संरक्षक है। यह मृत्यु को निर्धारित करता है; मानवीय नियंत्रण के बाहर है। देश या स्थान व्याप्य हैं; उनकी सृष्टि हुई है तथा वे समय के साथ नष्ट होंगे। मानव का अस्तित्व इसी रूपरेखा में शक्ति और प्रकृति के योग से बनता है।[२०]

निष्कर्ष

जे. एल. ऑस्टिन ने एक बार आलोचना की कि दर्शनशास्त्र का इतिहास 'स्पष्ट लगते द्विभाजनों' से भरा है और छात्र से यह उम्मीद की जाती है कि वह एक या दूसरा आधा स्वीकार कर ले (१९६२ : ३)। मेरा हिंदू संस्कृति में शुभ तथा शुद्ध

के संदर्भ में ऐसा ही सरलीकरण प्रस्तुत करने का कोई इरादा नहीं है। मैं तो सिर्फ यह सुझाव दे रहा हूँ कि कुछ विश्लेषणात्मक भिन्नताएँ अन्वेषण के लिए उपयोगी हैं, क्योंकि वे हमें श्रेणियों के बीच संबंधों तथा संबंधों के सिद्धांत को समझने में सहायता पहुँचाती हैं।

अगर शुभ-अशुभ प्रथमतः घटनाओं और अंततः घटनाक्रम के रूप में जीवन से संबद्ध हैं जबकि शुद्धता-अशुद्धता वस्तुओं के गुण हैं, तो मानवशास्त्रियों ने घटनाओं का वस्तुकरण कर इन दोनों श्रेणियों को एक क्यों कर दिया? लगता है कि यह इसलिए हुआ क्योंकि हम सूचनाकारों को शब्दशः सही मान बैठते हैं। सूचनाकार व्यावहारिक नियम तथा साधारण उपयोग की भाषा जानते हैं, लेकिन उनकी अनेकार्थता से हमेशा परिचित नहीं होते। इसके अतिरिक्त वे प्रायः बिना सोचे शाब्दिक भाषा छोड़ लाक्षणिक भाषा का प्रयोग और वापस शाब्दिक भाषा का प्रयोग भी करने लगते हैं। यानी वे रूपालंकार की भाषा बोलते हैं जिसमें घटनाओं के कुछ पक्षों को वे वस्तुओं पर स्थानांतरित कर देते हैं तथा मानसिक और भौतिक संप्रत्ययों, शब्दों और वस्तुओं के बीच अंतर मिटा देते हैं। शुभ विवाहित स्त्रियाँ तथा अशुभ विधवाएँ इसी स्थानांतरित विशेषण के उदाहरण हैं (देखें, लेकॉफ तथा जॉनसन १९८०)।

मानवशास्त्री के बतौर हमारा कार्य अनेकार्थता पर विजय पाना और लाक्षणिक भाषा का वास्तविक अर्थ खोजना तथा बातचीत और अवलोकन से पाए भ्रमित तथ्यों को ठीक से जानना है। हम संकर-संस्कृति के संदर्भ में कुछ संप्रत्ययों को निकालना चाहते हैं जो उन लोगों के लिए कोई मायने नहीं रखते जिनकी संस्कृति का हम अध्ययन कर रहे होते हैं और इसलिए इन संप्रत्ययों की उनकी संस्कृति में अभिव्यक्ति नहीं होती। मांगलिकता लोगों के दैनिक जीवन में अतिमहत्त्वपूर्ण है, लेकिन काल-गमन जैसा अमूर्त विचार उतना अर्थ नहीं रखता। ऐसे संप्रत्ययों पर विचार करने में हमारा संकोच शायद हमारे निष्कर्ष पर जल्दी पहुँचने का कारण बनता है और हम कम व्यापक स्तर पर विचार करते हैं जो समझ के विकास में अवरोध बन जाती है।

यह विवेचन अधिक व्यवस्थित रूप में अपेक्षाकृत उपेक्षित हिंदू संस्कृति में शुभ-अशुभ के विषय पर अन्वेषण की माँग सामने रखता है। यह शुद्ध-अशुद्ध की धारणा से स्वतंत्र नहीं बल्कि, उसके संबंध में किया जाना चाहिए नहीं तो हम

यथार्थ की विकृत तस्वीर ही बनाएँगे। मांगलिकता की अभिव्यक्तियाँ भिन्न हो सकती हैं, लेकिन कम-से कम उच्च जातियों के लिए ये महत्त्वपूर्ण हैं। यह समय के बीतने, काल की गति और मानव जीवन के लिए इसके महत्त्व से जुड़े हैं। यह धारणा उच्च जातियों में शुद्धता के साथ जुड़ी है, लेकिन जब हम नीचे की ओर बढ़ते हैं तो शुद्धता का महत्त्व घटने लगता है। फिर भी इससे शुभ-अशुभ के अध्ययन का महत्त्व किसी तरह से कम नहीं होता। बल्कि इससे इसकी शुद्धता की धारणा तथा हिंदू संस्कृति के मूलभूत तत्त्वों को समझने में उपयोगिता ही सिद्ध होती है।

संदर्भ और टिप्पणियाँ

आर. एस. खरे ने प्रश्न किया है कि क्या 'शुभ' की धारणा पर भी शुद्धता की भाँति द्विजों का एकाधिकार है (१९७९एः १२१ एन)। इस लेख के एक पूर्व मसविदे पर लुई ड्यूमो ने टिप्पणी की थी कि तमिलनाडु के कल्लर (जिनका ड्यूमो ने विशेष अध्ययन किया है) ज्योतिष से ज्यादा मतलब नहीं रखते। उनका मानना है कि मांगलिकता ब्राह्मणवादी विचार है और ऐसा प्रतीत होता है कि वे इसे शुद्धता तथा अशुद्धता जैसे व्यापक महत्व का विचार नहीं समझते। जी. एस. भट्ट ने उत्तर प्रदेश के चमार तथा अन्य अनुसूचित जातियों का लम्बे समय तक अध्ययन किया है। उन्होंने मुझे बताया कि निम्न जातियों में भी शुभ शकुन / अशुभ की धारणाएँ हैं और वे जीवन-चक्र संस्कारों के कार्यों में ज्योतिषियों से मुहुर्त निकालने को कहते हैं। इससे लगता है कि दक्षिण भारत के विपरीत उत्तर भारत में उच्च जातियों के विचारों तथा व्यवहार का निम्न जातियों के जीवन पर प्रभाव पड़ा है।

भ. कृष्णामूर्ति ने एक पत्र में मुझे लिखा : 'लेख में वर्णित विधियों तथा विश्वासों में अधिकतर के द्रविड़भाषी क्षेत्रों में प्रतिरूप हैं। यह जानना रुचिकर होगा कि इनमें से कितने भारत की लोक-संस्कृति के अंश हैं और कितने सिर्फ उच्च जातियों में प्रचलित हैं। उदाहरण के लिए 'शुभ नक्षत्र' उच्च जातियों के धार्मिक विश्वासों में है किन्तु 'शुभ शकुन' आदिवासी सहित कई समुदायों में प्रचलित है। स्पष्टतः इस प्रकार के प्रश्नों पर विचार करने के लिए हमें और अधिक एथनोग्राफिक तथ्यों की आवश्यकता है।

२. इस बिन्दु को अधिक विस्तार से कहूँ। दिल्ली स्थित जेसुइट सेमिनरी विद्याज्योति के पादरियों ने (१९८० में) बातचीत में मुझे कहा कि ऑस्पीशसनेस का कोई स्तरीय प्रयोग नहीं है और यह केवल ईसा पूर्व यूरोप और दूसरे गैर-ईसाई लोगों के अंधविश्वास के लिए प्रयोग किया जाता है। इस पर कोई टिप्पणी आवश्यक नहीं। जहाँ तक 'प्योरिटी'

का सम्बन्ध है, कश्मीर घाटी में अपने फील्डवर्क से मैं जानता हूँ कि अँग्रेजी में 'प्योर' या 'प्योरिटी' अनुवादित ब्राह्मणवादी 'शुद्ध' तथा मुस्लिम 'पाक' भिन्न अर्थ रखते हैं। मुसलमानों का पाक खाना ब्राह्मण को अस्वीकार्य है क्योंकि वह पूरी तरह दूषित होता है। इसी प्रकार कोई सच्चा मुसलमान हिन्दू रसोई में पका खाना नहीं खाता; उसके लिए वह 'हराम' या निषिद्ध है।

शायद एक प्रत्याख्यान आवश्यक है ताकि यह गलतफहमी न हो कि संस्कृत (तथा दूसरी भारतीय भाषाओं) के पर्दे के पीछे मैं एक सरल सांस्कृतिक सापेक्षतावाद की ओट ले रहा हूँ। मुझे गोथे की यह बात याद है कि जब तक हम कोई विदेशी भाषा नहीं जानते, एक तरह से हम अपनी भाषा से भी अनजान होते हैं। तुलनात्मक अध्ययन ही नृतत्वशास्त्र या मानवीय संस्कृतियों की परस्पर व्याख्या द्वारा ज्ञान, समझदारी और मूल्यांकन का आधार है। संक्षेप में, मैं केवल इतना कहना चाहता हूँ कि एक भाषा से दूसरी भाषा में सतही अनुवाद सांस्कृतिक रचनाओं की सामान्य समझ में वृद्धि करने की बजाय इसमें अवरोध पैदा करता है।

३. इस लेख के लिए तथ्य इन स्रोतों से लिए गए हैं : १) सवाल पूछकर और प्रेक्षण द्वारा कश्मीरी ब्राह्मणों के जीवन के विभिन्न पक्षों के अध्ययन का मेरा कई वर्षों का प्रयत्न (इनमें एक गाँव में फील्ड-वर्क भी शामिल है); २) कई उत्तर प्रदेशी ब्राह्मणों (चतुर्वेदी, कान्यकुब्ज तथा सरयूपारी) के साथ इस लेख के विशेष बिन्दुओं पर मेरी बात-चीत; और ३) कुछ चुनी हुई मानवशास्त्रीय पुस्तकें।

४. संगम का एक अर्थ काम-क्रीड़ा भी होता है, जो नदियों के एक होने के समान और इसीलिए शुभ माना जाता है।

५. शास्त्रों के अध्येता जानते हैं कि कलश में अलग-अलग अवसरों पर विभिन्न वस्तुएँ रखी जाती हैं। राजाओं के राज्याभिषेक यज्ञ में कलश में कई नदियों का जल, कई स्थानों तथा गृहों से मिट्टी, रत्न, औषधिक फूल-पत्र, इत्यादि रखे जाते थे। 'पूर्ण कुंभ (कलश, घट) एक जल भरा मटका होता है जिसका मुख फल वाले (विशेषकर आम के) वृक्षों के पत्तों से ढका होता है और उनके ऊपर एक नारियल होता है। सफेद चावल पर रखा यह कलश शुभ या मंगल के सूचक के रूप में बहुत अधिक प्रयुक्त होता है' (मार्गलिन १९८२ : १६१)।

६. पुरोहितों का अपने यजमानों से 'अपशकुनी बच्चे' और 'हानिकारक वस्तुएँ' स्वीकार करना इस विश्वास को दर्शाता है कि वे खतरनाक परिस्थितियों का सामना करने में अधिक सक्षम हैं। इसलिए वे खुद ही संकट के प्रतीक की तरह दिखने लगते हैं। कम से कम कश्मीरी ब्राह्मणों में इसी कारण उन्हें नीची दृष्टि से देखने का भाव भी है। यही कारण है कि कुछ विशेष अवसरों पर उनसे मुलाकात अशुभ मानी जाती है (उदाहरणार्थ, जब उनकी सेवाओं की आवश्यकता नहीं होती)।

७. भ. कृष्णमूर्ति ने एक व्यक्तिगत पत्र में मुझे लिखा : 'शुभ नाम' एक नया आविष्कार लगता है। इसके समकक्ष दक्षिण भाषाओं में कोई शब्द नहीं है, और इसका विपरीतार्थक 'अशुभ नाम' जैसा भी कोई शब्द नहीं है।

८. एक चतुर्वेदी ब्राह्मण सूचनाकार के अनुसार माथे पर तिलक (एक दृष्टिगोचर शुभ चिह्न) कल्याणकारी है, विशेषकर जब वह दाहिने हाथ के अंगूठे से लगाया जाए (कश्मीरी ब्राह्मण मध्यमा का उपयोग करते हैं) जिस पर शुभ चिन्ह हो।

९. व्यावहारिक तथा पारमार्थिक के बीच भेद उत्तर प्रदेश के कुछ सूचनाकारों के अलावा (एक पत्र में) आर.एस. खरे द्वारा भी बताया गया था। खरे ने कान्यकुब्ज ब्राह्मणों पर विस्तार से लिखा है (देखें, खरे १९७६ए तथा १९७६बी)।

१०. एक सरयूपारी ब्राह्मण ने, जो पंडित और ज्योतिषी हैं, मुझसे कहा कि वे किसी घटना के प्राकृतिक रूप से या किसी कार्य के शुद्ध क्षण पर होने की बात बोलने में हिचकिचाएँगे नहीं। इस पर (एक पत्र में) वैद्यनाथ सरस्वती ने टिप्पणी की है कि ज्योतिषीय गणना के आधार पर पाँच से दस दिन की अवधि को शुद्ध कहा जाता है, जब बिहार में मैथिल ब्राह्मणों का प्रसिद्ध विवाह-मेला लगता है और विवाह संपन्न होते हैं। उस अवधि के बीच ऐसे शुभ क्षण होते हैं जब विवाह का आयोजन होता है। शादी के दृष्टिकोण से अशुद्ध अवधि को अतिचार कहते हैं जो कभी-कभी दो-तीन वर्ष लंबी हो सकती है।

इस संदर्भ में एक सूचनाकार ने बताया कि बुद्ध की जन्मकुंडली में ग्रहों का आदर्श योग था और उनके अस्तित्व में पवित्रता तथा काल की मांगलिकता साकार प्रतिष्ठित थे।

११. ये सात पत्ते पाँच इंद्रियों (प्राण), मन तथा बुद्धि के प्रतीक हैं। 'पवित्र' को उंगली पर पहनते समय संस्कृत में मंत्र पढ़ा जाता है : 'तुम (पवित्र) धरती को शत बार शुद्ध करने वाले हो; तुम देवताओं को सहस्र बार शुद्ध करने वाले हो; तुम स्वास्थ्य देते हो; मैं तुम्हें संतानों के साथ जोड़ता हूँ ताकि वे धनवान तथा ऐश्वर्यवान बनें।'

१२. कश्मीरी ब्राह्मण मानते हैं कि सर्वोच्च ज्ञान यानी ब्रह्मज्ञान का सार गायत्री मंत्र में है। यह सर्वव्याप्त ईश्वर से *धी* (यानी उच्च विवेक) के लिए प्रार्थना है, जिससे भक्त ब्रह्मज्ञान पा सके। यह प्रार्थना ऋगवेद में भी है (III : ६२.१०) तथा साम और यजुर्वेद में भी।

१३. यजुर्वेद में शुद्धि का अर्थ शरीर की आंतरिक सफाई है। ऐसा एनिमा के उपयोग से, वमन करवाने वाली औषधियों से, या रक्त बाहर निकालकर किया जा सकता है। धार्मिक कृत्यों से शुद्ध करने को शुचि कहते हैं (जैसे मंत्र, जाप, इत्यादि से)।

१४. स्पर्श से अशुद्धता के बारे में : 'इस सीमित अर्थ में अशुद्धता शुद्धता से ज्यादा बलशाली है, लेकिन यहाँ स्पर्श अपना धार्मिक चरित्र खोने लगता है : *'इसमें न दुर्भाग्य*

आता है न रोग। केवल सामाजिक अवनति होती है' (डुमो तथा पोकॉक १६५६ : ३०, जोर हमारा)। मेरा विचार है कि कश्मीरी ब्राह्मण भी अशुद्धता की बिल्कुल यही व्यख्या करते हैं। लेकिन यहाँ इंगित कर देना चाहिए कि कुछ विद्वान इसे संकीर्ण व्याख्या मानते हैं। उदाहरणार्थ दास (१६७७) जन्म-मृत्यु सांचे को शुद्ध-अशुद्ध या शुभ-पवित्र / अशुद्ध-पवित्र से अधिक मूलभूत तथा समावेशी मानती हैं। वे कहती हैं : 'अशुद्धता की प्रतीकात्मकता उन स्थितियों को रेखांकित कर देती है जो इस अर्थ में उच्चतर हैं कि व्यक्ति अपने सामाजिक संसार को ब्रह्मांड से अलग अनुभव करता है। इस बीच की स्थिति के लिए रूपावली मृत्यु द्वारा प्रस्तुत की जाती है।'

१५. देखें टिप्पणी ६, पीछे। कश्मीरी ब्राह्मण मौत के अलावा (खासतौर से पंचक के दौरान) बुरे सपने, उल्लू के बोलने को भी अपशकुन मानते हैं। उत्तर प्रदेश में मैथुनरत कौवों को देख लेना बहुत सारी मौतों का संकेत माना जाता है क्योंकि कौवे को पूर्वजों का प्रतीक माना जाता है।

१६. पंडितों के परिवार तथा गोत्र संबंधियों पर अपनी एक रचना (मदन १६६५) में 'शुभ' की अनुपस्थिति मुझे थोड़ा हैरान करती है, लेकिन कोई अबूझ पहेली नहीं लगती। मेरा ध्यान मांगलिकता पर गया था और मैंने उसे पवित्रता या शुद्धता से भिन्न भी कहा था, लेकिन मैं घटनाओं तथा व्यक्तियों के भेद को नहीं समझ पाया। मैं यह स्पष्ट कर पाने में भी विफल रहा कि पुत्र अपने-आप में शुभ नहीं होते। वे ऐसे कार्य करते हैं जो मांगलिक हैं, जैसे, पितरों को पिंडदान, पुत्रोत्पत्ति तथा वंश रक्षा।

१७. कर्नाटक की जातियों के बीच विवाह के अपने अध्ययन में श्रीनिवास ने कहा है कि वधू के गले में वर जो *ताली* बांधता है उसमें उसकी माँ तथा दूसरी सुमंगलियों द्वारा गाँठें डाली जाती हैं, तथा वह एक वेश्या द्वारा पिरोई जाती है जिसे नित्य-सुमंगली कहते हैं (श्रीनिवास १६४२ : ७५)। रेनॉलड्स कहते हैं कि *चुमणकली* का शाब्दिक अर्थ शुभ स्त्री होता है लेकिन यह मांगलिकता उसके स्त्रीत्व का गुण नहीं बल्कि दूसरों, विशेषकर पति तथा बच्चों के साथ उसके संबंधों में निहित है (१६८० : ३८)।

१८. पाद-टिप्पणी ४ देखें (पृ. ५२)।

१६. यह बताने पर मेरे एक कान्यकुब्ज ब्राह्मण सूचनाकार ने गज-ग्राह की कथा सुनाई जिसमें एक हाथी को एक मगरमच्छ जल में खींचने का प्रयास करता है। अंत समीप देख विष्णु के भक्त हाथी ने अंतिम पुष्पार्जन के लिए एक कमल का फूल उठाया। विष्णु प्रकट हुए और उन्होंने दोनों को मुक्ति प्रदान की। गज को उसकी शुद्ध भक्ति के लिए और ग्राह को एक भक्त का पैर छूने के उपलक्ष में।

२०. देश / स्थान तथा काल की धारणा पर हिंदू परंपरा में वेद, ब्राह्मण, उपनिषद् से लेकर महाभारत और रामायण तक में मनन किया गया है। न्याय-वैशेषिक (हिंदुओं के छह तत्त्वशास्त्रों में से एक) में इन श्रेणियों पर विशेष चिंतन है (देखें, भादुड़ी १६४७)।

३

वैराग्य और वासना

मैं पवित्र नदी के घाट पर तप करूँ, या सांसारिक बन सुदंरियों से प्रेम याचना करूँ?

–भर्तृहरी

अपनी आत्मा को वस्तुओं के तीन गुणों से मुक्त करो; सभी द्वंद्वों से ऊपर उठ हमेशा पवित्रता में निवास करो – आत्मनिष्ठ तथा संपूर्ण।

–भगवद्‌गीता

भूमिका

यह अध्याय मूलतः क्रिस्टोफ वॉन फ्यूरर-हैमन्डॉर्फ के सम्मान में लिखे एक लेख पर आधारित है। मैं उनका अनुसरण करते हुए दक्षिण एशियाई समाज में नैतिक चयन की समस्या पर विचार करुँगा। मैं ऐसा प्रकृति-संस्कृति के द्विभाजन के सीमित संदर्भ में करूँगा जिसका मानवशास्त्रीय साहित्य में केंद्रीय्र स्थान है। मैं इसके हिंदू संस्कृति में परिवर्तन पर ध्यान दूँगा।

फ्यूरर-हैमन्डॉर्फ ने कुछ दक्षिण एशियाई समुदायों में मूल्यों तथा सामाजिक नियंत्रण के साधनों पर *मोरल्स एण्ड मेरिट* (१९६७) नामक महत्त्वपूर्ण पुस्तक लिखी है। यह दक्षिण एशिया के अध्येताओं, विशेषकर मानवशास्त्रियों को निमंत्रण है कि वे नैतिक धारणाओं को उनके सामाजिक संदर्भ में देखें और अन्वेषण करें कि ये किस प्रकार लोगों के चयन को प्रभावित करती हैं। नैतिक संप्रत्ययों से मेरा अर्थ व्यवहार की उन अनिवार्यताओं से है जिन्हें आइरिस मर्डोक (१९७०) उपयुक्त शब्दों में 'सद्‌ की सत्ता' कहती हैं। लोग इन्हीं धारणाओं की ओर तब संकेत करते हैं जब वे जानना चाहते हैं कि किसी परिस्थिति-विशेष में क्या करना सही है और

क्या करना चाहिए। यानी, जब उन्हें इस प्रश्न का उत्तर चाहिए होता है कि सबसे उत्तम जीवन कौन सा है? ऐसे प्रश्न तब अधिक महत्त्वपूर्ण हो जाते हैं जब व्यक्ति को ऐसे निर्णय करने की आवश्यकता पड़ती है जो उनके जीवन की धारा मोड़ कर उसका चरित्र बदल सकते हैं। यहाँ उपयोगिता और सावधानी की गणनाएँ सिद्धांततः काम नहीं करतीं।

अगर मानवशास्त्र का मुख्य विषय संस्कृति के परिप्रेक्ष्य में स्त्री और पुरुष का अध्ययन है तो मानवीय भाग्य तथा उसके सांयोगिक चरित्र की सांस्कृतिक परिभाषाएँ इसके क्षेत्र से बाहर नहीं मानी जा सकतीं। इसलिए समाज में लोग जो नैतिक चयन करते हैं, तथा जिन नैतिक धारणाओं या सांस्कृतिक मूल्यों से सहायता लेते हैं, उनका अध्ययन आवश्यक है।

फ्यूरर-हैमन्डॉर्फ का नैतिक मूल्यों का अध्ययन क्लासिकीय मानवशास्त्री परंपरानुसार तुलनात्मक है। उनका विश्वास है कि ऐसा समाज नहीं हो सकता जिसमें व्यक्ति को बिना मार्गदर्शन के छोड़ दिया जाता हो और उसे बिना सामाजिक निर्देशों के नैतिक चयन करने पड़ते हों (१९६७ : २२४)। वे यह भी मानते हैं कि 'दो समाजों की नैतिक प्रणाली एक-दूसरे से चाहे कितनी भी भिन्न क्यों न हो, उनके बीच अंतर तथा एक-दूसरे को समझने की मुश्किल कभी उतनी नहीं होती जितना दो असंबद्ध भाषाओं के बीच होती है (वही : ११)। इसलिए वे ऐसे नैतिक मूल्यों का अन्वेषण करते हैं जो उनके अनुसार नैतिक प्रणालियों के 'सामान्य तत्त्व' हैं। जैसे, 'पितृभक्ति, दान, नम्रता तथा सत्य वचन' जैसे मूल्य 'कई प्रकार की नैतिक प्रणालियों में इस्तेमाल हो सकते हैं' (वही : ११-१२)।

मोरल्स एण्ड मेरिट के तात्त्विक आधार पश्चिमी दर्शन के हैं। ऐसा होना शायद अनिवार्य था। इस दार्शनिक परंपरा में एक अति-परिचित तर्क अरस्तू के जमाने से प्रभावी है जिसके अनुसार मानव प्राकृतिक रूप से नैतिक है, लेकिन यह नैतिकता उसे प्रकृति के बजाय संस्कृति से प्राप्त होती है। इस संदर्भ में *निकोमेकियन एथिक्स,* खंड २ में अरस्तू द्वारा सदाचार के बौद्धिक तथा नैतिक पक्ष में किया गया अंतर याद किया जा सकता है। इसके अनुसार नैतिक सदाचार आदत का परिणाम है। यह इसके नाम *एथिके* से ही जाहिर है जो इथोस यानी आदत का बदला रूप है। इससे सिद्ध होता है कि विशेष नैतिक आचरण प्रकृति प्रदत्त नहीं होता। दुर्खीम की शब्दावली में यह सामूहिक चेतना की निरपेक्ष आज्ञा है जो व्यक्तियों को उनके

कार्य में निर्देश देती और सीमित करती है। जाहिर है कि इस दृष्टिकोण से फ्यूरर-हैमन्डॉर्फ जैसे संस्कृति के अध्येता को भी आपत्ति नहीं होगी।

दूसरी परंपराएँ भी नैतिकता (नियम संहिता) को कर्त्ता की प्रकृति या पदार्थ में ढूँढ़ती हैं, लेकिन वे नैतिक व्यवहार का सार प्रकृति से प्राप्त करने की कोशिश करती हैं। वे प्रकृति को ऐसा खाली बर्तन नहीं समझतीं जिनमें कुछ भी भरा जा सकता है। भगवद्गीता में दिए गुणों के हिंदू सिद्धांत (अध्याय १४) में ऐसा ही विकल्प प्रस्तुत किया गया है। सीधे-सीधे कहें तो नैतिक व्यक्ति सात्विक प्रकृति का है जबकि अनैतिक व्यक्ति तामसिक प्रकृति का। ये दोनों जो भी करते है, वह इस मूल तथ्य से निर्धारित होता है।[१] नैतिक व्यवहार को नियत कर्म करने का परिणाम मानने वाला दृष्टिकोण भी हिंदू परंपरा में शामिल है। उपनिषद् अंतर्निष्ठ नैतिक प्रकृति पर बल देते हैं, लेकिन धर्मशास्त्र पर जोर डालते हैं। जहाँ धर्म का उद्गम स्मृति है, वहीं यह आदत भी है।[२]

जिन तथ्यों पर *मोरल्स एण्ड मेरिट* आधारित है, वे लेखक ने विस्तृत फील्डवर्क द्वारा प्राप्त किए हैं। यह कार्य उन्होंने मध्य व पूर्वी भारत और नेपाल के कई दक्षिण एशियाई समाजों में किया है जो 'सबसे आदिम, यायावर, भोजन इकट्ठा करने वालों से संसार के महान धर्मों (बौद्ध, हिंदू) के सभ्य अनुयायियों' तक विस्तृत है (१९६७ : २०७)। वे लगभग जोर देकर कहते हैं कि मानवशास्त्री के तथ्य उसके प्रत्यक्ष अवलोकन से आने चाहिए, न कि 'समाज के विद्वज्जन द्वारा प्रस्तुत उसके आत्मबिम्ब से'। वे मानवशास्त्रीय वर्णन के आत्मनिष्ठता के कारण विकृत हो जाने के संकट से चिंतित हैं। लेकिन वे यह स्वीकार करते हैं कि 'मानवशास्त्रीय पद्धति अनिवार्यतः आत्मनिष्ठता का तत्त्व रखती है', क्योंकि मानवशास्त्री के अपने 'वैचारिक झुकाव या अचेतन पूर्वाग्रह होते हैं' (वही : २०७)। मानवशास्त्रीय कार्य में आत्मनिष्ठता की अनिवार्यता की इस स्वीकारोक्ति से मुझे साहस हुआ है कि मैं इस अध्याय में तीन समसामयिक भारतीय साहित्यिक कृतियों के आधार पर हिंदू संस्कृति में नैतिक चयन पर विवेचन करूँ। फ्यूरर-हैमन्डॉर्फ के इस कथन से मैं कोई असहमति नहीं जताना चाहता कि अवलोकित व्यवहार अतिमहत्त्वपूर्ण है। मैं यहाँ प्रथम श्रेणी की व्याख्या का विवेचन करने जा रहा हूँ जो मानवशास्त्रियों के सूचनाकारों से उन्हें मिलती है। इस समय मेरे सूचनाकार तीन उपन्यासकार हैं जिनके उपन्यासों में समसामयिक हिंदू बुद्धिजीवियों के उनके

समाज में प्रचलित व्यवहार, रीति संबंधित मौलिक संवाद के अंश निहित हैं। अगर एक उपन्यास कई प्रकार के पाठकों द्वारा पसंद किया जाता है तो वह अवश्य कोई ऐसी बात बताता है जिससे उनका गहरा वास्ता है : इस गहरी रुचि का संपूर्ण कारण उपन्यासकार की कला में ही निहित नहीं हो सकता। वास्तव में, फर्डिनान्ड भी सॉस्युर द्वारा *लेंगुए* तथा *पेरोल* के बीच किए गए द्वंद्वात्मक अंतर को आधार मान कर ही रोलाँ बार्थ तथा अन्य विद्वानों ने सुझाया है कि साहित्यिक कृति के लिए लेखक तथा पाठकों की साझी सांस्कृतिक पृष्ठभूमि आवश्यक है। साहित्यिक रचना इस प्रकार की साझा पृष्ठभूमि की माँग करती है।

कहना न होगा कि साहित्यिक कृतियाँ झूठ नहीं होतीं लेकिन रचनात्मक कल्पना का उत्पाद जरूर होती हैं। वे कलाकार द्वारा की गई वैसी ही व्याख्याएँ हैं जैसी मानवशास्त्र में मानवशास्त्री द्वारा की गई व्याख्याएँ होती हैं। सामाजिक वैज्ञानिक के 'वास्तविक' संसार और उपन्यासकार के 'काल्पनिक' संसार के बीच अतिसरलीकृत भिन्नता पर हम वक्त ज़ाया न ही करें तो अच्छा है। बल्कि यह तर्क भी दिया जा सकता है कि मानवीय कर्मों और उनकी प्रेरणा का सबसे व्यापक स्तर पर अध्ययन करने में समाजशास्त्री महान उपन्यासकारों से अधिक सफल नहीं हुए हैं (देखें, बर्जर १९७८)। वर्तमान लेख के संदर्भ में यह कथन महत्त्वपूर्ण है कि 'विशेषकर उपन्यास हमें सबसे विस्तृत अर्थों में नैतिक जटिलताओं की पुनर्रचना में मदद करता है' (पुटमैन १९७७ : ८७)।

अब मैं उपन्यासकार द्वारा प्रदत्त विमर्श के संदर्भ में नैतिक चयन का विवेचन प्रस्तुत करूँगा। भारतीय समाजों का कोई गैर-भारतीय विद्यार्थी अगर चाहे तो मेरे लेख का उपयोग भारतीय संस्कृति की अपनी व्याख्या तैयार करने में कर सकता है।

यहाँ स्पष्ट कर देना चाहिए कि इस विवेचन में मैं दूसरी संस्कृतियों से कोई तुलना नहीं करूँगा। इसका कारण यह नहीं कि मैं ऐसे तुलनात्मक अध्ययन को महत्त्वपूर्ण नहीं मानता, बल्कि यह है कि यह कई प्राविधिक समस्याएँ उत्पन्न करता है जिनका अपनी जटिलता के कारण इस स्थान पर उचित निर्वाह नहीं हो सकेगा। इनमें लोगों की अपनी विचार-श्रेणियों में तुलनीयता की समस्या प्रमुख है। इसलिए मैं यहाँ केवल वर्णन पर ध्यान दूँगा। यह करने का सबसे अच्छा तरीका यही है कि एक बार में केवल एक संस्कृति पर ध्यान दिया जाय, और 'अनुमान तथा निहितार्थ

की संरचना' (गीयट्र्ज़ १९७३ : ७) का तथा 'अभिप्राय' (वही : ६) का अन्वेषण किया जाए जो मानवशास्त्र के विषय हैं। इससे संस्कृति की रूपरेखा की वह व्याख्या निर्मित होती है जो दूसरी रूपरेखाओं के अस्तित्व को अस्वीकार नहीं करती, लेकिन उनके साथ कोई प्रत्यक्ष तुलना भी नहीं करती।

उस कार्य की प्रकृति ही ऐसी है कि विवेचन संपूर्ण न होकर सिर्फ निदर्शी (व्याख्यात्मक, इलस्ट्रेटिव) है। यह एक प्रकार की नैतिक परिस्थितियों के शब्दचित्र देता है, यानी तपस व कामुकता के बीच टकराव, तथा लोग जो प्रायः चयन करते हैं उसके निहितार्थ सामने लाने का प्रयत्न करता है।

तीन नैतिक संवाद

जिन उपन्यासों को मैंने विवेचन के लिए चुना है वे हैं : भगवती चरण वर्मा का हिंदी उपन्यास *चित्रलेखा*, यू. आर. अनन्तमूर्ति का कन्नड़ उपन्यास *संस्कार* जिसका ए. के. रामानुजम ने अंग्रेजी में अनुवाद किया है तथा विष्णु सखाराम खांडेकर का मराठी उपन्यास *ययाति* जिसका मोरेश्वर तपस्वी ने हिंदी में अनुवाद किया है। यहाँ मैं इन तीनों उपन्यासों की साहित्यिक श्रेष्ठता या कलात्मकता का विवेचन नहीं कर रहा हूँ। मैं इस कार्य के लिए बिल्कुल अयोग्य हूँ, और मेरा ऐसा कोई इरादा भी नहीं है। मेरा प्रयत्न उनमें वर्णित तथा मूल्यांकित नैतिक चयन को सामने लाने तक सीमित है। मैंने प्रयत्न किया है कि मैं लेखक के अभिप्राय को तोड़ूँ-मरोड़ूँ नहीं लेकिन कई बार मैंने उनकी भाषा का भावानुवाद जरूर किया है। जहाँ आवश्यकता महसूस हुई, वहाँ प्रकृति-संस्कृति द्विभाजन पर तर्क हेतु मैंने व्याख्यात्मक टिप्पणियाँ भी की हैं।

चित्रलेखा १९३३ में प्रकाशित हुआ था। उस समय इसके युवा लेखक ३० की उम्र पार कर चुके थे। अब तक इस रचना ने हिंदी साहित्य में एक आधुनिक क्लासिक का दर्जा पा लिया है। इस पर दो फिल्में बन चुकी हैं। *संस्कार* १९६५ में प्रकाशित हुआ और काफी चर्चित रहा, विशेषकर जब इस पर कन्नड भाषा में एक पुरस्कृत फिल्म (१९७०) बनी। इसके लेखक अनन्तमूर्ति मैसूर विश्वविद्यालय में अंग्रेजी साहित्य पढ़ाते थे। *ययाति* १९५९ में प्रकाशित हुआ जब खांडेकर ६१ वर्ष के और लब्धप्रतिष्ठ साहित्यकार थे। समीक्षकों द्वारा उनके उपन्यास की प्रशंसा की गई और मृत्यु के एक वर्ष पहले १९७६ में उन्हें देश के प्रतिष्ठित

साहित्यिक पुरस्कार ज्ञानपीठ से सम्मानित किया गया। यह करीब १,८०,००० शब्दों की विशाल कृति है और *चित्रलेखा* या *संस्कार* से आकार में दुगुनी है। तपस्वी द्वारा किया गया इसका हिंदी अनुवाद १६७७ में प्रकाशित हुआ।

परिस्थितिजन्य नैतिकता : एक मोहपाश?

चित्रलेखा का प्रारंभ एक प्रश्न से होता है जो दो शिष्य अपने गुरु से पूछते हैं : वे जानना चाहते हैं कि पाप क्या है। उपन्यास यह मान कर चलता है कि इसके विपरीतार्थक पुण्य के बारे में उन्हें शिक्षित किया जा चुका है।

प्रश्न के उत्तर में गुरु कहते हैं कि वे नहीं जानते पाप क्या है, क्योंकि उन्हें इसका कोई व्यक्तिगत अनुभव नहीं है। उनका यह भी मानना है कि निगमनात्मक तर्क से इसका उत्तर नहीं मिल सकता। इसलिए वे दोनों शिष्यों को स्वयं ही 'पाप' का अर्थ जानने के लिए भेजने का निर्णय लेते हैं। उनमें एक ब्राह्मण है जिसे कुमारगिरि नामक महान योगी का शिष्य बनने के लिए भेजा जाता है। दूसरा शिष्य क्षत्रिय है जिसे एक सामंत, बीजगुप्त, का सेवक बना दिया जाता है। ये घटनाएँ राजा चंद्रगुप्त मौर्य की राजधानी पाटलिपुत्र और उसके आस-पास घटित होती हैं (३१० ई.पू.)। कुमारगिरि तथा बीजगुप्त कहानी के दो नायक हैं जो न सिर्फ दो जीवन-पद्धतियों बल्कि दो विपरीत नैतिक चयनों का प्रतिनिधित्व करते प्रतीत होते हैं।

जैसा कि पहले कहा जा चुका है, कुमारगिरि योगी है। युवावस्था में ही वह दावा करता है कि उसने सारी शारीरिक वासनाओं तथा सांसारिक मोह को वश में कर लिया है और परमसुख की प्राप्ति कर ली है। सांसारिक जीवन उसके लिए केवल उद्देश्य प्राप्ति का साधन है और वह उद्देश्य दैहिक अस्तित्व के परे जीवन है। वह विद्वान है, कर्मकांडों का ज्ञाता है और आध्यात्मिक क्षमताओं का स्वामी है। युवावस्था तथा निस्पृहता के योग से उसे दीप्त व्यक्तित्व तथा नैतिक शक्ति उपलब्ध हुई है। कुमारगिरि प्रकृति के विपरीत संस्कृति के सिद्धांत; शरीर के विपरीत आत्मा का प्रतिनिधित्व करता है। उसमें वह नैतिक चयन मूर्तिमान होता है जो तपस को कामुकता से श्रेष्ठ मानता है।

बीजगुप्त उसके विपरीत प्रकार का है। वह युवा, सुंदर तथा धनाढ्य सामंत है जिसका समाज में उच्च स्थान है। उसके लिए तात्कालिक सांसारिक बंधन

ही सब-कुछ हैं। अविवाहित होने पर भी उसके पास सहचर के रूप में नगर की सबसे प्रतिभाशाली और प्रसिद्ध नर्तकी चित्रलेखा है। वह एक बुद्धिमान और सुसंस्कृत स्त्री है और बीजगुप्त के जीवन-दर्शन से सहमत है। चित्रलेखा बाल विधवा ब्राह्मणी है, जिसे एक प्रेम संबंध से एक अवैध संतान भी है। जीवन की विडंबनाओं ने भाग्य के कई भटकावों के बाद उसे बीजगुप्त का प्रेम दिया है। बीजगुप्त की प्रेयसी होने पर भी वह अकेली मगर ऊँचे रहन-सहन का जीवन जीती है। दोनों ही शारीरिक क्षुधा तथा उसकी तृप्ति को चरम सुख मानते हैं। वे तपस्वी के आत्मनियंत्रण तथा आत्मसंयम को शरीर ही नहीं, आत्मा को भी नष्ट करने वाला मानते हैं। उनकी तथा कई दूसरे लोगों की आँखों में उनका जीवन भी एक नैतिक चयन है, जो जीवनपोषी कामुकता को जीवननाशी तपस्या से श्रेष्ठ घोषित करता है। भोगी को योगी से श्रेष्ठ बताता है।[३]

इन चयनों के परिणाम और अर्थ तब खुलने शुरू होते हैं जब संयोग से कुमारगिरि, बीजगुप्त और चित्रलेखा मिलते हैं। एक रात दोनों प्रेमी योगी के आश्रम में शरण लेते हैं। कुमारगिरि अपने आश्रम में स्त्री की उपस्थिति से उद्विग्न है। बीजगुप्त पूछता है कि अपनी इंद्रियों पर संपूर्ण नियंत्रण वाले योगी को एक स्त्री को अपने यहाँ शरण देने में संकोच क्यों है तो कुमारगिरि कहता है कि स्त्री मोह, वासना और माया की मूर्ति है; ज्ञान के संसार में उसके लिए कोई स्थान नहीं। इस पर उसके और चित्रलेखा के मध्य आभास या दृष्टि की सापेक्षता तथा यथार्थ के विषय में दार्शनिक तर्क-वितर्क प्रारंभ हो जाता है। यह मुलाकात अजीब परिणाम लाती है : योगी को नर्तकी का ज्ञान ही उसका सबसे महत्त्वपूर्ण गुण लगता है, और नर्तकी को योगी में दुर्निवार सौंदर्य दिखता है।

इसके बाद उनकी दूसरी भेंट राजा के दरबार में होती है जहाँ राजा के सलाहकार कौटिल्य एक तरफ राजनीति और न्याय (नीति) तथा दूसरी तरफ धार्मिक एवं नैतिक (धर्म) के बीच विरोध पर बोल रहे हैं। कौटिल्य बुद्धिवादी तथा परिणामवादी हैं और नैतिकता, धर्म, यहाँ तक कि ईश्वर को भी सांस्कृतिक उत्पाद समझते हैं और इसीलिए उनकी आलोचना तथा अधिक उपयोगी बनाने की संभावना विचारणीय मानते हैं। दरबार में उपस्थित कुमारगिरि कौटिल्य को तर्कबुद्धि से परास्त नहीं कर पाता, लेकिन एक चमत्कार द्वारा आध्यात्मिक शक्ति का प्रदर्शन करता है।[४]

राजनर्तकी चित्रलेखा योगी से तर्क करती है और यह स्वीकार करवाने में सफल होती है कि योगी ने चमत्कार प्रदर्शन इसीलिए किया था क्योंकि वह तर्क से दैवी सत्ता का अस्तित्व और धर्म की श्रेष्ठता साबित करने में विफल रहा था। आत्मरक्षा में योगी आत्मा के अन्वेषण के लिए विश्वास और कल्पना के महत्त्व पर बल देता है। लेकिन दरबार की नजर में जीत चित्रलेखा की होती है। कुमारगिरि भी जानता है कि यह सही है। एक 'पतित' नारी और नर्तकी के हाथों दार्शनिक तर्क-वितर्क में पराजित होना उसे ज्यादा बुरा लगता है।

पराजित तथा निराश कुमारगिरि अपने आश्रम लौट जाता है। वहाँ चित्रलेखा उससे मिलने आती है। वह कहती है कि वह आध्यात्मिक शिक्षा ग्रहण करने आई है, लेकिन वास्तव में वह योगी पर आसक्त है। योगी को यह अबूझ लगता है : शारीरिक सुख के प्रति समर्पित व्यक्ति आध्यात्मिकता की ओर कैसे आकर्षित हो सकता है? चित्रलेखा उसके संदेह को यह कह कर दूर करने का प्रयत्न करती है कि उसने वह जीवन छोड़ दिया है; हालाँकि वह जानती है कि योगी के संपूर्ण व्यक्तित्व के लिए वह खतरा है। वस्तुतः यह आशंका संस्कृति को प्रकृति के मुकाबले हमेशा सताती रहती है। पुण्य की तलाश में लगे मानव का पाप पीछा करता रहता है।

इसके अतिरिक्त चित्रलेखा कुमारगिरि को स्त्रियों की प्रकृति के बारे में वे बातें बताने का प्रयत्न करती है जो उस दृष्टिकोण के विपरीत हैं जो उनकी पहली मुलाकात पर योगी ने सामने रखी थीं। वह कहती है कि स्त्री शक्ति और सृष्टि का सिद्धांत है। जो पुरुष स्त्री से भयभीत हो, वह मानव होने योग्य नहीं। कुमारगिरि उसकी बुद्धि के अलावा उसके शारीरिक सौंदर्य का आकर्षण भी अनुभव करने लगता है। लेकिन वह अपना दृष्टिकोण नहीं बदलता और उसे शिष्या बनाने से इनकार कर देता है। वह कहता है कि अगर वह उसे आध्यात्मिक शिक्षा देना स्वीकार कर लेगा तो उसे भय है कि वह स्वयं उसका भक्त बन जाएगा जिसके लिए वह तैयार नहीं है। अपने नैतिक चयन की कमजोरी वह समझता है।

चित्रलेखा बीजगुप्त को छोड़ने का फैसला करती है। वह कहती है कि उसके विचार से वह बीजगुप्त पर बोझ बन गई है, इसलिए उसे चाहिए कि वह बीजगुप्त के जीवन से अपने-आप को अलग कर ले ताकि वह विवाह कर सके। लेकिन वह बीजगुप्त को अनश्वर प्रेम का आश्वासन देती है। एक ऐसा प्रेम जो

शरीरों के नहीं आत्माओं के मिलन पर आधारित होगा। इस प्रकार वह दैहिक संबंध को आध्यात्मिक संबंध में परिवर्तित करने की सलाह देती है।

चित्रलेखा के बहानों को बीजगुप्त पहचान जाता है। वह अत्यधिक विचलित है। अनचाहे ही काशी में वह एक अन्य सामंत और उसकी बेटी यशोधरा के संपर्क में आता है। यशोधरा से एक बार उसकी शादी की बात चली थी लेकिन उसने यह कह कर इनकार कर दिया था कि शादी न होने पर भी चित्रलेखा उसकी पत्नी की तरह है। उसके लिए यह कानून की नहीं, बल्कि नैतिक निर्णय की बात थी। उसने कहा था कि विवाह कोई घटना नहीं, बल्कि स्त्री-पुरुष के मध्य अमर शारीरिक-आध्यात्मिक संबंध है।

एक बार यशोधरा और बीजगुप्त के बीच प्रकृति तथा संस्कृति के संबंध पर बात होती है, जो इस लेख के संदर्भ में उल्लेखनीय है। प्रकृति और इसकी सुंदरता के प्रति यशोधरा के असीम उत्साह से वह प्रभावित नहीं होता, और उसके कठोर तथा क्रूर यथार्थ की ओर ध्यान दिलाता है। वह यह भी कहता है कि मानवीय दृष्टिकोण से प्रकृति अपूर्ण है। जिनके बिना जीवन असंभव है, उन मानवीय रचनाओं का उद्गम प्रकृति की अपूर्णता में है।

तत्पश्चात बीजगुप्त की भेंट एक संन्यासी से होती है। संन्यासी उससे कहता है कि सांस्कृतिक रचनाएँ प्राकृतिक बोझ कम करने के लिए हैं लेकिन वे कृत्रिम हैं तथा उन्हें जीवन का विधेयक कभी नहीं मानना चाहिए। ऐसा दृष्टिकोण स्वयं जीवन को नकारता है। संस्कृति जीवन का विस्तार तथा परिष्कार करती है। एक दूसरे अवसर पर बीजगुप्त यशोधरा के पिता के समक्ष अद्वैतवादी सिद्धांत रखता है और कहता है कि अपरित्याग त्याग का विपरीत नहीं बल्कि प्रेम के लक्ष्य में परिवर्तन है। ये संवाद परंपरागत विपरीतताओं की असत्यता दिखलाते हैं तथा प्रकृति और संस्कृति, तपस और कामुकता से परे एक दृष्टिकोण की आवश्यकता की ओर इंगित करते हैं जिसमें संपूर्णता का मतलब विपरीत प्रतीत होते तत्त्वों का द्वंद्वात्मक संश्लेषण हो सकता है।

इस बीच चित्रलेखा कुमारगिरि के आश्रम में ही है। उन दोनों में परिवर्तन होता है : वह सचमुच अध्यात्म में रुचि लेने लगती है और कुमारगिरि उससे प्रेम करने लगता है। कामुकता तपस्या और तपस्या कामुकता में बदल जाती है। अब कुमारगिरि मोह के सिद्धांत और मूर्तमान से प्रेम की बात करता है। अपने आप

को वैरागी कहने वाला वास्तव में ब्रह्म का उपासक है। ब्रह्म-प्रेम में सभी के लिए प्रेम शामिल होना चाहिए। वह चित्रलेखा से कहता है कि उसके लिए वही जीवन का लक्ष्य है। वह आत्मनियंत्रण के गुण गाती है और उसे सलाह देती है कि वह उस पर नहीं बल्कि अपने-आप पर विजय पाए। आत्मा को पाने की कोशिश करे, शरीर को नहीं। काम के वशीभूत कुमारगिरि चित्रलेखा से झूठ बोलता है कि बीजगुप्त ने यशोधरा से विवाह कर लिया है। यह झटका चित्रलेखा सहन नहीं कर पाती और अपना शरीर कुमारगिरि को दे देती है।

बीजगुप्त को भी नैतिक चयन करना है। चित्रलेखा ने उसे स्वयं छोड़ा है इसलिए वह उसके बंधन से अपने को स्वतंत्र मानता है। वह यशोधरा से भावनात्मक सामीप्य अनुभव करता है, तथा उससे विवाह कर लेने के बारे में सोचता है। लेकिन उसे श्वेतांक से पता चलता है कि वह भी यशोधरा से प्रेम करता है (श्वेतांक ही पाप के बारे में जानने के लिए उसके पास आया है)। उसकी प्रथम प्रतिक्रिया श्वेतांक को अपने रास्ते से हटने की सलाह देना है, लेकिन फिर वह अपनी राय बदल लेता है। वह आत्मत्याग के मूल्य के आलोक में चयन करता है। वह यशोधरा के पिता को सलाह देता है कि वे यशोधरा का विवाह श्वेतांक से कर दें। इसे संभव बनाने के लिए वह अपना सारा धन और जमीन श्वेतांक को देकर उसे सामंत बना देता है। इस प्रकार बीजगुप्त स्वयं संन्यासी बन जाता है। यह सब और कुमारगिरि के झूठ के बारे में जानकर चित्रलेखा कुमारगिरि को छोड़, अपना धन त्याग देती है और बीजगुप्त के साथ आत्मसंधान की राह पर निकल पड़ती है।

अपने अनुभव से पाप जानने के लिए दोनों शिष्यों को निकले हुए एक वर्ष हो चुका है। वे अब गुरु के पास लौटते हैं और अपने-अपने स्वामी के गुणों का बखान करते हैं। गुरु बताते हैं कि मानव स्वतंत्र नैतिक कर्त्ता नहीं होता; वह उन परिस्थितियों का दास है जिन्हें बनाने में उसका कोई हाथ नहीं। लोग न पाप करते हैं न पुण्य, वे वही करते हैं जो उन्हें करना पड़ता है। वे वही चुनते हैं जिसके लिए परिस्थितियाँ उन्हें बाध्य करती हैं। 'परिस्थिति' का एक अंश अपने पिछले चयनों से निर्मित कर्त्ता भी है। मेरी दृष्टि में उस सीमा तक परिस्थिति में स्वतंत्रता का भी तत्त्व है।[५]

मुझे लगता है कि *चित्रलेखा* का नैतिक विमर्श असीमित स्वतंत्र इच्छाशक्ति को नकारता है, लेकिन नैतिक चयन के अस्तित्व को मानता है। स्पष्टतः यह नैतिक

कर्त्ता द्वारा दूसरों के प्रति कल्याण भाव पर बल देता है। (इस तरह उपन्यासकार अपने ही तर्क के खिलाफ बात करता है जब वह अंत में बीजगुप्त तथा कुमारगिरि को नैतिकता की तुला पर बराबर मानता है।) उपन्यास नैतिक की अतिसरलीकृत धारणा पर उँगली उठाता है जिसमें पाप पुण्य के, शरीर आत्मा के और कामुकता तपस के विपरीत हैं। *संस्कार* में भी नैतिक कर्त्ता पर ध्यान केंद्रित है, लेकिन प्रश्नों का समाधान दूसरी राहों पर खोजा गया है।

नैतिकता के रूप में प्रामाणिकता

संस्कार की कहानी कर्नाटक की दुर्वासापुरा नामक ग्रामीण बस्ती में घटित होती है। वह शायद १९३० या '४० का दशक है। दरअसल, यह काल कोई भी हो सकता था। अनुवादक रामानुजन अपने अनुकथन में इसे 'भारतीय ग्राम-काल' करार देते हैं। जनश्रुतियों में गाँव का नाम दुर्वासा मुनि से जुड़ा बताया जाता है। इसी कारण यह प्रसिद्ध है। इसकी प्रसिद्धि का एक और कारण इसमें रहने वाले दो असाधारण ब्राह्मण, प्राणेशाचार्य तथा नरणप्पा हैं। ये दोनों कथा के नायक हैं।

बचपन से ही प्राणेशाचार्य के असाधारण आदर्श रहे हैं। वह सभी इच्छाओं-वासनाओं से मुक्ति चाहते थे। सोलह वर्ष की आयु में उन्होंने बारह वर्ष की एक अपंग कन्या से विवाह कर लिया। इस प्रकार तपस तथा आत्मबलिदान के द्वारा उन्होंने पुण्य अर्जित करने का संकल्प किया। उन्होंने शास्त्रों का अध्ययन किया और काशी गए जहाँ उन्हें सराहना मिली। उसके बाद उनका जीवन कर्मकांड, अध्ययन, अध्यापन तथा अपनी अपंग पत्नी की सेवा में व्यतीत हुआ। यह सब वे कर्तव्य भाव से बिना किसी तात्कालिक फल की आशा के करते रहे। वे अपनी तपस्या को 'इस प्रकार बचाते थे जिस प्रकार कंजूस अपने धन को'[६] बचाता है जिससे अंततः सर्वोच्च आध्यात्मिक उपलब्धि के लिए वह पके हुए फल की तरह तैयार हो सकें। उन्होंने अपनी शारीरिक इच्छाओं को इतना वश में कर लिया है कि उनके द्वारा संस्कृत साहित्य की शृंगारिक कथाओं का पाठ युवाओं को तो उत्तेजित कर देता है पर वे स्वयं उससे प्रभावित नहीं होते। वे वास्तव में तपस्वी हैं। आयु में बड़े गाँव के दूसरे ब्राह्मण भी उनका आदर करते हैं। उनमें वही अकेले आचार्य हैं। कहानी ऐसे अवसर से शुरू होती है, जब गाँव को उनकी सलाह की सचमुच बहुत आवश्यकता है।

नरणप्पा उपन्यास में कामुकता का पर्याय है। उसकी प्लेग से मृत्यु हो गई है और ब्राह्मणों को निर्णय लेना है कि उसका अंतिम संस्कार कैसे हो। ब्राह्मण का जन्म लेकर भी उसने वे सारे कर्म किए थे जो ब्राह्मण को नहीं करने चाहिए थे। उसने अपनी पत्नी को छोड़ दिया और नीची जाति की एक वेश्या की सुंदर बेटी चंद्री को अपनी रखैल बना लिया था। वह न केवल उसके साथ रहता था, बल्कि उसके द्वारा बनाया खाना भी खाता था। इस प्रकार वह जाति भ्रष्ट हो गया था। वह मांस खाता और शराब पीता था। उसने अपने साथी ब्राह्मणों के रीति-रिवाजों का मजाक उड़ाया, अपने परिवार द्वारा पूजित मूर्ति को नदी में फेंक दिया और मंदिर के पवित्र जलाशय की मछलियों को बारूद से मारा। उसने ब्राह्मण नवयुवकों को नाटक, नृत्य तथा संगीत का आकर्षण देकर 'भ्रष्ट' किया। नरणप्पा के मुसलमान मित्र थे जिन्हें वह अपने घर भी ले आया। इसके बाद उसने ब्राह्मणों को उकसाया कि वे उसे बिरादरी बाहर कर दें, ताकि वह मुसलमान बन सके। उसने बार-बार प्राणेशाचार्य को ललकारा : 'देखते हैं अंततः कौन जीतता है–तुम या मैं'। दूसरी ओर प्राणेशाचार्य आशा करते थे कि वे नरणप्पा को ब्राह्मण के सदाचारी रास्ते पर वापस लाकर पुण्य अर्जित कर सकेंगे।

जीवित नरणप्पा गाँव के ब्राह्मणों का दुश्मन था। मरने के बाद वह एक झमेला बन गया : जब तक उसका दाह-संस्कार नहीं हो जाता, गाँव में कोई खाना नहीं खा सकता था। वह ब्राह्मण की भाँति जिया नहीं लेकिन वह था तो ब्राह्मण ही। क्या संबंधियों द्वारा उसका दाह-संस्कार उचित होगा? यदि नहीं, तो किसे यह कार्य करना चाहिए? ब्राह्मण के मृत शरीर को हाथ लगाने का अधिकार किसी गैर-ब्राह्मण को नहीं है। इसी समस्या का समाधान निकालने के लिए प्राणेशाचार्य को कहा जाता है। उनका कार्य इसलिए अधिक कठिन हो गया है कि अगर वह संबंधियों को दाह-संस्कार की जिम्मेदारी देता है तो उसे यह भी तय करना होगा कि उनमें से किसको शव सौंपा जाय : दाह-संस्कार का दायित्व निभाने वाले को चंद्री के स्वर्ण आभूषण मिलेंगे जो उसे नरणप्पा से मिले थे। प्राणेशाचार्य शास्त्रों को देखते हैं पर रात होने तक कोई उत्तर नहीं खोज पाते।

केवल ब्राह्मण ही प्राणेशाचार्य के निर्णय की प्रतीक्षा नहीं करते; चंद्री भी धैर्यपूर्वक प्रतीक्षा करती है। भूख सहन न कर पाने पर वह केलों के बगीचे में जाती है और कुछ केले खाकर बहते जल से पानी पी लेती है। चंद्री वास्तव में उसी उदार

प्रकृति का अंश है जिसके अंश केले और बहता जल है। उसने सारा जीवन ब्राह्मणों के नियमों के बाहर गुजारा है : वह सभी नियमों का अपवाद है, चिरमांगलिक, प्रतिदिन विवाहित, वैधव्य से दूर, तथा एक अर्थ में पापमुक्त, बहती नदी के समान, जिसमें लोग अपनी गंदगी साफ करके शुद्ध हो जाते हैं।

चंद्री प्राणेशाचार्य के निर्णय की प्रतीक्षा करते हुए उनकी सदाशयता और दयालुता के बारे में सोचती है। वह अटकलें लगाती है कि इस महान आचार्य तथा तपस्वी ने क्या कभी शरीर का सुख जाना है। अभी तक संतानहीन चंद्री याद करती है कि उसकी माँ ने कहा था कि वेश्या को प्राणेशाचार्य जैसे महात्मा से गर्भ धारण करना चाहिए। चंद्री जानती है कि प्राणेशाचार्य धर्मात्मा और सुंदर है। लेकिन उससे वीर्यदान प्राप्त करना आसान नहीं था। उसका ध्यान तब टूटता है जब आचार्य स्वयं उसे स्वर्ण आभूषण लौटाने आते हैं। उनके दान भाव ने और जटिलता पैदा कर दी है। वे स्नेहपूर्वक उससे कहते हैं कि नरणप्पा की मृत्यु के बाद भी वह जीवित है और उसे अपने शेष जीवन के लिए कुछ बचाना चाहिए। अगले दिन प्राणेशाचार्य मारुति मंदिर में दैवी निर्देश पाने का निर्णय लेते हैं। ब्राह्मण और चंद्री प्रतीक्षा करते हैं पर देवता से कोई समाधान नहीं मिलता। गाँव और नरणप्पा के सड़ते शव पर अँधेरा छा जाता है। चंद्री फिर केलों के बगीचे में खाने जाती है, लेकिन अब मंदिर पर वापस आ गई है। प्राणेशाचार्य को अपनी अंपग पत्नी याद आती है और वह उसकी सेवा करने मंदिर से चलते हैं। चंद्री उसके पीछे वन में आती है। उसके हृदय में उनके लिए दया और कृतज्ञता का भाव है और अपने लिए उनके कष्ट उठाने पर वह दुःखी है। वह सम्मान से उनके पैर छूना चाहती है, पर उनकी टाँगे अपनी छाती में कस लेती है। प्राणेशाचार्य आश्चर्यचकित हैं। लेकिन, दया से उसका सिर सहलाते हैं। उनके मुख से आशीर्वाद नहीं निकलता। वह उठकर उन्हें अपनी देह से चिपका लेती है।

'स्तन-स्पर्श से वंचित प्राणेशाचार्य उन बड़े स्तनों को छूकर बेहोशी अनुभव करते हैं। वे उन्हें दबाते हैं जैसे कोई सपना देख रहे हों। उनके पैर जवाब देने लगते हैं। चंद्री आचार्य को नीचे बैठाकर अपनी देह से चिपकाए रहती है। अभी तक अचेतन आचार्य की भूख एकाएक जाग उठती है, और वे दुःखी बच्चे की तरह चिल्ला पड़ते हैं, "ओ, अम्मा।" चंद्री अपने स्तनों पर उनका सिर रख उन्हें केले खिलाती है। फिर वह अपनी साड़ी खोलकर बिछा देती है और उस पर प्राणेशाचार्य

को छाती से चिपकाए रोती-आँसू बहाती रहती है।'

इस घटना के बाद दोनों की भावनाएँ एक-दूसरे से विपरीत हैं। चंद्री आशा करती है कि शायद वह गर्भवती हो गई होगी और इस प्रकार उसे पुण्य प्राप्त होगा। 'सुख में प्राकृतिक, आत्मलांछना से दूर' वह 'सार्थकता अनुभव करती है, जैसे छुपे फूलों की गंध'। जहाँ तक प्राणेशाचार्य का सवाल है वे जानते हैं कि वे लुट चुके हैं। संस्कृति के जितने नियमों का उन्होंने लगन से पालन किया था, वे नष्ट हो चुके हैं। भूख और काम-पिपासा में अभिव्यक्त प्रकृति जीत गई है। तपस्वी चयन की दुःखद भंगुरता उनके सामने है। उन्होंने हमेशा विश्वास किया था कि कोई अच्छा कार्य चयन से नहीं करता, बल्कि उनके जैसे अच्छे लोग अच्छी प्रकृति के साथ पैदा होते हैं, और इस कारण सही चयन करते हैं। जन्मजात गुण में यह विश्वास भी उनसे छिन जाता है।

चंद्री सड़ती हुई लाश के पास घर जाती है। इस स्थिति को वह और सहन नहीं कर पाती और नरणप्पा के एक मुसलमान नौकर को लाश जला देने के लिए कहती है। वह बिना किसी को बताए रात के अँधेरे में ऐसा ही करता है। चंद्री गाँव छोड़कर चली जाती है। इस तरह कथा में उसकी भूमिका समाप्त हो जाती है।

प्राणेशाचार्य भी अपनी आश्रित-अपाहिज पत्नी और चिंतित ब्राह्मणों के पास लौटते हैं। वे पश्चात्ताप अनुभव करते हैं लेकिन उन्हें वैचारिक स्फूर्ति की अनुभूति भी होती है कि अब वे 'एक स्वतंत्र व्यक्ति' हैं। वेश्या ने उन्हें 'नेतृत्व के दायित्व से मुक्त कर दिया है'। उन्हें अब गुरु और आचार्य होने का भार वहन नहीं करना है। एक संस्कृत श्लोक, जो उन्हें कंठस्थ है और जिसका वे रोज पाठ करते हैं, उन्हें याद आता है : 'मैं पाप हूँ, मेरा कर्म पाप है, मेरी आत्मा पाप है, मेरा जन्म पाप में हुआ है'। लेकिन तब वे सोचते हैं : 'नहीं, नहीं, यह भी असत्य है। मुझे स्मरण की हुई सभी बातें भूल जानी चाहिए। मन का प्रवाह बच्चे के मन के समान होना चाहिए।' यह स्वाभाविकता, प्रकृति और संस्कृति तथा स्मृति से नाता तोड़ने की प्रतिज्ञा का प्रतीक है : यह संस्कृति की निरंकुशता से भागने की कोशिश है। 'उसने अगर इच्छाओं को छोड़ भी दिया हो, तो भी इच्छाओं ने उसे नहीं छोड़ा था'।[७]

प्राणेशाचार्य तथा नरणप्पा के जीवन विलक्षण लेकिन अर्थपूर्ण तरीके से

एक-दूसरे के प्रतिबिंब हैं। नरणप्पा ने भी ब्राह्मणवादी संस्कृति को छोड़ दिया था, पर ब्राह्मणवादी संस्कृति ने उसे नहीं छोड़ा। उपन्यासकार संकेत करता है कि दोनों मामलों में संस्कृति के सापेक्ष देह ही समस्या का मूल है। वासना से ग्रस्त शरीर और सड़ती देह–एक दूषित, तो दूसरी प्रदूषित करती।

अपनी नजर में प्राणेशाचार्य के संबंध ब्राह्मण समाज से टूट चुके हैं। वे ब्राह्मणों से कहते हैं : 'मैं भ्रष्ट हो चुका हूँ। मारुति ने मुझे कुछ नहीं बताया। मुझे कुछ नहीं पता। जो सही लगे, करो।' ब्राह्मण दूसरे आचार्य से सलाह लेने का निर्णय लेते हैं और प्राणेशाचार्य को उनकी स्मृतियों और विचारों के साथ छोड़ देते हैं।

'अभी तक वह जिया ही नहीं था। वह केवल वही करता था जो दूसरे करते थे, पुराने मंत्रों को दोहराता था, वह बिना अनुभव के जिया था। अनुभव खतरा है, हमला है। यह पहले न किया गया कार्य है, जंगल के अँधेरे में योग है. .. जिस प्रकार उसे स्त्री का स्पर्श मिला, क्या नरणप्पा को भी बिना मांगे अँधेरे में ईश्वर का स्पर्श प्राप्त हुआ?' (यह पश्चिमी परंपरा में 'चारदीवारी में बंद पुण्य' के समान है।) क्या नरणप्पा ने एक बार ताना नहीं मारा था कि उसकी तरह ब्राह्मण भी निम्न जाति की स्त्रियों द्वारा पकाया भोजन ग्रहण करें और उनके साथ संभोग करें तो वे भी ईश्वर को जान सकेंगे? इसलिए द्वैत अर्थहीन है और सभी चयन नैतिक अहंकार की अभिव्यक्ति हैं।

प्राणेशाचार्य को याद आता है कि बचपन में किस प्रकार नदी में तैर कर गर्म रेत पर देह सुखाने और फिर तैरने की क्रिया उन्हें मुग्ध करती थी। अरसे से दमित पड़ी देह जी उठती है, इंद्रियाँ जाग्रत हो जाती हैं। वे दौड़कर उस स्थान पर जाते हैं जहाँ उनका और चंद्री का मिलन हुआ था और उस घास को सूँघते हैं जहाँ उन दोनों ने संभोग किया था। उपन्यास का यह विलक्षण अंश है जहाँ इंद्रियों के पूरे समूह को एक साथ जाग्रत होता और चरम बिंदु पर पहुँचता दिखाया गया है। लेकिन संस्कृति की पकड़ केवल कमजोर हुई है, समाप्त नहीं हुई है : आचार्य को अपनी पत्नी याद आती है। वे घर जाते हैं तो पत्नी को मृत पाते हैं। प्लेग ने उसे भी मार दिया है। प्लेग पापी और पुण्यात्मा की पत्नी के बीच कोई भेद नहीं करता। बिना कुछ कहे, वे दाह-संस्कार के लिए उसका शरीर ले जाते हैं।

वे वापस घर नहीं आते, सब कुछ छोड़ देते हैं और दुर्वासापुर से चल पड़ते हैं। जहाँ उनके पैर उन्हें ले जाएँ। वे सोचते हैं कि अब वे स्वतंत्र हैं, न उनका कोई

कर्तव्य है, न उन पर कोई ऋण। वे ईश्वर को भी याद नहीं करना चाहते, बस अकेले रहना चाहते हैं। लेकिन क्या कोई ऐसा कर सकता है? 'उनका निर्णय चाहे जो हो, उनके पाँव उन्हें मनुष्यों की बस्तियों के पास ही ले जाते थे। यह उनके संसार की, उनकी स्वतंत्रता की सीमा थी'। स्वतंत्र और अकेला होना भी आत्मवंचना है, जिस प्रकार सांस्कृतिक नियमों और दूसरे व्यक्तियों से बँधा होना। तो क्या व्यक्ति पूरी तरह स्थितियों का दास है? चंद्री के साथ वह 'क्षण' घटित हो गया, मानो ईश्वर की इच्छा से।

'अगर मैंने नियंत्रण खो भी दिया, तो निर्णय करने का दायित्व मेरा था। व्यक्ति का निर्णय मान्य है क्योंकि नियंत्रण खोना संभव है, इसलिए नहीं कि वह आसान है। हम अपने चयनों द्वारा अपने-आप को बनाते हैं, जिसे हम अपना व्यक्तित्व कहते हैं उसे आकार देते हैं। नरणप्पा वह व्यक्ति बना जो उसने बनना चुना था। मैंने कुछ और चुना और उसके अनुसार जिया। लेकिन एकाएक एक मोड़ पर मैं मुड़ गया। उसका उत्तरदायित्व मेरा है। उस मोड़ पर क्या हुआ? द्वंद्व, द्वित्व, विरोधाभास मेरे जीवन पर छा गए। पुरातन ऋषियों ने ऐसी परिस्थितियों में क्या किया था? बिना द्वित्व, विरोध के? कदाचित् व्यक्ति अपने-आप का पूर्ण जाग्रतावस्था में पुनर्निर्माण कर सकता है, लेकिन क्या उसे किसी और के जीवन को अपने निर्णय में शामिल करने का नैतिक अधिकार है? हे भगवान, मुझे निर्णय लेने के भार से मुक्त करो।' नितांत एकाकीपन में यह प्रार्थना प्राणेशाचार्य के हृदय से निकलती है।[८]

कथा के अंत में प्राणेशाचार्य 'व्यग्र तथा राह देखता' प्रतीक्षा कर रहा है। *संस्कार* इसी मुकाम पर समाप्त होता है जो खास तरह की अस्तित्ववादी संभावना या अंधा मोड़ है। जैसा कि रामानुजन ने अपने परिशिष्ट में कहा है, 'उपन्यास समाप्त होता है पर किसी निर्णय पर नहीं पहुँचता।' अनन्तमूर्ति शरीर और आत्मा या कामुकता और तपस्या के विरोधी तत्त्वों के स्थान पर प्रामाणिकता को नैतिक चयन की अंतिम कसौटी मानना चाहते हैं। वे भगवतीचरण वर्मा के परिस्थितियों के प्रति निष्क्रिय दृष्टिकोण को पसंद नहीं करते। वे द्वित्व से बाहर निकलने का रास्ता अतींद्रियता को भी मानते हैं, पर इसका होना उन्हें कठिन भी लगता है। लेकिन विष्णु सखाराम खांडेकर अपनी रचना *ययाति* में यही बात विश्वासपूर्वक और विस्तार से कहते नजर आते हैं।

वैराग्य द्वारा नैतिक चयन के परे जाना

ययाति महाभारत में उल्लिखित एक घटना पर आधारित है, जो भागवत तथा दूसरे कई पौराणिक ग्रंथों में भी मिलती है। स्थान हस्तिनापुर है, काल मिथकीय। ययाति एक राजा का पुत्र है। जब वह छोटा था तभी उसकी माँ ने उससे वचन लिया था कि वह कभी गृह-त्याग नहीं करेगा। इस विचित्र अनुरोध का कारण यह था कि उसका बड़ा भाई यति (यति का अर्थ तपस्वी या संन्यासी है) घर छोड़ चुका था। उसे पता चलता है कि एक बार एक ऋषि का अपमान करने के कारण उसके पिता को शाप मिला था कि उसकी संतानें कभी सुखी नहीं रहेंगी। दुःखी जीवन की संभावना के कारण किशोरावस्था में ही यति ने संन्यासी बन जाने का निर्णय ले लिया था। यह सब ययाति के जन्म से पहले हुआ था। ययाति ने अपनी माँ को वचन दिया था कि वह संन्यासी नहीं बल्कि एक विजयी योद्धा बनेगा। बालक में रूमानी रुझान था और वह कवि बन सकता था, लेकिन उसने अपने राजसी कर्तव्य तथा योद्धा के चयन को निभाने का प्रयत्न किया। अग्रजों से सांसारिक वैभव तथा जीवन की महत्ता से संबंधित जो शिक्षा मिलती है वह उसके प्रयत्न में सहायक सिद्ध होती है।

वीर और गुण-संपन्न युवा ययाति राजकुमार होने की सभी कलाओं में निष्णात है। वह अपने पिता को इसके लिए राजी करता है कि वे विश्वविजय हेतु अश्वमेध यज्ञ करें। वह सारे देश में घोड़े की रक्षा के लिए उसके साथ घूमता है। इस भ्रमण के दौरान वन में उसकी भेंट एक तपस्वी से होती है जो हठयोगी है। तपस्वी ययाति से कहता है कि राजपुत्र कुपात्र होते हैं, क्योंकि वे आत्मक्षयी भोग-विलास में लगे रहते हैं। यह योगी यति है।

ययाति यति से पूछता है कि उसका लक्ष्य क्या है? किसलिए वह हठयोग की कठिन साधना कर रहा है? कंद-मूल का सेवन करता तथा काँटों पर सोता है। यति कहता है कि देह मानव की सबसे बड़ी शत्रु है। जो दैहिक सुख के पीछे भागता है उसे आध्यात्मिक आनंद कभी प्राप्त नहीं होगा। लेकिन शरीर तथा इंद्रियों पर विजय पाना अपने शत्रु पर विजय पाने से ज्यादा कठिन है। इस प्रकार तपस्वी तथा राजसी चयन के मूल्य स्पष्ट हो जाते हैं।

ययाति की अगली मुलाकात अपने ही जैसे गुणी युवक कच से होती है। कच देवताओं के गुरु बृहस्पति का पुत्र है। कच ययाति को यति से भिन्न सिद्धांत

सिखाता है। शारीरिक आवेग प्राकृतिक है, तथा जब तक शरीर को आत्मा के शासन में रखा जाय यह किसी प्रकार अनैतिक नहीं। प्रकृति को नकारना नहीं, बल्कि उसका रूप बदलना चाहिए। कच कहता है कि सुरुषार्थ्ज्ञ के लक्ष्यों से तार्किक सांसारिक उद्यम (अर्थ), सौंदर्य तथा ऐंद्रिक सुख (काम) को बहिष्कृत न करके उन्हें धर्म के अंतर्गत रखना आवश्यक है। नैतिक व्यवहार के अंतर्गत सांसारिक प्रयत्न न केवल उत्तम बल्कि नैतिक भी हैं। राजा या साधारण गृहस्थ का धर्म किसी भाँति संन्यास से निम्न नहीं। लेकिन समाज में व्यक्ति का कोई भी स्थान हो, मानवीय जीवन का चरम लक्ष्य देह तथा ऐंद्रिक सुख से ऊपर उठकर आध्यात्मिक पूर्ति तथा आनंद होना चाहिए।

लेकिन, ययाति राजपुत्र है तथा शीघ्र ही वह शारीरिक सुखों का रस ग्रहण करना सीख जाता है। मदिरा तथा मैथुन उसका जीवन बन जाते हैं। फिर अपने पिता की मृत्यु के पश्चात वह हस्तिनापुर का राजा बन जाता है। इसी बीच कच दानवों के गुरु शुक्राचार्य का शिष्य बन गया है। उसमें कई सद्गुण हैं : ज्ञान, विवेक, आत्मविश्वास, नम्रता, कोमल स्वभाव तथा सबसे महत्त्वपूर्ण, दूसरों के लिए स्नेह तथा वैराग्य।

शुक्राचार्य की पुत्री देवयानी कच से प्रेम करने लगती है। वह भी उसकी ओर आकर्षित है, लेकिन वह उसकी उपेक्षा करता है क्योंकि उसका लक्ष्य अध्यात्म है। उसे दानवों के राजा की पुत्री शर्मिष्ठा का भी स्नेह तथा आदर प्राप्त होता है। वह उसे अपने लक्ष्य के बारे में बताता है। वह उसे देवयानी के प्रति अपने प्रेम के बारे में बताता है, लेकिन कहता है कि सचमुच उन्नत करने वाला प्रेम वही है जो व्यक्ति को अपने-आप से परे ले जाए। नैतिक दायित्व का पालन सबसे महान सद्गुण है। इस प्रकार प्रेम को कर्तव्य का विरोध नहीं करना चाहिए, बल्कि उसमें समाहित हो जाना चाहिए।

बाद में देवयानी संयोग से ययाति से मिलती है और उसके समक्ष विवाह का प्रस्ताव रखती है। थोड़ी हिचकिचाहट के पश्चात ययाति तैयार हो जाता है। एक शाप के कारण देवयानी की मित्र शर्मिष्ठा को उसकी सेविका बनना पड़ता है। पति-पत्नी का दांपत्य जीवन तनाव से आरम्भ होता है, क्योंकि ब्राह्मण पत्नी तथा क्षत्रिय पति की जीवन-शैली भिन्न है। फिर भी ययाति को अपनी पत्नी के साथ शारीरिक संबंध में इतना सुख मिलता है कि उसे त्यागने का विचार भी उसके

लिए असहनीय है। लेकिन परस्पर समझ तथा प्रेम की उसकी अभिलाषा अधूरी रहती है। ययाति और देवयानी का बंधन केवल दो शरीरों का मिलन है, दो आत्माओं का नहीं।

एक यज्ञ संपन्न कराने के लिए देवयानी कच को अपने पति के दरबार में बुलाती है। वह अभी भी उससे प्रेम करती है और विवाह न करने के लिए क्षमा भी नहीं कर सकी है। कच यति के साथ आता है जो इतना विचित्र व्यवहार करता है कि लोग उसे विक्षिप्त समझते हैं। उदाहरणार्थ, वह शर्मिष्ठा को दान में माँगता है ताकि वह उसे 'पुरुष' में बदल सके। बाद में कुछ लोग दावा करते हैं कि उन्होंने उसे बाढ़ आई नदी पर रात्रि में चल कर शहर के बाहर जाते देखा है। स्पष्ट है कि यति ने हठयोग से दैवी शक्तियाँ प्राप्त कर ली हैं। लेकिन वह मानवीय प्रकृति से अभी भी अनभिज्ञ है। स्त्री का अस्तित्व ही उसके लिए संकट है।

कच यति के विचित्र व्यवहार का कारण बताता है। दुर्भाग्यवश यति की जीवन-दृष्टि त्रुटिपूर्ण है, क्योंकि वह एकांगी है। ईश्वर-प्राप्ति का प्रयत्न करने के प्रारंभिक निर्णय ने उसके अंदर के मानव को मार डाला है। मानव जीवन द्वंद्व पर आधारित है (ये एक-दूसरे को शक्ति भी दे सकते हैं तथा नष्ट भी कर सकते हैं), और जो इस मूलभूत सिद्धांत को नकारता है उसका अंत सुनिश्चित है। यह सत्य है कि संन्यासी को आध्यात्मिक आनंद की प्राप्ति द्वंद्वात्मकता के परे जा कर ही होती है; फिर भी आरम्भ में व्यक्ति को मानना चाहिए कि द्वंद्वात्मकता के दोनों अंश समान महत्त्व के हैं। समस्या उन्हें अलग करने की नहीं, बल्कि उनके बीच श्रेष्ठतर स्तर पर सही संबंध स्थापित करने की है। आखिरकार, आत्मा शरीर में ही वास करती है, उससे बाहर नहीं। यति की भूल यह है कि वह अपने ही अस्तित्व के एक अंश को नकारता है, वह अंश जो प्रकृति के क्षेत्र में है।

व्यक्ति अपना उच्च स्थान शरीर के अस्तित्व तथा उसकी क्षुधाओं को नकार कर नहीं पाता, बल्कि उनका परिष्कार करके तथा सयंम के मार्ग पर चलकर प्राप्त करता है। परिपक्व या सुसंस्कृत (आर्य पुरुष) वह है जिसने अपने-आप को प्रकृति से दूरस्थ किया है लेकिन उससे संबंध-विच्छेद नहीं किया। इंद्रियों पर हमेशा बुद्धि का नियंत्रण रहना चाहिए। बुद्धि हमेशा उन्हें परिवेष्टित किए रहे। जो शरीर तथा आत्मा में गहरा भेद मानते हैं उनकी जीवन दृष्टि त्रुटिपूर्ण है। प्रकृति तथा संस्कृति के बीच मानव सर्वोत्तम, परिष्कृत कड़ी है। ऐसा नहीं है कि द्वंद्वात्मकता

केवल प्रकृति के हिस्से में है, तथा ब्रह्म और आत्मा उसके परे हैं। इसका अर्थ है कि द्वंद्व मानवीय बुद्धि तथा व्यवहार का गुण है, तथा इस कारण नैतिक विवेक का आधार है। शरीर, मन तथा आत्मा के संतुलन पर आधारित जीवन-दृष्टि ही मानव के योग्य है।

ययाति और देवयानी पर कच के तर्कों का कोई प्रभाव नहीं पड़ता। साथ रहते हुए भी उनके स्वभाव भिन्न बने रहते हैं। ययाति को शर्मिष्ठा से समझ मिलती है और उनके मध्य प्रेम प्रस्फुटित होता है। वे गंधर्व-विवाह कर लेते हैं। देवयानी को उनके संबंध का पता नहीं चलता। दोनों स्त्रियाँ पुत्रों को जन्म देती हैं। देवयानी को उन दोनों के संबंध पर संदेह हो जाता है, और ययाति को इसकी अनुभूति हो जाती है। देवयानी कहीं शर्मिष्ठा और उसके पुत्र की हत्या न करवा दे, इस भय से ययाति उन्हें दूसरे स्थान पर भेज देता है। उसके और देवयानी के मध्य संपूर्ण विच्छेद हो जाता है, क्योंकि देवयानी को सत्य पता लग गया है। वह ययाति को अब अपना शरीर स्पर्श नहीं करने देती। शरीरों के अलग होने से उनके संबंध का एकमात्र आधार समाप्त हो जाता है, और वह एक व्यवस्था बन कर रह जाता है।

इसके पश्चात अठारह वर्षों तक ययाति शारीरिक सुखों को ही अपने जीवन का मूलभूत सिद्धांत बना लेता है। वह सरल सुखवादी सिद्धांत के अनुसार जीता है : मानव जीवन में न पाप है न पुण्य, केवल सुख और दुःख हैं। वह सुखों के पीछे भागता है, पर कभी उसे खुशी नहीं मिलती। मृगया (शिकार), मदिरा तथा सबसे बढ़कर मदिराक्षी (स्त्री) उसकी प्रमुख चिंताएँ बन जाती हैं। वह जितना ही भोग-विलास में लीन होता है, उसकी कामेच्छाएँ उतनी ही बढ़ती जाती हैं।

ययाति यति का प्रतिकूल बन जाता है। वह भी विक्षिप्त हो मानव जीवन में संतुलन के चरम महत्त्व की अनुभूति खो देता है तथा इसलिए अपनी नैतिक अवस्था का आकलन नहीं कर सकता। 'मैं स्वर्ग में हूँ, या नर्क में?' वह अपने-आप से पूछता है। अपनी अवस्था पर विचार करके वह सांसारिक सुख तथा आध्यात्मिक आनंद की भिन्नता पहचानता है। उसे बोध होता है कि बेलगाम सुखों के पीछे भागना गलत था। वह कच के साथ अपनी तुलना करता है। कच भी देवयानी की ओर आकर्षित हुआ था, लेकिन उसने दूसरों के प्रति अपने नैतिक कर्तव्य को अपने सुखों से ऊपर माना।

इसी समय ययाति का जीवन एक शाप के कारण बदल जाता है। देवयानी के पिता शुक्राचार्य की तपस्या टूटती है तो उन्हें पता लगता है कि ययाति ने अपने और अपनी पत्नी के साथ क्या किया है। वे ययाति से इसका कारण पूछते हैं। ययाति कहता है कि ये युवावस्था की भूलें थीं। इस पर शुक्राचार्य उसे शाप देकर वृद्ध बना देते हैं। लेकिन उसके वृद्ध शरीर में युवावस्था की कामनाएँ तथा आशाएँ शेष रह जाती हैं। शुक्राचार्य द्रवित होते हैं, और वचन देते हैं कि यदि कोई सगा-संबंधी अपनी युवा देह देकर उसकी वृद्ध देह लेने को तैयार हो जाए तो ययाति को उसका यौवन वापस मिल सकता है।

शुक्राचार्य के आगमन के समय ही देवयानी का पुत्र यदु वापस आता है। उसे एक युद्ध में शत्रुओं ने बंदी बना लिया था, लेकिन शर्मिष्ठा के पुत्र पुरु ने उन्हें परास्त कर उसे छुड़ा लिया। शहर के बाहर रहने वाला पुरु अपने पिता के बारे में जानता है, और जब यदु को बंदी बनाया गया तो वह वहाँ उसे शत्रुओं से छुड़ाने पहुँच गया। बिना यह जाने कि वह कौन है, यदु उसे दरबार में ले आता है। ययाति यदु से पूछता है कि क्या वह राजसिंहासन के बदले अपना यौवन देगा। यदु इनकार कर देता है पर पुरु अपना यौवन देना स्वीकार कर लेता है। वह बताता है कि वह ययाति और शर्मिष्ठा का पुत्र है। वचन देने और स्वीकार करने के साथ ही ययाति फिर युवा हो जाता है और पुरु उसी क्षण वृद्ध।

अब ययाति को पश्चात्ताप होने लगता है। लेकिन कच की यौगिक शक्तियों से पुरु भी पुरानी अवस्था प्राप्त कर लेता है। कच ययाति को याद दिलाता है कि संस्कृति का पशुओं के जीवन में स्थान नहीं होता, लेकिन वह मानवीय जीवन के लिए अति महत्त्वपूर्ण लगती है। वास्तव में संस्कृति मानव में केवल सतही परिवर्तन ही लाती है। इसलिए व्यक्ति को अपनी इंद्रियों पर हमेशा इच्छाशक्ति का नियंत्रण रखना चाहिए, और केवल इच्छाओं की पूर्ति पर आधारित जीवन की व्यर्थता को समझना चाहिए।[६] इस प्रकार विष्णु खांडेकर कहते हैं कि सांसारिक जीवन का एकमात्र नैतिक आधार आत्म-त्याग ही हो सकता है, स्वार्थ नहीं। यही विरक्ति है। औपचारिक संन्यास से नहीं, बल्कि विरक्ति से ही सभी द्वंद्व दूर होते हैं।

निष्कर्षात्मक अवलोकन

इन तीन नैतिक विमर्शों की व्याख्या में मैंने नैतिक चयन से संबंधित भारतीय दृष्टि पर कुछ अंतःसंबंधित विचार सामने रखने का यत्न किया है। ये सूत्रीकरण व्यक्तिगत मोक्ष संबंधी विचारों से सामाजिक नैतिकता की ओर बढ़ते हैं। यह पश्चिमी समाजशास्त्रीय परंपरा के ठीक विपरीत है। ऐसे चयनों के लिए कसौटी उपलब्ध है (जैसे, दूसरों के हित में त्याग करना), लेकिन व्यक्ति को आदर्श रूप में ऐसा आत्मज्ञान पाने का प्रयत्न करना चाहिए जिससे यह या वह जैसे नैतिक चयन की आवश्यकता ही न पड़े। यह इच्छारहित मोक्ष है। मैक्स वेबर, अल्बर्ट श्वाइट्ज़र तथा अन्य कई पश्चिमी विद्वानों ने इसे नैतिक निष्क्रियता कहा है, पर हिंदुओं को ऐसा नहीं लगता।

नैतिक चयन की यह दृष्टि उपनिषदों में भी मिलती है (देखें राधाकृष्णन १९५३ : १५-१४५ यत्र-तत्र)। यह सबसे अधिक पढ़े जाने वाले ग्रंथ भगवद्गीता में भी लिखी है।[१०] मैं यह नहीं कहना चाहता कि ये उपन्यास अतीन्द्रियतावाद के औपचारिक प्रतिपादन हैं, या वे यह कार्य करने में पूर्णतः सफल हैं। मैं तो बस यह इंगित करना चाहता हूँ कि समकालीन हिंदू बुद्धिजीवियों के खंडित मानस पर प्राचीन रचनाओं का भी गहरा प्रभाव है। यह प्रभाव संस्कृत काव्य तथा नाटकों में भी देखा जा सकता है जिसमें सांसारिक तथा पारलौकिक प्रेम एक हो जाते हैं (हिन्डेरी १९७८ : १५७-७६ यत्र-तत्र)।

इस लेख का प्रयोजन कुछ समकालीन उपन्यासों में नैतिक चयन तथा विशेषकर प्रकृति-संस्कृति विरोध के संदर्भ में भोग या तप के चयन तक सीमित है। यहाँ यह ध्यान देना महत्त्वपूर्ण है कि दोनों ही चयनों में कर्त्ता के संपूर्ण अस्तित्व से उसका सरोकार होना चाहिए। मानव शरीर प्रकृति तथा संस्कृति के बीच पुल का प्रतीक है, लेकिन स्वयं संपूर्ण अस्तित्व नहीं है। शरीर को इन दोनों में किसी एक क्षेत्र तक सीमित कर देना गलत चयन है, और उसका विफल होना अवश्यंभावी है। लेकिन यह पुल कोई सरल वास्तुशिल्पीय संकल्पना भी नहीं है। कामुकता तथा तप के बीच समीप लेकिन जटिल संबंध भारतीय दर्शन में पुरातन काल से ज्ञात है : इसकी विशिष्ट अभिव्यक्ति हिंदू मिथकों में हुई है। शिव और कृष्ण से संबंधित कथाएँ इसके विशेष उदाहरण हैं।[११]

तीनों विमर्श नैतिकता की सरल द्वैतवादी धारणा तथा पाप और पुण्य के विरोध पर आधारित चयन पर सवाल खड़े करते हैं। यह दिखलाया गया है कि पुण्य की लालसा रखने वालों के पास पाप मँडराता है, और पापी कभी-कभी दैवी अनुग्रह के लायक समझे जाते हैं। प्रत्येक उपन्यास चरित्रों तथा कर्मों को नैतिक-अनैतिक की श्रेणियों में विभाजित कर प्रारंभ होता है। लेकिन, आगे चल कर वे प्रतिवर्तित होते हैं और प्रत्येक महत्त्वपूर्ण पात्र विपरीत श्रेणी में पहुँच जाता है। इसका एक महत्त्वपूर्ण अपवाद अतीन्द्रियतावाद का मूर्त रूप कच है। कुमारगिरि तथा बीजगुप्त, प्राणेशाचार्य तथा नरणप्पा और कुछ कम नाटकीय ढंग से यति तथा ययाति के मध्य विरोध प्रारंभ से अंत तक इस प्रतिवर्तन की प्रक्रिया से गुजरते हुए दर्शाया गया है। आध्यात्मिक लक्ष्यों का चयन प्रथम दृष्टि में उत्तम और प्रशंसनीय लग सकता है, लेकिन यह हर अन्वेषक को विपत्ति और दुःख का विशिष्ट अनुभव देता है।

आत्मकेंद्रित, अहंकारी कुमारगिरि का ऐसा पतन होता है कि वह अपनी काम-पिपासा शांत करने के लिए छल की सहायता लेता है। जीवन छिन्न-भिन्न हो जाने के बाद भी बीजगुप्त वास्तविक संन्यासी साबित होता है, क्योंकि वह दूसरों की भलाई चाहने वाला है। इसी प्रकार प्राणेशाचार्य व्यवस्थित जीवन द्वारा पुण्य तथा ईश्वर को पाना चाहता है। गृहस्थ होते हुए भी वह तपस्वी है। लेकिन, अंत में उसे अपने जीवन की व्यर्थता ही पता चलती है। इससे अगर उसे विश्वास नहीं तो संदेह अवश्य हो जाता है कि भोगी-विलासी और सभी नियमों को भंग करने वाले नरणप्पा ने ही ईश्वर को पाया था। यति भी ईश्वर की खोज में निकला था, लेकिन उसे सिर्फ अकेलापन, कांटे और कड़वे फल मिले। अंत में वह विक्षिप्त हो गया। दूसरी ओर ययाति अपने जीवन का उद्देश्य सुखप्राप्ति रखता है और दुःख पाता है। दोनों को विरोधी तत्त्वों के संतुलन और इस या उस चयन के नैतिक घमंड (या मूर्खता) का पाठ सीखना पड़ता है।

परस्पर विपरीत युग्मों का पाश हर किसी का दुर्भाग्य है। कुमारगिरि तथा बीजगुप्त क्रमशः ब्राह्मण और क्षत्रिय हैं। प्राणेशाचार्य तथा नरणप्पा एक ही संप्रदाय के ब्राह्मण है। यति और ययाति का संबंध और भी गहरा है। वे सहोदर भाई हैं। विपद्ग्रस्त व्यक्ति किसी प्रकार विशिष्ट नहीं। सामान्यतः तप

को कामुकता से श्रेष्ठ मानने के नैतिक निर्णय को विवादास्पद बना कर ये विमर्श 'नैतिक अनिश्चय' या 'नैतिक दुविधा' का निर्माण करते हैं। अगर स्वतः स्वीकृत श्रेष्ठ वास्तव में श्रेष्ठ नहीं तो फिर नैतिक चयन कैसे करें? उपन्यासों में इसके तीन समाधान दिए गए हैं।

चित्रलेखा के अनुसार सभी चयन एक तरह के जाल हैं। द्वंद्व माया है और इसलिए व्यक्ति को अपनी चेतना की ऐसी अवस्था प्राप्त करने का यत्न करना चाहिए जहाँ दृष्टि का ऐसा विकास हो कि हम चयन करने के क्षेत्र से परे जा सकें। सांसारिक जीवन में मानव ऐसी परिस्थितियों में होता है जो उससे कहीं अधिक शक्तिशाली होती हैं। इस आभास को निष्क्रियता या नकारवाद को जन्म नहीं देना चाहिए। विवेकी लोग यह या वह के नैतिक चयनों से पुण्य प्राप्ति का यत्न नहीं करते। वे इनसे परे जाने का, ऊपर उठने का प्रयत्न करते हैं और यह संश्लेषण के समतुल्य नहीं है। नैतिकता कोई बाहरी स्थिति या मानवीय व्यवहार का गुण नहीं है। यह आंतरिक विवेक, एक नैतिक अवस्था है जिससे हमारे सभी कर्म बिना प्रयास के निर्धारित होने चाहिए।[१२]

दूसरा समाधान *संस्कार* का है। इसे शायद असमाधान कहना अधिक उचित होगा। जो व्यक्ति अपनी शारीरिक क्षुधाओं के लिए जीता है वह उतना ही हवा में उड़ते तिनके के समान है जितना यांत्रिक पद्धति से सीखे नियमों पर चलता व्यक्ति। दोनों इस तथ्य को नकारते हैं कि मानव जीवन का सत्व उसकी संभावनाएँ हैं। इसलिए जिस प्रकार का जीवन व्यक्ति जीता है वह उसकी नैतिक उच्चता के लिए उतना महत्त्वपूर्ण नहीं जितना उसकी उद्देश्य चेतना तथा कार्यविधि। जैसा युंग कहते हैं, व्यक्तिगत सत्य की राह वासनाओं के अग्निकुंड से होकर गुजर सकती है। इसी कारण नरणप्पा को संभवतः ईश्वर कृपा प्राप्त हुई, और प्राणेशाचार्य को नहीं।

संस्कार मानव के संपूर्णतः चेतन या स्वतंत्र नैतिक कर्त्ता (सुकरात जैसा) होने का आदर्श उपस्थित करता है; लेकिन इस आदर्श का मूर्तिकरण कठिन है क्योंकि सभी सामाजिक चयन व्यक्ति स्वयं दूसरों की स्वतंत्रता को आघात पहुँचा कर ही कर सकता है। इसलिए नैतिक चयन नैतिक दुविधाएँ उत्पन्न करते हैं, जिनका कोई आसान समाधान नहीं होता। कदाचित प्राचीन ऋषियों जैसे विलक्षण प्रतिभा वाले लोग द्वंद्व से, सांस्कृतिक निर्धारण तथा स्वतंत्र

इच्छाशक्ति के मध्य विरोध से, परे जा सके थे। उन्हें हम नैतिक महामानव कह सकते हैं। लेकिन साधारण लोग क्या करें? प्राणेशाचार्य की तरह वे केवल प्रतीक्षा कर सकते हैं, चिंताकुल तथा आशावान।

इस बहस में *ययाति* तीसरा समाधान प्रस्तुत करता है। यह आदर्शवादी तर्क से प्रारंभ होता है जिसके अनुसार नैतिकता व्यक्ति की सामाजिक भूमिका तथा उसके कर्तव्यों से निर्धारित होती है। यह *चित्रलेखा* में 'परिस्थितियों' से संबंधित धारणा की तरह है। इस तर्क के अनुसार नैतिक चयन समाज द्वारा निर्धारित और इसलिए ज्ञात है। वे वर्ण, आश्रम, स्थान तथा काल के उपयुक्त धर्म के अंग हैं। उदाहरणस्वरूप गृहस्थ को पुरुषार्थ की नैतिकता के अनुसार जीना चाहिए जो तीन मूल्यों (त्रिवर्ग) धर्म, अर्थ तथा काम में निहित है। सांसारिक व्यक्ति के लिए सही चयन वह है जिसमें इन तीनों मूल्यों का श्रेणीबद्ध सामंजस्य हो।[१३] धर्म का शेष दोनों पर प्रभाव रहना चाहिए। तीनों उपन्यासों में कोई भी गृहस्थ-जीवन के बारे में नहीं है (प्राणेशाचार्य अपनी निःसंतान पत्नी की अपंगता और अपने जीवन-दर्शन के कारण गृहस्थ होते हुए भी नहीं है, लेकिन, उनमें विमर्श के केंद्र में नैतिक अवस्था के रूप में गार्हस्थ्य निहित है। गृहस्थ में तप तथा काम के आदर्शों का संगम होता है, और वह तपस्वी तथा विलासी के बीच संबंध स्थापित करता है। इसी में उसका सांस्कृतिक महत्त्व है।)

यहाँ यह टिप्पणी करना आवश्यक है कि विरोधी तत्त्वों के सामंजस्य का यह समाधान अरस्तू के 'स्वर्णिम मध्यमान' से भिन्न है। यह एक सरल संश्लेषण पर पहुँचने का प्रयत्न भी नहीं। इसे नव-फ्रायडवादियों के मावन शरीर की गरिमा लौटाने की (ब्राउन १९५९), प्रेम तथा बुद्धि को मिलाने की (बेटेलहाइम १९६१) स्वतंत्रता, व्यक्तित्व की स्वाग्रहिता और सामाजिक कल्याण के लिए काम करने की (एरियेटी १९७२) योजनाओं का भी पर्याय नहीं समझना चाहिए। उसी प्रकार इसे प्रकृति (जिसमें मानव शरीर भी है) की सांस्कृतिक रचना को महत्त्व देने के समकालीन मानवशास्त्रीय प्रयत्न से भी पृथक देखने की आवश्यकता है (देखें, उदाहरणार्थ, श्नाइडर १९६८)। प्रकृति-संस्कृति द्वंद्व के ये समाधान महत्त्वपूर्ण हैं लेकिन वे पाश्चात्य दार्शनिक परंपरा में ही अर्थपूर्ण हैं। ययाति में दिए विरोधी तत्त्वों के सामंजस्य का संबंध दूसरे समाधान यानी

अतींद्रियता से है जो संन्यासी के लिए उचित मानी गई है। वे सामंजस्य अतींद्रियता या लोकोत्तरता की राह में एक कदम है। यह बात ध्यान में रखना जरूरी है।

अंतर्ज्ञान एक जटिल विचार है, और मुझे लगता है कि इसे समझने में कई लोग विफल रहे हैं। *ययाति* में मिले संकेतों का अनुसरण करें तो यह कहा जा सकता है कि इसका अर्थ अस्तित्व के स्तर को ऊपर उठाना है जिससे यह विरोधी तत्त्वों के द्वंद्व से स्वतंत्र हो जाए। यह संस्कृति का वह प्राचीन लक्ष्य (विषय नहीं) है जो परिपक्व, परिष्कृत व्यक्ति के अस्तित्व में आने से पूरा होता है। परिष्कार की इस प्रक्रिया में कुछ भी बहिष्कृत नहीं किया जाता : सब कुछ साथ लेकर, उन्हें सुधार कर, विकसित कर एक संपूर्ण अनुभव की रचना होती है। इस अनुभव में कामुकता तप से न ज्यादा अस्तित्व रखती है, न कम। लक्ष्य उन्हें जोड़ना, उनके बीच तारतम्यता स्थापित करना है। जिस प्रकार व्यापारी के तराजू का सत्य उसकी डंडी के सीधे होने में है, न क़ि पलड़ों या उनके बाँटो और सामान में, उसी प्रकार केवल यह संबंध ही वास्तविक है।

अंतर्ज्ञान व्यक्ति को वह पूर्ण दृष्टि प्रदान करता है जो सब कुछ को मूल्यों की रूपरेखा में आपसी संबंधों के साथ देखती है। इस प्रकार यह व्यक्ति को चयन की आवश्यकता से मुक्त कर देता है। *ययाति* में वर्णित गृहस्थ और संन्यासी का द्वंद्व आश्रम धर्म में अपना समाधान पाता है जिसके अनुसार हर गृहस्थ से यह आशा की जाती है कि उचित समय आने पर वह संन्यासी बन जाएगा। इसी अर्थ में डुमो के संगत शब्दों में संन्यास 'भारत में एक प्रकार की सर्वग्राह्य भाषा है' (१९७० : ५२)। इस प्रकार *ययाति* नैतिक क्षेत्र में अंतर्ज्ञान को सबसे महत्त्वपूर्ण मूल्य दर्शाता है जो *चित्रलेखा* के नैतिक सापेक्षतावाद का भी निदान है और चयन करने की आवश्यकता होने पर अस्तित्ववादी की व्याकुलता और कंपन का भी, जिसका *संस्कार* में इतना मर्मस्पर्शी वर्णन हुआ है।[१४]

यहाँ प्रस्तुत तीनों विमर्श कई तरह के द्वैत, परस्पर विरोधी संप्रत्यय उपस्थित करते हैं जो प्रकृति तथा संस्कृति के मूल द्वंद्व के रूपांतरण प्रतीत होते हैं। जैसे, शारीरिक-मानसिक अवस्थाओं की संकल्पनाएँ (देह-आत्मा, युवा-वृद्ध,

स्त्री-पुरुष, विक्षिप्तता-मूर्खता-विवेक, सुख-आनंद, सुख-दुःख), सामाजिक वर्गों या व्यक्तियों के प्रकार (गृहस्थ-राजा-संन्यासी, वेश्या-पत्नी, भोगी-योगी), मानव व्यवहार (कामुकता-तपस्या, सांसारिक लक्ष्यों के लिए प्रयत्न–संन्यासी, अनुभव के द्वारा ज्ञान पाने का प्रयत्न–अंतःप्रज्ञा से ज्ञान पाने का यत्न), तथा नैतिक मूल्य (पाप-पुण्य, नीति-धर्म, जीवन अभिपुष्टि-जीवन वंचन)। शारीरिक-मानसिक अवस्थाओं, सामाजिक भूमिकाओं तथा व्यवहार के बीच संबंध स्थापित करना कठिन नहीं, लेकिन इन सबके और नैतिक मूल्य युग्मों के बीच संबंध निकालना कठिन कार्य है। चित्रलेखा या चंद्री जैसी सामाजिक मर्यादाओं के बाहर जीने वाली स्त्री कुमारगिरि और प्राणेशाचार्य जैसे तपस्वियों को वापस प्रकृति के क्षेत्र में लाती हैं। ऐसी स्त्रियों को पतित समझा जाता है, लेकिन उपन्यास की कथा के अनुसार क्या ऐसा सचमुच है? ययाति संन्यासी नहीं बल्कि राजा है : उसके आध्यात्मिक विकास में भी उसकी पत्नी नहीं बल्कि 'दूसरी स्त्री' शर्मिष्ठा महत्त्वपूर्ण भूमिका निभाती है। इस प्रकार देखने पर यह विमर्श फिर लोकोत्तरता का महत्त्व इंगित करता है जिससे संस्कृति और प्रकृति को एकत्व में देखा जा सके।[१५]

इस चर्चा से यह निष्कर्ष निकलता है कि दक्षिण एशियाई समाजों में नैतिक चयनों का मानवशास्त्रीय अध्ययन अगर स्थानीय विचार-श्रेणियों में किया जाए तो बेहतर होगा। ये विचार-श्रेणियाँ मानवशास्त्री को बने-बनाए उत्तर नहीं देतीं; लेकिन उसके बिना उसके उत्तर शायद महत्त्वहीन होंगे। इस दृष्टि से देखने पर लोगों के दृष्टिगोचर व्यवहार से ऐसी सूक्ष्म बातें पता चलेंगी जो नैतिक चयन के यूरोप-केन्द्रित दृष्टिकोण से नजरअंदाज कर दी जाती हैं। तुलनात्मक दर्शनशास्त्र के कुछ अध्येताओं ने पाया है कि हिंदुओं की सबसे अधिक रुचि स्वतंत्रता में है, न कि नैतिक चयन में, जोकि एक कैद है (पॉटर १९६३ : १-२४ यत्र-तत्र)।[१६] हम पाश्चात्य दार्शनिक परंपरा को बाहरी होने के कारण नकारने और भारतीय परंपरा को अपना होने के कारण अपना लेने की बात बिल्कुल नहीं करना चाहते। यह लेख मानवशास्त्रीय ज्ञान की द्वंद्वात्मक प्रकृति को पुनः पुष्ट करता है।

संदर्भ और टिप्पणियाँ

१. गुण की धारणा पर एक प्रसिद्ध विवेचन के लिए देखें ऑरबिंदो, १६५०.

२. इस तर्क के लिए मैं कांति शाह का आभारी हूँ।

३. दूसरी संस्कृति से उदाहरण लें, तो जापानी साहित्यिक परंपरा में *कोजिकी* और *निहोंगी* का मिथक इसी बात की पुष्टि करता लगता है : नैतिकता एक व्यक्ति के लिए दूसरे के मन में संपूर्ण सद्‌भाव में निहित है। यह मानवीय "अधिकार" नहीं, वरन्‌ मानवीय संपूर्णता देती और पाती है। वास्तविक अर्थों में नैतिकता प्रेम के रूपों से निकलती है (पेलज़ेल १६७४ : २३)।

४. संभव है कौटिल्य के दृष्टिकोण की उपन्यासकार द्वारा व्याख्या अर्थशास्त्र के व्याख्याता विद्वान स्वीकार न करें लेकिन मेरे कार्य के लिहाज से यह बात महत्त्वपूर्ण नहीं है।

५. हिरियाण (१६४६ : ४७) प्रदत्त उपनिषदिक दृष्टिकोण यह है : 'स्वतंत्रता को असीमित स्वच्छंदता नहीं, बल्कि आत्मनिर्धारित समझना चाहिए'। यह मैथ्यू आर्नोल्ड की सलाह 'विधि के तहत आत्मशासित' के समान है।

६. हालाँकि मैंने *चित्रलेखा* और *ययाति* के उद्धरण देने से परहेज किया है, पर *संस्कार* के उद्धरण दिए हैं। इसका कारण केवल यह नहीं है कि रामानुजमन के अनुवाद और मेरे लेखन की भाषा अंग्रेजी है। इसका ज्यादा अहम कारण यह है कि संस्कार का सबसे महत्त्वपूर्ण हिस्सा घटनाओं और चरित्रों का वर्णन न हो कर प्राणेशाचार्य का स्वयं से किया गया संवाद है। मुझे लगा कि संवादों की मूल अभिव्यक्ति कायम रखी जाए। आखिरकार इस कृति का अनुवादक अंग्रेजी और कन्नड़, दोनों भाषाओं में प्रवीण था।

७. रॉन इंडेन और कांति शाह ने उन्नीसवीं शताब्दी के यूरोपीय रोमानीवाद में समान धारणा की ओर मेरा ध्यान आकर्षित किया है।

८. मैंने ऐसी कई घटनाओं का जिक्र नहीं किया जो दुर्वासापुर छोड़ने के बाद प्राणेशाचार्य के साथ हुईं। उपन्यास में वर्णित उसकी विचार प्रक्रिया मुझे इस लेख के लिए अधिक महत्त्वपूर्ण लगी। लेकिन यह कहा जा सकता है कि ये घटनाएँ एक ओर प्राणेशाचार्य के संस्कृति से दमित होने और पराएपन की भावना को मजबूत बनाती हैं, तो दूसरी ओर अपने-आप में सिमटने और समाज से कट जाने की असंभवता भी दर्शाती हैं।

६. ययाति की कथा के कई ऐसे आयाम हैं (उदाहरणार्थ देखें ओ'फ्लेहर्टी १६७६ : २३७-४३) जिनसे यहाँ हमें मतलब नहीं है। महाभारत के एक लोकप्रिय संस्करण के अनुसार ययाति को कोई पश्चात्ताप नहीं होता, और वह कई वर्ष सांसारिक सुखों का भोग करता है। बाद में वह धन के देवता कुबेर के बाग में जाता है और एक अप्सरा के साथ रहता है। अंततः उसका विवेक जागता है और वह वापस आकर अपने पुत्र से कहता है : 'प्रिय पुत्र, जिस प्रकार अग्नि में घृत डालने से वह बुझती नहीं, उसी प्रकार ऐंद्रिक

इच्छाओं का शमन भोग-विलास से नहीं होता। मैंने यह पढ़ा और सुना था, लेकिन इसकी सत्यता अब जान पाया हूँ। धन-धान्य, पशु, स्त्री, इत्यादि इच्छित वस्तुओं में कोई भी वासना को संतुष्ट नहीं कर सकती। हम शांति केवल रुचि, अरुचि के परे मानसिक संतुलन से ही पा सकते हैं। यही ब्रह्मावस्था है। अपना यौवन वापस ले लो और बुद्धिमत्तापूर्वक राज करो' (राजगोपालाचारी १९६८ : ३८)।

१०. 'शरीर तथा आत्मा का द्वंद्व संपूर्ण नहीं है। बिना शरीर को अत्यधिक कष्ट दिए हम आत्मा की स्वतंत्रता पा सकते हैं...' (राधाकृष्णन १९४० : ९८)। पुनः -- 'हमें मानवीय जीवन की प्राकृतिक संवेदनाओं को कुचलने के लिए नहीं कहा गया है...। तप का लक्ष्य सारे व्यक्तित्व को पवित्र करना है' (वही : ९९)।

११. शिव से संबंधित मिथकों के तप तथा काम संबंधी पक्षों को समाविष्ट करते हुए ओ'फ्लेहर्टी (१९७५ : ३१५) लिखती हैं : 'प्राचीन भारतीय फाउस्ट द्वारा मानव जीवन की संपूर्ण संभावनाओं को जीने की लालसा के सिद्धांत से भली-भाँति परिचित थे। बुद्ध ने इस तृष्णा को सभी दुःखों का कारण बताया था, लेकिन हिंदुओं ने इसे इतनी आसानी से नहीं नकारा। उन्होंने हर पक्ष का थोड़ा-थोड़ा स्वाद लेने और एक पक्ष का गहनतम अनुभव ग्रहण करने के बीच तनाव को पहचाना। इस प्रकार हर कर्म एक चयन, तथा हर चयन क्षति है।' लेखिका का विरोधी तत्त्वों के बीच चयन की पश्चिमी प्रवृत्ति को हिंदुओं के विरोधी तत्त्वों के साथ रहने की तत्परता के विरुद्ध खड़ा करने का प्रयत्न मुझे गौर करने लायक लगता है। मुझे लगता है कि वह स्तरों की समस्या और हिंदुओं के लिए अनुभवातीतत्व (जो संश्लेषण नहीं है) के महत्त्व को कम आँकती हैं। इसका कारण यह नहीं है कि वे मिथकों का अध्ययन करती हैं न कि दर्शन का, क्योंकि भारतीय चिंतन में ये दोनों एक-दूसरे से पृथक् नहीं हैं।

१२. हो सकता है अन्य सांस्कृतिक परंपराओं में यह मानसिक अवस्था दुर्भाग्यपूर्ण मानी जाए। उदाहरणस्वरूप : 'विचार प्रक्रिया की एक खास तरह की विकृति है जो हमेशा एक ऐसी मानसिक अवस्था की खोज में रहती (और पाती भी) है जिससे हमारे सभी तथ्य निकलते हैं मानो वह तथ्यों का भंडार हो' (विट्गेन्सटाइन १९६४ : १४३)।

१३. 'तीन "मानवीय लक्ष्य" हैं -- धर्म, अर्थ और काम। तीनों (आवश्यक और) नियमानुसार हैं लेकिन वे इस प्रकार श्रेणीबद्ध हैं कि निम्नतर आदर्श उसी सीमा तक अनुसरणीय है जब तक वह श्रेष्ठतर आदर्शों को हानि न पहुँचाए : धर्म... अर्थ से अधिक महत्त्वपूर्ण है... और अर्थ काम से...' (डुमो १९६० : ४१)। पाद टिप्पणी १२, अध्याय १ भी देखें।

१४. यह आश्चर्यजनक है कि कार्ल युंग (१९७७ : ३०६) निर्द्वंद्वता की स्थिति को नैतिक श्रेष्ठता की स्थिति नहीं मानते। यह विचार अंतःसांस्कृतिक संवाद की समस्याओं को रेखांकित करता है।

१५. अनुवादक की टिप्पणी में रामानुजमन कहते हैं कि '*संस्कार* अपने नाम को सार्थक

करता है'। वे उपन्यास के संदर्भ में इसका अर्थ मृतक के लिए दिए जाने वाले कर्मकांड के संदर्भ में निकालते हैं। लेकिन रामानुजमन के अनुसार *संस्कार* का अर्थ अच्छी रचना करना और श्रेष्ठ बनाना भी होता है। *संस्कार* संस्कृति के करीब और प्रकृति के विपरीत है। यह परिपक्व होने और नैतिक श्रेष्ठता का प्रतिनिधित्व करता है। अनन्तमूर्ति पर पाश्चात्य साहित्य और दर्शन के प्रभाव के कारण कुछ लोग शंका कर सकते हैं कि शायद उनकी कृति *चित्रलेखा* और *ययाति* की कोटि में नहीं है। मुझे इससे कोई दिक्कत नहीं है। एक तो उनका उपन्यास एक आधुनिक हिंदू बुद्धिजीवी की रचना है और दूसरे, अस्तित्ववादी व्यथा का अनुभव भारतीय विचारकों के लिए अनजाना नहीं है।

१६. जे. कृष्णमूर्ति द्वारा प्रवर्तित नैतिक चयन संबंधी धारणा के लिए भूमिका देखें।

४

प्रेयस और श्रेयस

जो 'श्रेयस' को ग्रहण करता है उसका भला होता है, लेकिन जो 'प्रेयस' को चुनता है वह अपना लक्ष्य पाने में विफल होता है।

—कठोपनिषद्

जिस प्रकार तुम किसी सुंदर वस्तु को बदलना नहीं चाहोगे... उसी प्रकार दुःख के रास्ते में बाधाएँ मत खड़ी करो। उसे पकने दो, क्योंकि इसके पुष्पित होने से ज्ञान मिलता है।

—जदु कृष्णमूर्ति

कश्मीरी पंडितों का अध्ययन करते हुए मैंने देखा है कि दुःख की समस्या में उनकी गहरी रुचि है। दुःख का एक शारीरिक पक्ष भी है, लेकिन वे इसके मानसिक और भावनात्मक आयामों पर अधिक बल देते हैं। पंडित दुःख को मानव जाति की सामान्य अवस्था मानते हैं। उनके बीच प्रचलित भाषा में दुःख के प्रकारों का उल्लेख मिलता है। वे इसके विस्तृत प्राबल्य पर अफसोस प्रकट करते हैं, और विशेष घटनाओं पर उन्हें आश्चर्य होता है। लेकिन उन्हें सामान्य रूप से दुःख अबूझ नहीं लगता, क्योंकि वे कर्म-फल की धारणा में विश्वास करते हैं : चाहे दुःख कितना ही गहरा क्यों न हो, व्यक्ति को वही मिला है जिसका वह पात्र है। पंडितों के बीच बहुत सहानुभूति के साथ दी जाने वाली यह सलाह भी प्रचलित है कि दुःख के समय आत्मसमर्पण का भाव रखो, भविष्य को धार्मिक कर्म तथा विचारों से सुधारो और शेष ईश्वर की कृपा पर छोड़ दो।

पंडित भी अन्य लोगों की तरह दुःख पर विचार करते हैं और उसके कारण तलाशते हैं। ये कारण अनेक हैं और अस्तित्व के भिन्न स्तरों से संबंध रखते हैं। सामान्यतः दुःख को दुष्कर्मों का परिणाम माना जाता है, जो चारित्रिक दोष

से उत्पन्न होते हैं। लेकिन अंततः दुष्कर्मों का मूल मोह, माया और अहंकार माने जाते हैं। इसलिए पीड़ित व्यक्ति को वस्तुओं और घटनाओं का सच्चा ज्ञान प्राप्त करने के लिए प्रेरित किया जाता है और उसके अच्छा बनने की संभावना पर बल दिया जाता है। पंडित मानते हैं कि ईश्वर का वास व्यक्ति में है। नैतिक शिखर पर पहुँचा व्यक्ति जानता है कि वह ईश्वर है। लेकिन हर किसी को यह श्रेष्ठता नहीं मिलती। इसके लिए निरंतर आत्मपरिष्कार की आवश्यकता होती है और अंततः यह दैवी अनुग्रह से ही प्राप्त हो सकता है।

इसलिए, पंडित संस्कृति के नैतिक नियमों के अनुसार चयन करना कोई अनियत चुनौती नहीं, बल्कि निरंतर चलने वाली प्रक्रिया है। सही चयन करने में इच्छित (प्रेयस) तथा उत्तम (श्रेयस) के बीच उपनिषदों द्वारा दिखलाया अंतर सहायक होता है। पंडितों के अनुसार काम तथा अर्थ के लिए प्रयास उचित है, लेकिन उसी सीमा तक जहां तक कि उससे धर्म का उल्लंघन न हो। यानी, प्रेयस तथा श्रेयस को एक-दूसरे का विरोधी न मान कर उन्हें एक व्यापक नैतिक संवेदना का अंश बनाना चाहिए। प्रेयस को श्रेयस के अधीन होना चाहिए और श्रेयस का क्रियान्वयन सांसारिक लक्ष्यों की पुष्टि से भी हो सकता है। उसे नकारना आवश्यक नहीं। गृहस्थ संबंधी पंडित विचारधारा ऐसे ही सद्जीवन की अभिव्यक्ति है।[१]

नैतिक अनुशासन या प्रयत्न के शिखर पर लोकोत्तरता की अवस्था में 'अविद्या' का अंत एक ब्राह्मणवादी आदर्श है। जो मानवीय श्रेष्ठता के इस स्तर को प्राप्त कर लेता है, उसे नैतिक दुविधा की व्याकुलता नहीं झेलनी पड़ती; वह चयन करने की विवशता से मुक्त हो जाता है। ऐसे आत्म-चेतन व्यक्ति के लिए लक्ष्य होता है अच्छा होने का आनंद प्राप्त करना, अच्छा बनने की कोशिश करना नहीं। प्रसिद्ध दार्शनिक जे. कृष्णमूर्ति के शब्दों में ऐसा व्यक्ति 'चयनहीन चेतनावस्था' में जीता है।[२]

लेकिन, पंडित पूछते हैं कि कितने लोग ऐसी श्रेष्ठता (सिद्धि) प्राप्त करने की आशा कर सकते हैं? वे अधिकतर लोगों के जीवन को नैतिक दोष की कथा मानते हैं; किसी में अधिक, किसी में कम। लेकिन जिनमें नैतिक गुणों की कमी हो, वे भी आशाहीन नहीं छोड़े जाते। 'कोई भी हमेशा के लिए गलत राह पर नहीं रहता' : यह कहावत मानवीय अस्तित्व के मूल सत्यों में गिनी जाती है। व्यक्ति अपने नैतिक जीवन को फिर सही राह पर लाने का यत्न कर सकता है और उसे

करना भी चाहिए, लेकिन प्रायश्चित्त का तरीका हर व्यक्ति के लिए भिन्न होता है। सांस्कृतिक निर्देश नैतिक कर्त्ता को पूर्णतः नहीं बाँधता और न ही व्यक्ति की परिस्थितियों के प्रति प्रतिक्रिया में पूर्ण स्वतंत्रता या मौलिकता हो सकती है। प्रायश्चित के विभिन्न तरीके हमें संस्कृति में उपलब्ध नैतिक अंतराल के बारे में ज्यादा बताते हैं और व्यक्तिगत सनकों के बारे में कम।

जाहिर है कि दुष्कार्य सामाजिक शून्य में नहीं होता : पति-पत्नी और अभिभावक-संतान जैसे घनिष्ठ संबंध उसके प्रमुख स्थल हैं। वास्तव में इन्ही संबंधों के संदर्भ में चयन करने की वेदना सबसे अधिक तीक्ष्णता से उभर कर आती है। इन्हीं संबंधों को पंडित नैतिक निर्देशों से नियंत्रित मानते हैं, जिनमें मानवीय चयन की भूमिका कम होती है। इसके अतिरिक्त दुष्कर्मों के विभिन्न स्तर माने गए हैं, जो साधारण अपराध या दोष से लेकर नैतिक रूप से धिक्कार्य पाप तक संभव हैं। इसलिए नैतिक संतुलन प्राप्त करने के लिए किया जाने वाला प्रायश्चित्त भी दुष्कार्य की श्रेणी पर निर्भर करता है।

जो बात पंडितों के समुदाय में प्रचलित है, वह दूसरे ब्राह्मण समुदायों के लिए भी काफी हद तक सच है। इस अध्याय में इन विचारों को मैं एक दक्षिण भारतीय ब्राह्मण समुदाय पर एक समकालीन तमिल उपन्यास द्वारा प्रदत्त अंतर्दृष्टि के आधार पर विकसित करूँगा। मैं पहले ही कह देना चाहता हूँ कि कुछ मामूली बातों के अलावा इस उपन्यास में ऐसा कुछ भी नहीं, कोई घटना या नैतिक निर्णय, जो पंडितों के संभावना क्षेत्र से बाहर हो। मैंने किसी मानवशात्रीय ग्रंथ की बजाय टी. जानकीरमन की रचना *अम्मा वन्तल*[3] (अंग्रेजी में अनुवाद का शीर्षक *दि सिन्स आफ अप्पूज़ मदर* है) को चुना है, क्योंकि यह कुछ ऐसे नैतिक विषयों को उठाता है जिसका अध्ययन भारतीय समाजशास्त्रियों और मानवशास्त्रियों ने नहीं किया है। मानवशास्त्रीय साहित्य में इस कमी का कारण शायद यह है कि ये नैतिक समस्याएं और जिस प्रकार के चयनों को वे जन्म देती हैं, वे अध्येता की दृष्टि में आसानी से नहीं आतीं। लोगों की भावनाओं और विचारों को साकार करने वाली सांस्कृतिक रचनाओं से अलग, केवल बाहर से उनके व्यवहार के अध्ययन से ये बातें स्पष्ट नहीं होतीं। यह अंतःसांस्कृतिक नैतिक निर्देशों को नकारना नहीं है। लेकिन इस पर बल देना भी आवश्यक है कि ऐसे 'सार्वभौम सत्यों' को कर्त्ताओं द्वारा 'विशेष' रूप में अनुभव करना चाहिए। हम जब लोगों की संस्कृति में नैतिकता

की धारणा को जानना चाहते हैं तो मानवशास्त्रीय पद्धति हमें उनके नैतिक कर्मों पर ध्यान देने के लिए प्रेरित करती है।

आइए, अब उपन्यास पर दृष्टि डालें। इसकी कहानी से हमें पता चलता है कि अप्पू अपनी माँ की तीसरी और अंतिम वैध संतान है। उसकी माँ अलंकारम के तीन और बच्चे हैं, लेकिन उनका पिता अप्पू का पिता दंडपाणि नहीं है। उनका पिता दंडपाणि का एक ग्राहक शिवासु है। दंडपाणि एक ज्योतिषी और प्राचीन ग्रंथों का विद्वान है। वह एक साधारण प्रूफरीडर है और वृद्ध सेवानिवृत्त शहरी सज्जनों को संस्कृत पढ़ा कर अपनी जीविका चलाता है। वह अपनी पत्नी और बच्चों के साथ मद्रास के एक मुहल्ले में नीरस किस्म की जिंदगी गुजार रहा है। अधिकतर ब्राह्मणों की भाँति स्नान-ध्यान, पूजा-अर्चना, खाना, काम करना ही उसका जीवन है। अपनी युवावस्था में उसने भी दाम्पत्य-सुख भोगा था, लेकिन बाद में अलंकारम शिवासु को पसंद करने लगी और यह सुख उससे छिन गया। दंडपाणि ने इस संबंध और इससे उत्पन्न संतानों के साथ जीना स्वीकार कर लिया। एक ने संस्कृति द्वारा निषिद्ध चयन किया और दूसरे ने उसके आगे सिर झुका दिया। दोनों ने यह कार्य छुपकर किया पर उनका अंतर्मन अशांत रहा क्योंकि दोनों ने उन सांस्कृतिक नियमों का विरोध नहीं किया जिनके आलोक में वे दोषी ठहरते थे।

अपने पति के विपरीत अलंकारम एक असाधारण चरित्र है। उसका नाम उसके व्यक्तित्त्व के उपयुक्त है। दंडपाणि एक बार सोचता भी है कि अलंकारम के माता-पिता ने उसे दूसरे ब्राह्मणों की तरह किसी देवी का नाम नहीं दिया, बल्कि उसे एक वेश्या का नाम दिया है। अलंकारम एक लंबी, सुपुष्ट, आकर्षक नारी है। वह बहुत पढ़ी-लिखी नहीं, लेकिन उसके पास कल्पनाशक्ति और दृढ़ इच्छाशक्ति है। उसमें अहंकार है, और उसका व्यक्तित्व कुछ राजसी किस्म का है। वह जहाँ भी होती है दृश्य पर अपनी शालीनता और सौम्यता से हावी हो जाती है।

> उस बस्ती में जहाँ गाएँ बँधती थी, अलंकारम शान से अपनी कुर्सी पर बैठती थी जैसे कोई रानी अपने सिंहासन पर बैठी हो। उसकी मुस्कान, बातचीत, उसका मुड़ना, चलना सब कुछ राजसी था। वह कभी गिड़गिड़ाती नहीं और कभी मोल-तोल नहीं करती। वह कभी अनावश्यक और ज्यादा बोलती भी नहीं (पृ.१०२)।
>
> वह आश्चर्य से तारों की ओर देखती और अपनी बगल में छत पर लेटे

दंडपाणि को उनमें वो आकृतियाँ दिखलाने का प्रयन्न करती जो उसे कभी नजर नहीं आतीं। तारों पर उसका आश्चर्य बालकोचित था। जो आकृतियाँ उसे दिखतीं, जिस प्रकार वह पीठ के बल लेटी उन्हें देखती रहती, सभी बालसुलभ थे...। सिर्फ उसका तारों को देखना नहीं; उसके सपने भी सजीव, रंगीन और विस्तृत होते थे। उसमें विचित्र और महान चरित्र, प्राणी और मिथकीय हस्तियाँ आतीं। उनकी तुलना में दंडपाणि को अपने सपने अतिसाधारण और दरिद्र लगते...। (पृष्ठ ७२)

अप्पू अलंकारम का सबसे प्रिय बच्चा था। उसके पालन-पोषण पर उसने विशेष ध्यान दिया। जब वह आठ वर्ष की आयु में विद्यालय में था, तो अलंकारम ने उसे 'अच्छी शिक्षा देने की अपनी आकांक्षा' पति को बताई (पृ.७५)। दंडपाणि ने सहमति जताई और अप्पू के विश्वविद्यालय जाने और शिक्षक या इंजीनियर बनने की बात की। लेकिन, अलंकारम ने इन विचारों को अतिसाधारण कह कर टाल दिया।

अप्पू को वेदों का अध्ययन करना चाहिए। उसे उनका परिश्रम से अध्ययन करना चाहिए ताकि वह उनके प्रकाश से प्रकाशित हो सके। अग्नि की तरह वह अपने समीप आने वाले हर प्रकार के ओछेपन और मलिनता को जला डाले और बृहस्पति देव की भाँति चमके (पृ.७६)।[४]

दंडपाणि का कहना था कि वेदों के विद्वान के लिए जीवनयापन कठिन होगा। अलंकारम पर ये बातें असर नहीं करतीं। पहले अप्पू वैदिक शिक्षा पाएगा। ज्यादा जीवनोपयोगी शिक्षा वह बाद में प्राप्त कर लेगा। सोलह वर्ष के बाद वेदों में निष्णात अप्पू उस गाँव से वापस आता है, जहाँ वह पवित्र ग्रंथों की शिक्षा प्राप्त कर रहा था। वह भी शंका उपस्थित करता है कि उसका ज्ञान उसके जीवनयापन के लिए बहुत उपयोगी नहीं है। अलंकारम उसे फटकारती है :

वेदों के अध्ययन से शरीर और मन पवित्र हो जाते हैं तथा उनमें कांति आ जाती है। किसी प्रकार की व्याधि या चिंता उस व्यक्ति को छू नहीं सकती। वह एक अमर, नूतन पुष्प के समान हो जाता है। किसी वेदज्ञाता को कोई साधारण भिखमंगा पुरोहित नहीं बनने देगा। पैसे के पीछे मत भागो। तुम्हारा ज्ञान तुम्हारी रक्षा करेगा। (पृ.१०२-३)

वेदों के प्रति अलंकारम के इस आदर्शवादी विश्वास के आवरण में एक व्यक्तिगत उद्देश्य भी था। ब्राह्मण पत्नी के लिए पतिव्रत से बड़ा कोई धर्म नहीं

और पतिव्रता नारी देवियों से भी शक्तिशाली होती है। अपना धर्म त्याग कर काममार्ग चुनने वाली अलंकारम ने पश्चात्ताप स्वरूप अप्पू को वेदज्ञाता बनाने का निर्णय लिया था। अप्पू जिनके घर सोलह वर्ष तक वेद अध्ययन के लिए रहा, वह वृद्धा बीमार पड़ गई है, यह सुनकर अप्पू वहाँ जाने की तैयारी करता है। अलंकारम को डर है कि वह लौट कर नहीं आएगा। वह उससे कहती है :

> अप्पू, तुम मेरे लिए बहुत विशिष्ट हो। तुम्हारे बारे में चिंता करके मैं सब कुछ के लिए प्रायश्चित कर सकूँगी। तुम मेरे अंतिम पुत्र हो। (वह अपनी तीन अवैध संतानों को अस्वीकार कर देती है।) मैंने यह सोच-सोच कर स्वयं को बहुत यातनाएँ दी हैं कि मैं कैसे प्रायश्चित्त करूँ। आत्महत्या से केवल मेरा अंत हो सकता था। फिर मैंने तुम्हें पाठशाला में डालने का निर्णय लिया। वेदों का अध्ययन करने वाले ऋषि बन जाते हैं। वे अजर और अग्नि जैसे पवित्र होते हैं। मैंने आशा की थी कि तुम वैसे ही बन कर लौटोगे और मैं तुम्हारे चरणों में गिर जाऊंगी... (पृ.१२३)।

अलंकारम ने अपने पुत्र को नैतिक रूप से श्रेष्ठ बना कर उसकी सेवा करना चाही थी जिससे वह स्वयं भी पवित्र हो जाए। यही उसके प्रायश्चित्त का तरीका होता। उसके चयन स्वार्थपूर्ण और इसलिए अविवेकी थे। जब उसने शिवासु को दंडपाणि पर और अप्पू को दूसरे बच्चों की तुलना में प्राथमिकता दी तो उसके निर्णय स्वार्थ से प्रेरित थे। उच्च वर्ण हिंदू समाज में एक पुत्र को वेदाध्ययन के लिए समर्पित करना दोषपूर्ण नहीं है। लेकिन उसका प्राथमिक सरोकार अपना प्रायश्चित्त था, और यही उसके चयन का दोष था। पुत्र परिभाषा से ही अपने माता-पिता को नर्क[५] की यंत्रणाओं से बचाने वाला रक्षक है। यह कर्तव्य एक चरम मूल्य है : पुत्रत्व का सत्व मातृ-पितृ भक्ति है। लेकिन जब दोषी माता (या पिता) पुत्र को अपनी मुक्ति के यंत्र के रूप में देखने लगते हैं तो संबंध विकृत होने से माता-पिता का उद्देश्य पराजित होता है।

अप्पू सचमुच गाँव में ही बसने का निर्णय लेता है। वह कहता है, 'मुझे मद्रास में कुछ भी अच्छा नहीं लगता' (पृ. १४७)। वह शहर की नैतिक आकारहीनता से चिढ़ता है। उसे अपने घर से भी विकर्षण है क्योंकि उसे यह जानकर एक भावनात्मक आघात लगा है कि उसके माता-पिता, दोनों नैतिक रूप से पंगु हैं। यह किसी भी पुत्र के लिए पीड़जनक हो सकता है। अलंकारम का अहं और दंडपाणि की कायरता, दोनों समान रूप से नैतिक पतन हैं। सोलह वर्ष के बाद

लौटा अप्पू सत्य जानने के बाद अलंकारम को बिल्कुल नई दृष्टि से देखता हैं। 'वह दूसरी माँओं की तरह साधारण क्यों नहीं हो सकती थी? उसका यह राजसी व्यक्तित्व और उसके चेहरे पर यह घमंड होना क्या आवश्यक था...' (पृ.१०६)। दंडपाणि के विषय में वह सोचता है, 'वे घर छोड़ कर संन्यासी क्यों नहीं बन गए? वे इस तरह मर्यादा खोने के बाद भी माता के हाथों बनाया और परोसा खाना क्यों खाते हैं?' (पृ.११४) अप्पू अपने पिता से कहना चाहता था : 'मैं आपको देखता हूँ तो मुझे रोना आता है। आप अपने-आप को पुरुष कहते हैं?... मुझे लगता है आपको धक्के मारकर घर से निकाल देना चाहिए' (पृ. ११७)। अपने साथ विश्वासघात करने वाली पत्नी के साथ रह कर दंडपाणि ने अपनी वैध संतानों के साथ विश्वासघात किया था।

जब उसे लगने लगा कि अप्पू लौटकर नहीं आएगा तो अलंकारम उससे मिलने गाँव गई। उसकी आशंका सही सिद्ध हुई। वह वापस नहीं जाएगा क्योंकि उसके लिए 'घर' सिर्फ एक मकान रह गया है। घर में दांपत्य-निष्ठा और मातृ-पितृ भक्ति होती है। अलंकारम को अब अपना अंतिम चयन करना है। पहले की तरह उसका निर्णय निश्चयपूर्ण है, लेकिन इस बार वह विवेकी भी है। वह अप्पू से कहती है कि अपनी मृत्यु की प्रतीक्षा करने के लिए वह पवित्र काशी नगरी जा रही है।

> यही ठीक है (वह कहती है)। स्त्री को अपने पुत्र के सामने मरना चाहिए–या फिर काशी में। मैंने तुम्हें अपना अकेला बेटा माना है (वास्तव में उसके तीन पुत्र थे) और मैंने सोचा था कि तुम ऋषि बन गए हो। तुम्हारे चरणों में मैं अपनी आत्मा, अपना सब कुछ होम कर देना चाहती थी। लेकिन तुम तो माँ के लाड़ले हो गए हो (इशारा वैदिक पाठशाला की वृद्ध मालकिन की ओर है). ..। मैं काशी जा रही हूँ और अब वहीं रहूँगी। कई बूढ़ी औरतें मरने के लिए काशी जाती हैं। मैं भी वहाँ जाऊँगी और मृत्यु की प्रतीक्षा करूँगी। (पृ. १८५)

यहाँ यह कहा जा सकता है कि परंपरागत हिंदू विश्वास के आधार पर अलंकारम अपने पति के चरणों में मृत्यु पाने की इच्छा भी कर सकती थी। लेकिन, एक विधवा की तरह भावी जीवन जीने की योजना बना कर वह उसे मरा हुआ मान रही है। उसने दंडपाणि को चोट पहुँचाई, लेकिन वह क्षमा नहीं माँगेगी। उपन्यासकार कहना चाहता है कि अलंकारम सांस्कृतिक रूप से असामान्य है। केवल विधवाएँ ही मरने के लिए काशी जाती हैं : यह एक आम धारणा है कि

विधवा ने अवश्य कोई नैतिक अपराध किया होगा जिसके दंडस्वरूप उसे वैधव्य भोगना पड़ रहा है। काशी में मृत्यु न केवल सभी पाप धो देती है, बल्कि हिंदुओं के लिए उससे भी मूल्यवान नियति–मोक्ष–भी उपलब्ध करा देती है। यह इसलिए होता है कि काशी में मृत्यु के क्षण ईश्वर भक्त को ज्ञान देकर उसे सभी कर्मों के बंधनों से मुक्त कर देते हैं (देखें, पैरी १९८१)।

इस प्रकार अलंकारम काशी जाती है। काम की चाह ने अब उसे काल की चाह तक पहुंचा दिया है। या हम यह कहें कि वह एक स्वतंत्र नैतिक कर्त्ता के रूप में नया जीवन शुरू करने जा रही है? इसके लिए उसने सभी सांसारिक बंधन, यहाँ तक की अपने प्रिय पुत्र का मोह भी तोड़ दिया है। यह तर्क दिया जा सकता है कि सांसारिक मोह और बंधन के बिना नैतिकता के विषय ही समाप्त हो जाते हैं। लेकिन उपन्यासकार हिंदू विचार में एक दूसरी, ज्यादा व्यापक धारा प्रकाशित कर रहा है। अलंकारम अब स्वयं संन्यास और भगवद्कृपा से अपनी मुक्तिदाता बनेगी। पाठशाला की मालकिन से विदा लेते समय अलंकारम ने उससे 'ज्ञान और प्रबुद्धता' का आशीर्वाद माँगा। वृद्धा ने उसे सांत्वना दी : 'ईश्वर तुम्हें सब कुछ देगा। उसके सम्मुख जो समर्पण कर दे, उसे वह किसी चीज के लिए ना नहीं करता' (पृ. १६४)।

अब अप्पू का व्यक्तिगत इतिहास देखें। गाँव की वैदिक पाठशाला में वह दो स्त्रियों के संपर्क में आया। एक उसकी संरक्षिका भवानीअम्मल और उसके दूसरे भाई की बेटी इंदु, जो अप्पू से कुछ महीने छोटी थी। भवानीअम्मल ३० वर्ष की उम्र में ही विधवा हो गई थी। उसने अपनी अधिकतर जमीन पाठशाला को दान कर उसकी स्थापना की। उसने वहाँ पढ़ाने के लिए अपने भाई को बुला लिया। इंदु उसी की बेटी थी। इंदु के माता-पिता कुछ ही सालों के अंतराल में मर गए और इंदु अनाथ हो गई। भवानीअम्मल ने इंदु की शादी रचाई, पर तीन ही वर्षों में उसका पति भी मर गया। अप्पू इंदु के विवाह से पहले ही पाठशाला आ गया था। इस प्रकार भवानीअम्मल उन दोनों की पोषिका माता रही थी।

अप्पू बार-बार पिता द्वारा पारिवारिक दायित्वों का वास्ता देने पर वापस घर आया था। जब वह वहाँ की दुःखद परिस्थितियों से जूझ रहा था, तभी भवानीअम्मल को पक्षाघात हुआ। अप्पू के वहाँ पहुँचने तक वह खतरे से बाहर आ चुकी थी। लेकिन भविष्य अनिश्चित था। इसके अलावा पाठशाला का वृद्ध

शिक्षक भी बीमार था। भवानीअम्मल ने पढ़ाई पूरी होने के बाद अप्पू से शिक्षक बनने के लिए कहा था। पाठशाला उसके लिए घर जैसी थी, लेकिन उसने मना कर दिया था। इस बार फिर वह अपना आमंत्रण दुहराती है। अपने घर और माता-पिता से निराश अप्पू उसका प्रस्ताव स्वीकार कर लेता है।

भवानीअम्मल बहुत दयालु और व्यावहारिक नारी है। उसका 'मन कावेरी (जो गाँव के पास बहती है) की तरह है। वह प्रेम और दया की विस्तृत, तेजस्वी धार थी' (पृ.१५३)। वह जमीन की वसीयत बदलती है, ताकि अगर वेद पढ़ने छात्र न आएँ तो भी अप्पू और इंदु को जीवनयापन की समस्या न हो। उसे भय है कि कई गाँव वाले अप्पू से ईर्ष्या करेंगे और पुरातनपंथी तत्व अप्पू और एक युवा विधवा का एक घर में रहना अनुचित कहेंगे। भवानीअम्मल जानती है कि अप्पू और इंदु ने हमेशा एक-दूसरे से प्रेम किया है। फिर भी उनके लिए वह अपनी वसीयत बदलती है। वह कहती है कि उन दोनों के लिए उसका प्रेम वेदों के प्रति श्रद्धा से अधिक है। यह आत्मस्वीकारोक्ति किसी ब्राह्मण स्त्री के लिए बहुत बड़ी बात है। उसने याद किया कि उसने तीस वर्ष पहले पाठशाला को संपत्ति प्रदान की थी जिससे कुछ लोग वेदों का अध्ययन कर सकें। अब तक १०४ छात्र वेदाध्ययन कर चुके थे।

> (लेकिन) गिनती करने का क्या फायदा? क्या यह केवल अहं नहीं है? वेद हमारे बिना भी अस्तित्व में रहेंगे। वे अविनाशी हैं... अगर तुम (अप्पू) कर सकते हो, तो वेद पढ़ाते रहो। और अगर नहीं, तो कुछ लड़कों को भोजन और आवास दो और उन्हें किसी तमिल या अंग्रेजी विद्यालय में भेजो। उन्हें स्वतंत्र चयन करने दो। कोई वेद पढ़े या कुछ और, इससे क्या अंतर पड़ता है? कुछ गरीब लड़कों को खिलाना जरूरी है। लेकिन ईश्वर की चेतना और भी आवश्यक है और वह भूख के रूप में है। अगर मेरी खातिर तुमने यह याद रखा, तो पर्याप्त होगा (पृ.१४८-९)।

भवानीअम्मल की जीवन-दृष्टि संतुलित है। न वह पूरी तरह परंपरावादी है, न भावनाओं में बहने वाली। उसकी प्रथम रुचि दूसरों की भलाई करना है, चाहे वे अप्पू, इंदु, या बच्चे हों। वह एक तरह से अप्पू की दूसरी माँ है। अलंकारम यह बात तब अनुभव करती है जब वह उसे लाने गाँव आती है और उसे पता चलता है कि भवानीअम्मल ने क्या किया है। अप्पू के लिए अलंकारम का प्रेम और उसे वेदज्ञाता बनाने का निश्चय, दोनों ही स्वार्थ पर आधारित थे। इसी स्वार्थ में उसका

सुख के पीछे भागना और अपने पापों के प्रायश्चित्त करने की इच्छा भी शामिल थी। लेकिन, जब वह अप्पू से कहती है कि वह ऋषि बनने के बजाय माँ का लाड़ला बन गया है, तो उसमें दुःख के साथ व्यंग्य भी है। यहाँ उल्लेख उसके कल्पित पतन की ओर है, क्योंकि वह भवानीअम्मल की इच्छा का बंदी हो गया था। अलंकारम ने चाहा था कि वह सभी सांसारिक बंधनों से मुक्त रहे। वेदों द्वारा मुक्ति पा वह लोगों को पाप और उनके कटु परिणामों से मुक्त करे।

मुझे लगता है कि इस कथा में केवल भवानीअम्मल ही एक ऐसा चरित्र है जो दुनियादारी के आत्मकेंद्रित उलझाव से मुक्त है। वह दूसरों के लिए जीती है और अपनी संपत्ति का उपयोग उनकी भलाई और खुशी के लिए करती है। वह दूसरों को उनकी अपनी खातिर चाहती है; वह अप्पू को उसकी खातिर पहले प्यार करती है और वेदों के लिए बाद में। वह माँ है जो सिर्फ देती है, माँगती कुछ नहीं; उसके निर्णय विवेकी होते हैं। वह सच्ची माता है। विधवा होने पर भी वह अशुभ नहीं है। भक्तिनों की भाँति उसने अपने मानव पति को त्याग कर अपने आप को ईश्वर की संतानों के प्रति समर्पित कर दिया है और ईश्वरत्व के समीप पहुँच चुकी है। दूसरी ओर अलंकारम द्वारा दंडपाणि का त्याग अपनी विधि तथा महत्त्व दोनों में पूर्णतः विरोधी लगता है।

माताएँ मूर्ख या बुद्धिमान हो सकती हैं, लेकिन हिंदू विचार में मातृत्व एक उत्कृष्ट मूल्य है। हिंदू सभ्यता के मिथकों और प्रतीकों में उदार, परिपोषक मातृत्व की तुलना नदियों से की गई है; जानकीरमण के उपन्यास में कावेरी यह प्रतिनिधित्व करती है।[६] जब अप्पू इंदु से कहता है कि भवानीअम्मल दयालु और सहानुभूतिपूर्ण है, तब वह उसकी तुलना कावेरी के विस्तृत और भव्य प्रवाह से करता है। यह महत्त्वपूर्ण है कि उपन्यास में कावेरी से पाठक का परिचय अप्पू या किसी और से भी पहले, प्रथम अनुच्छेद में ही हो जाता है। ऐसा लगता है मानो गाँव में उसके सोलह वर्षों के निवास के दौरान कावेरी ने उसे मंत्रमुग्ध कर लिया हो।

जब गाँव आने की अगली सुबह उसके पिता उसे स्नान के लिए ले गये थे, तो कावेरी को पहली बार देख कर अप्पू डर गया था। नदी में बाढ़ आई हुई थी और उफनता पानी 'सर्प के समान फुंफकार रहा था' (पृ.६)। पर, उसी समय उसे नदी का उदार स्वभाव भी पता चला जब एक कौडिल्ला पक्षी ने शिकार के लिए गोता लगाया और अपनी चोंच में कुछ लेकर उड़ गया। उसके बाद हमेशा

के लिए अप्पू को कावेरी के रूप में एक माता मिल गई, जिससे वह 'दिल की बात कह-सुन सकता था' (पृ.१५०)। उसके वेद गुरु ने उसे प्रार्थना गाना और ग्रंथों का उच्च स्वर में पाठ करना सिखाया ताकि वह उच्चारण के दोष सुधार सके। कावेरी ने उसे मन ही मन बोलना और सुनना सिखाया। कावेरी ने ही उसे वह अनश्वर, चरम सत्य सिखाया जो वेदों में है। जब भवानीअम्मल अप्पू को बताती है कि उसने अपनी वसीयत बदल दी है और उसके सामने भविष्य की रूपरेखा खींची,

> तो वह कावेरी के पास गया। जब भी वह भावुक होता, केवल नदी से ही वह दिल की बात कह पाता था...। उसे वह शाम याद आयी जब अपनी पढ़ाई पूरी करने के बाद घर लौटने के पहले वह यहाँ आया था। आज उसे वैसा ही लग रहा था। उसे लगा जैसे वह नदी को नये सिरे से देख रहा है और वह उसे छोड़कर कहीं नहीं जाना चाहता (पृ.१५०-१)।

अप्पू और कावेरी के बीच एक रहस्यात्मक मौलिक लगाव है—जैसा बच्चे का माँ के साथ होता है। यह लगाव उसके अस्तित्व की गहराइयों तक था, लेकिन इसे अभिव्यक्ति संस्कृति ने दी थी। ध्यान रहे कि न हम केवल अप्पू से दक्षिण की गंगा कावेरी के तट पर विदा लेते हैं, बल्कि अलंकारम भी काशी में, भारत की सबसे पवित्र नदी गंगा के तट पर मरने का संकल्प लेकर जा रही है। हिंदू परंपरा के अनुसार ये पवित्र नदियाँ पाप धोने के साथ-साथ चरित्र और मन के दोष भी मिटाती हैं, जिनके कारण चयन करने की आवश्यकता पड़ती है।[७] प्रकृति का एक तत्त्व होने पर भी नदी यहाँ संस्कृति का प्रतीक बन जाती है, जबकि अलंकारम अपनी अनियंत्रित शारीरिक क्षुधाओं के चलते प्रकृति का प्रतीक है। भवानीअम्मल प्रकृति और संस्कृति के बीच सेतु के समान है, और नैतिक श्रेष्ठता की मानवीय संभावना दर्शाती है। वह अलंकारम की तरह मानव है, लेकिन उदारता में कावेरी के समान है।

मुझे लगता है कि अप्पू स्वतंत्र नहीं है। उसके लिए चयन दूसरे लोग करते हैं, यद्यपि वह हमेशा उनका अनुसरण नहीं करता। अलंकारम के निर्णय ने उसे वेदज्ञाता बना दिया, लेकिन वही स्वयं को ऋषि बना सकता था। पिता का आग्रह उसे गाँव से घर ले आया, लेकिन गृहस्थ बनना केवल उसके हाथ में था। बाद में तो वह इस नतीजे पर पहुँचा कि उसे पिता को घर से निकाल देना चाहिए था। भवानीअम्मल उसे गाँव बुलाकर परित्याग करवाती है, लेकिन वह भी उसकी अपनी इच्छा पर निर्भर था। उसका विश्वास है कि संस्कृति और समाज उससे

दूसरे व्यक्ति की पत्नी या विधवा को अपनी माँ-बहन मानने की आशा रखते हैं, और इसलिए उसने इंदु के प्रेम का प्रतिरोध किया। लेकिन यह नैतिक दृष्टिकोण भी स्थिर न रह सका। उसे अपने मन में मानना पड़ा कि उसने इंदु से हमेशा प्रेम किया, लेकिन यह कहने का साहस उसमें नहीं था। जब वह पढ़ाई पूरी कर घर जा रहा था तो इंदु ने उससे न जाने का अनुरोध करते हुए प्रेम प्रदर्शन किया था और तब अप्पू ने उसे झिड़क दिया था। उसने कहा कि उसे इंदु का चेहरा अपनी माँ जैसा लगता है। वह माँ के पास शरीर और मन से शुद्ध वेदज्ञाता के रूप में जाना चाहता था। एक अवैध कामुक संबंध के कीचड़ से गंदा होने की उसे कोई इच्छा न थी। 'जब तुम पवित्र कावेरी में स्नान करके लौटो तो तुम्हें किसी सड़क के मदिरालय पर नहीं रुक नहीं जाना चाहिए' (पृ. ४२)। उससे अप्पू ने अंत में यही याचना की कि उसे 'वह सकुशल घर भेज दे'। और, वह एक कर्तव्यनिष्ठ पुत्र के रूप में गया। पर, अपने माता-पिता के बारे में कटु सत्य जानकर वह थोड़ा विद्रोही पुत्र हो गया।

भवानीअम्मल द्वारा गाँव में ठहर जाने की सलाह मानने के बाद इंदु का यह आग्रह भी उसने आसानी से स्वीकार कर लिया कि वह अपने मन का बोझ उसके साथ बाँटे। यह भी चयन नहीं केवल समर्पण था : 'अगर कभी कोई बात तुम्हें परेशान करे तो जैसी भी बात हो मुझे बता देना। तुम अकेले उसे सह नहीं सकोगे...' (पृ.१४३)। आपस में दुःख बाँटने का अर्थ क्या हो सकता था, क्योंकि ब्राह्मण विधवाएँ पुनर्विवाह नहीं करतीं। इस अर्थ में उपन्यास के समाप्त होने पर भी उसका नैतिक विमर्श संतोषजनक निष्कर्ष पर नहीं पहुँचता। तीन स्त्रियों के साथ संबंधों से उपजी अप्पू की नैतिक दुविधाएँ समाधान नहीं पातीं। गाँव में इंदु के साथ रह जाने का उसका निर्णय क्या अलंकारम के सम्मुख आत्मसमर्पण था? अलंकारम के गाँव आने पर उसने कह दिया था कि वह विवाह नहीं करेगा। क्या इसे ब्रह्मचर्य व्रत समझा जाए? अगर ऐसा है तो इंदु की अपने प्रति वासना और मोह को ठुकरा कर क्या उसके सामीप्य में वह यह व्रत निभा पाएगा? उपन्यास के समाप्त होने के पहले अप्पू इंदु के स्पर्श से भी भागना बंद कर देता है। जब वह पहली बार उससे प्रेमदान माँगती है, तो अप्पू ने शारीरिक संबंध को पाप कह कर उसे चुप करने का यत्न किया था। उसका प्रत्युत्तर था : 'मुझे ऐसा नहीं लगता। पाप क्या है? अपनी अंतरात्मा के विरुद्ध कहना या करना' (पृ.४०)। अप्पू के

पास इसका कोई जवाब नहीं है। स्पष्टतः नैतिक व्यवहार पर इंदु के विचार दूसरे किसी भी पात्र से भिन्न हैं।

ऐसा प्रतीत होता है कि केवल इंदु ही सांस्कृतिक नियमों को नकारती है। वह ऐसा अलंकारम की भाँति अपराध बोध के साथ नहीं बल्कि निश्छलता, यहाँ तक कि आत्मविश्वास के साथ करती है। वह संस्कृति से अधिक ऊँची सत्ता वाली अंतःकरण की नैतिकता का आग्रह करती है। अफसोस की बात है कि यह उपन्यास में अस्पष्ट रूप से ही है। अगर उपन्यासकार कहे कि आत्म के प्रति ईमानदारी नैतिकता का आधार स्तंभ है, तो मैं असहमति नहीं जताऊँगा। लेकिन इसमें यहाँ भवानीअम्मल अपरंपरावादी भावनाओं को भी दूसरों की भलाई के तराजू पर तौलती है, वहीं इंदु का दृष्टिकोण भावों की प्रबलता को आदर्श बना बैठता है। यह एक संकटों भरी राह हो सकती है और इस पर चलना तलवार की धार पर चलने जैसा होगा।[८]

अप्पू ने कदाचित मुक्ति दिलाने वाली कावेरी को उतने ध्यान से नहीं सुना जितना कर्म चक्र में बाँधने वाली मानव माताओं को। 'अच्छी' माता भवानीअम्मल भी यही करती है, और 'बुरी' माता अलंकारम भी। वास्तव में भवानीअम्मल उसे जमीन, पाठशाला और इंदु के तीन तंतुओं से बाँध देती है (जिस प्रकार तीन धागों का जनेऊ ब्राह्मण के सांसारिक कर्तव्यों का प्रतीक है।) बहती नदी की सुनी जाती तो वह अप्पू को सांसारिक मोह और कर्तव्य से मुक्ति और नैतिकता के संदर्भ में लोकोत्तरता के चरम मूल्य के बारे में बताती। आत्मचेतना का वह स्तर प्राप्त करना ही आदर्श हो सकता है जिससे मनुष्य नैतिक चयन की पीड़ा से मुक्त हो कर स्वतःस्फूर्त नैतिक आचरण कर सके।

निष्कर्षत : मनुष्य समाज द्वारा रचित संसार में रहता है और हर स्थान पर विधि, नियम एवं कुछ नैतिक निर्देशों से वैधता प्राप्त करता है। समाज व्यवस्था एक नैतिक ब्रह्मांड बन जाती है। यह तथ्य इसे व्यक्तिगत चयनों के कारण अस्थिरता से नहीं बचा सकता। ये चयन इस पर सवाल खड़े कर सकते हैं, इसे बदलने की कोशिश कर सकते हैं और इसके नैतिक आधार को भी नकार सकते हैं। दूसरे सामाजिक संबंधों के बारे में क्या कहें जब सर्वस्वीकृत माता और बच्चे का 'स्वयंसिद्ध सौहार्द' (फॉर्टेस १९६९) भी कमजोर निकल सकता है, जैसा अलंकारम

और अप्पू के साथ हुआ। व्यक्ति अपने माता-पिता नहीं चुनता। परंपरावादी ब्राह्मण समुदायों में लोग अपना जीवनसाथी भी नहीं चुनते।[९] लेकिन व्यक्ति को ऐसी परिस्थितियों का सामना करना पड़ सकता है जिसमें उनके साथ संबंध स्थापित करने के भिन्न तरीकों में उसे चयन करना पड़े। अगर ये चयन विवेक से न किए गए तो उनका परिणाम दुःख और कष्ट होता है।

अम्मा वंतल को नैतिक चयन और उससे होने वाले दुःख या संतोष पर विमर्श के रूप में देखा जा सकता है। इस विशिष्टता को प्रमुख पात्रों द्वारा किए चयन, उसके परिणामस्वरूप मिले दुःख और इस दुःख को झेलने की विधियों के पुनरावलोकन से दर्शाया जा सकता है।

उपन्यास में शिवासु की मौजूदगी एक छाया चरित्र की भाँति है। उसके बारे में जो कुछ पता चलता है उससे लगता है कि वह एक नीति निरपेक्ष व्यक्ति है जिसके लिए अच्छे या बुरे चयन का कोई मतलब नहीं। वह सिर्फ सुख की तलाश में रहता है; नियमों की उसे कोई परवाह नहीं। उसकी दृष्टि में 'इच्छित' (प्रेयस) अपने-आप में अच्छा है; वहाँ 'उचित' (श्रेयस) का कोई स्थान नहीं। उसके विपरीत दंडपाणि एक कमजोर चरित्र है। पत्नी द्वारा ठुकराये जाने और पतिव्रत धर्म का पालन न करने पर उसने दुःख अनुभव किया होगा और अपनी असहायता भी उसे खली होगी। 'व्यक्ति को हर बात समझने की बहुत ज्यादा कोशिश नहीं करनी चाहिए। बस चुप रह कर देखते रहो। भगवान ने हमें इसी के लिए बनाया है,' वह अप्पू से कहता है। (पृ. ११८) वह अपना दुःख छुपाता है और दैनिक जीवन के कार्यों में उसे भूल जाने का यत्न करता है। उसे संन्यासी समझने की भूल हो सकती है, लेकिन वास्तव में वह समझौतावादी है जो संकुचित नैतिक अंतराल में जीना स्वीकार लेता है।[१०]

अलंकारम शिवासु और दंडपाणि दोनों पर हावी है। ऐसा लगता है कि दंडपाणि की तरह वह शिवासु को भी छोड़ सकती थी, लेकिन वह ऐसा अंत में ही करती है। जब वह अप्पू के साथ अन्तिम बातचीत में शिवासु को 'वह साँप जो मेरे पैरों में लिपट गया था' (पृ.१२४) कहती है तब वह केवल अपने भोगी मन को छुपाने का प्रयत्न कर रही थी। अलंकारम असामान्य अभियाचक थी और उसके चयनों ने उसे और दूसरों को दुःख पहुँचाया। अंत में वे चयन अनिवार्यतः उसे मृत्यु के चयन पर ले गए, जिसके बाद इस जीवन में और कोई चयन नहीं

होता। लेकिन, उसका दुःख नैतिक आचरण की समझ से उत्पन्न होता है। शिवासु की भाँति वह प्रेयस तथा श्रेयस के बीच भेद से अनभिज्ञ नहीं है : केवल श्रेयस को जाने वाली उसकी राह प्रेयस से हो कर गुजरती है। उसके जीवन की कहानी और उसके अंतिम संन्यास तक का चयन उसे नैतिक रूप से दुर्बल व्यक्ति साबित करता है जो द्वंद्वात्मकता के जाल में फँसा हुआ है। यह स्पष्ट है कि जीवन के हर चरण पर वह दूसरे चयन कर सकती थी, प्रेयस को श्रेयस के अधीन ला सकती थी और ऐसा अहंकारवश करने की जगह परमार्थवश करना संभव था। अंत में वह मृत्यु की प्रतीक्षा कदाचित दुःख तथा पश्चात्ताप के साथ नहीं, बल्कि संतोष के साथ करती है जो हिंदुओं का प्रिय आदर्श है।

जहाँ तक द्वंद्व में पड़े रहने की बात है, अप्पू अपनी माँ का बेटा है। लेकिन वह प्रेयस को श्रेयस के अधीन रखने का इच्छुक है। इसी सिद्धांत की सहायता से वह अपने माता-पिता, भवानीअम्मल और इंदु के साथ अपने संबंधों को निर्देशित करने का प्रयत्न करता है। अपने माता-पिता की तरह उसे भी वेद मानवीय अस्तित्व के अनश्वर सत्यों के प्रतीक लगते हैं। लेकिन, ऐसा लगता है कि जहाँ उसके माता-पिता वेदों को 'इस्तेमाल' कर रहे थे, वह उनके अनुसार जीना चाहता है। अप्पू के दुःख पापानुभूति (अलंकारम) या विफलता (दंडपाणि) से नहीं उपजे। वे प्रकृति को संस्कृति के अधीन करने के नैतिक परिश्रम की देन हैं। धर्मगत आचरण को सबके लिए आवश्यक मानने वाले अप्पू के माता-पिता की विफलता उसकी भी असफलता है। वह इस कारण भी वेदनाग्रस्त है। इस दृष्टिकोण में न व्यक्तियों का अस्तित्व है, न नैतिक कर्त्ताओं का। केवल संबंध हैं और वही नैतिक दिक् की रचना करते हैं।

इंदु को मिलने वाली पीड़ा की प्रकृति अलग है। उसे लगता है कि वह धर्म की निरंकुशता द्वारा सताई जा रही है। बिना उससे पूछे छोटी उम्र में उसका विवाह कर दिया जाता है, क्योंकि ब्राह्मण कन्याएँ इसी प्रकार पति प्राप्त करती हैं। वह तीन वर्ष में ही विधवा हो जाती है। उसे वे सारे दोष और कष्ट उठाने हैं, जो ब्राह्मणों की विधवाएँ उठाती हैं। इंदु इन दुःखों से परेशान है। वह 'अंतःकरण' के उच्चतर धर्म का सहारा ढूँढ़ती है। वह नैतिक जीवन के सामाजिक और बाह्य आधारों पर प्रश्न उठाती है, और 'निश्छलता' को प्रथम नैतिक सिद्धांत मानती प्रतीत होती है। उसे दुःख है कि अप्पू उसे नहीं समझता : वे एक-सी नैतिक भाषा

नहीं बोलते। उसका यह दावा अप्पू को निर्वाक् कर देता है कि उसकी ईमानदारी (अप्पू के समक्ष प्रेम स्वीकारने में) अलंकारम के छल और अप्पू की तरह केवल 'बाह्य' नैतिकता निभाने से अधिक अच्छी है। उसका मौन किसी हृदयहीन, विचारशून्य उदासीनता से नहीं, बल्कि सच्ची उलझन के कारण है। यही उसके दुःख का मूल है।

दंडपाणि, अलंकारम, अप्पू और इंदु के जीवन में आने वाले नैतिक संघर्ष और वेदनाएँ भवानीअम्मल के जीवन में विजित हो गए लगते हैं। उसने भी दूसरों की भाँति दुःख पाए होंगे। लेकिन जब हम उससे मिलते हैं तो वह आत्मनिर्भर और आत्मविश्वासयुक्त महिला है। दूसरे लोग क्या कहेंगे की चिंता, वैधव्य के दुर्भाग्य और वेदों के लिए श्रद्धा जैसे सतही गुणों का वह अतिक्रमण कर चुकी है। उसके लिए 'इच्छित' और 'अच्छे' के बीच कोई संघर्ष नहीं है। उसका जीवन शिवासु से ठीक विपरीत है, क्योंकि उसने प्रेयस का श्रेयस में अंतर्लीन कर लेने का प्रयत्न किया है। उसके संस्कृति और अंतःकरण में द्वंद्व भी नहीं है, क्योंकि वह इंदु और अप्पू से भिन्न है। वह उनके जैसी नहीं है, क्योंकि वह अपने लिए कुछ नहीं चाहती।

भवानीअम्मल मानव जीवन में सही चयन द्वारा लोकोत्तरता प्राप्त करने की संभावना इंगित करती है कि एक ऐसी अवस्था आएगी जब व्यक्ति को चयन की आवश्यकता ही नहीं पड़ेगी। अपने जीवन द्वारा, अपने अस्तित्व से, वह दूसरों का उद्धार करती है। वह जीवन पोषक माता है। अलंकारम के दुःख की प्रकृति 'मृत्यु का औचित्य ठहराने का माध्यम प्रदान करती है' (ओ'फ्लेहर्टी १९७६ : २१२) उसके विपरीत भवानीअम्मल अपने दुःखों के कारण शुद्ध हो गई है और उसमें दूसरों के जीवन में अर्थ और शान्ति लाने की क्षमता आ गई है। ऐसा कहा जा सकता है कि दुःखों ने उसके जीवन को उस सीमा तक परिपक्व किया है जहाँ प्रेम और समझ पुष्पित होते हैं। वह कावेरी जैसी हो गई है। और यही मानव जीवन का आदर्श है : आत्मकेंद्रितता और दुःख के परे दूसरों तक पहुँचना तथा प्रेयस और श्रेयस का एक जीवन-दृष्टि में विलय कर देना।

संदर्भ और टिप्पणियाँ

१. देखें अध्याय-२ ।

२. ऊपर देखें पृष्ठ १३ ।

३. उपन्यास का मूल शीर्षक *अम्मा वंतल* है जिसका शब्दिक अर्थ होता है–'मां आयी'। गौरतलब है कि अनूदित संस्करण के शीर्षक में *सिन* यानी पाप शब्द जानकीरमण ने नहीं बल्कि उपन्यास के अनुवादक एम. कृष्णन ने जोड़ा है।
लेखक की पुत्री उमा शंकरी ने मुझे बताया कि जहां जक उन्हें पता है, लेखक को अनुवाद से कोई असंतोष नहीं था। लेकिन ए.के. रामानुजन बताते हैं कि अनुवाद में बहुत कुछ छूट जाता है।

४. बृहस्पति वैदिक देवताओं के सलाहकार और मुख्य पुरोहित माने जाते हैं।

५. नरक पापियों को यातना देने का स्थान है। समझा जाता है कि नरक में उन्हें भी कष्ट भोगना पड़ता है जिनके मृत्योपरांत होने वाले संस्कार ठीक से संपन्न नहीं किए जाते। नरक कई हैं और उन्हीं में एक पूत नरक है। मृत्योपरांत संस्कार कर पितृ को नर्क से बचाने का दायित्व साधारणतः सगा बेटा ही निभाता है। इसके लिए तर्पण और विशेषकर छह-मासी श्राद्ध का नियम है।

६. यह लेख लिखने के बाद तमिलनाडु के तंजौर जिले के कुम्बापेट्टाई ग्रामवासियों पर मैंने यह कथन पढ़ा : 'कावेरी नदी और इसकी नहरें ग्रामवासियों की माँ समझी जाती हैं। सावन का मटमैला जल उसका मासिक रक्तस्राव है, माह के अंत में नदी की बाढ़ उसका गर्भाधान और फसल उसकी संतान हैं' (गफ़ १९८१ : १७०; देखें उपरोक्त; २२५-६)। रामानुजन ने मुझे बताया कि जानकीरमण ने कावेरी पर भी एक पुस्तक लिखी है।

७. उद्धार करने वाली नदियों (और वर्षा) की प्रतीकात्मकता से हिंदू कर्मकांड, मिथकों, कला और स्थापत्य के अध्येता भली-भाँति परिचित हैं। यह समकालीन साहित्य में भी मिलती है। इसका एक विशिष्ट उदाहरण हर्मन हेस का उपन्यास 'सिद्धार्थ' है। यह केवल भारत के बारे में नहीं बल्कि उससे भी अधिक 'नये रूपों तथा संभावनाओं के लिए प्रकृति की चाहत और तलाश' के बारे में है।

८. धर्म-संकट और संस्कृति तथा अंतःकरण का विरोध हिंदू संस्कृति का चिरस्थायी विषय है। इसका एक प्रसिद्ध उदाहरण महाभारत में धर्मावतार युधिष्ठिर का निरंतर अपने कर्मों पर पुनर्विचार करना है। हमारे अपने समय में गाँधी का जीवन इसका ज्वलंत उदाहरण है।

९. यहाँ मैं केवल दक्षिण भारत में फूफा या मामा की संतानों के साथ नियत विवाह की ही बात नहीं कर रहा हूं। यहां मैं उत्तर भारत के माता-पिता द्वारा बिठाए मेल के बारे में भी बात कर रहा हूँ।

१०. जानकीरमण की पुत्री उमा शंकरी दंडपाणि के आत्मसमर्पण को एक तरह का संन्यास मानती हैं। उनका कहना है कि एक अर्थ में वह एक विरक्त व्यक्ति बन गया। परंतु मैं दंडपाणि के बारे में ऐसा नहीं सोचता।

११. देखें, अध्याय-५।

५

जीवन और मृत्यु

हे काल, हमें उसके बारे में बताओ जिसके बारे में शंका है,
परमगति क्या है...।

—कठोपनिषद्

मेरे लिए समान हैं जीवन तथा मृत्यु :
खुशी से जियूँ, खुशी से मर जाऊँ,
न किसी के जाने पर शोक है मुझे
न ही चाहती हूँ कि मेरे जाने पर कोई शोक करे।

—लल्ल देद

भूमिका

मेरे विचार से मृत्यु और मरण के प्रति किसी समाज के दृष्टिकोण को उसकी संपूर्णता में देखना, धारणा, भावना और आचरण के अंतःसंबंध स्पष्ट करना, आवश्यक है। लेकिन हिंदू समाज पर लिखने वाले सामाजिक-मानवशास्त्रियों और समाजशास्त्रियों ने सामान्यतः ऐसा नहीं किया है। कूर्ग (१९५२) के बारे में श्रीनिवास के क्लासिक अध्ययन और बेरेमैन (१९६३) द्वारा किए गए भारतीय गाँवों पर केंद्रित विस्तृत मानवशास्त्रीय अध्ययन से लेकर हाल के इंडेन तथा निकोलस (१९७७) और पैरी (१९७९) के विनिबंधों तक हमें कमोबेश दाह-सस्कार और अशुद्धता के बारे में विस्तृत जानकारी दी गई है। लेकिन मृत्यु के प्रति हिंदू संज्ञानात्मक स्थिति निर्धारण का शायद ही कोई विवेचन हुआ है। इस दृष्टि से मृत्यु और मरने का 'वास्तविक अवलोकन' पुस्तकीय अवलोकन से अधिक संकुचित सिद्ध हुआ है।[१] वास्तव में, इस विषय पर नवीन विवेचन कुछ ऐसे विद्वानों द्वारा किया गया है जिनके कार्य ग्रंथ-विश्लेषण पर आधारित हैं (उदाहरणार्थ देखें,

मलामाउद १९७५ और दास १९८२)। पैरी (१९८२) शायद पहले सामाजिक-मानवशास्त्री हैं जिन्होंने इस संज्ञानात्मक स्थिति निर्धारण की ओर ध्यान दिया है। जाहिर है कि उन्होंने भी ग्रंथों को महत्त्व दिया है।

संतप्त व्यक्ति की दृष्टि में मृत्यु एक 'संपूर्ण तथ्य' है। इसे इसी रूप में समझने का एक तरीका इसके संज्ञानात्मक, भावनात्मक और व्यवहारात्मक पक्षों को श्रेणीबद्ध देखना है। इस दृष्टि से संज्ञानात्मक स्तर (पक्ष नहीं) एक संपूर्ण ब्रह्मांड-नैतिक जीवन दृष्टि में मृत्यु के महत्त्व से संबंध रखता है। व्यवहारात्मक स्तर में मृत्यु के व्यावहारिक परिणाम आएँगे। इसमें कर्मकांड, औपचारिक शोक, सामाजिक संबंधों का टूटना या मजबूत होना, संपत्ति का बँटवारा इत्यादि शामिल हैं। भावनात्मक स्तर में व्यक्तियों पर मृत्यु का भावनात्मक प्रभाव, उनका व्यक्तिगत दुःख और शोक है। मेरा सुझाव है कि अगर हम संज्ञानात्मक स्थिति निर्धारण को पहले समझ लें, तो मृत्यु के प्रति व्यवहारात्मक और भावनात्मक प्रतिक्रियाओं की ज्यादा अच्छी व्याख्या कर सकेंगे।

हट्र्ज़ की गहन टिप्पणी कि 'भौतिक व्यक्ति' समाज में 'सामाजिक प्राणी' होता है, इसलिए उसका 'नाश' या उसकी मृत्यु समाज के प्रति देव द्रोह है (हट्र्ज़ १९६० : ७७), संपूर्ण दृष्टि में अपना औचित्य प्राप्त करती है। खंडित रूप में इस प्रकार की टिप्पणियाँ जैसे : मृत्यु सामान्य जीवन की वास्तविकताओं के लिए सबसे भयानक खतरा है, (बर्गर तथा लकमैन १९६७ : ११९) व्यक्तिगत या आत्मनिष्ठ अनुभव की कीमत पर मृत्यु के सामाजिक महत्त्व पर बल देती हैं। हमारा प्रयत्न सामूहिक तथा व्यक्तिगत दृष्टिकोण जोड़ने का होना चाहिए ताकि जीवन-मृत्यु को एक घटना या एक समग्र अनुभव के रूप में देखा जा सके। मैलिनोवस्की ने सही कहा है कि 'जिसके द्वार पर मृत्यु खड़ी हो, वह जीवन की आशाओं-आकांक्षाओं को याद करता है' (१९४८ : ४७)। कहने की आवश्यकता नहीं कि अंततः यह संज्ञानात्मकता से ही संभव है।[२]

अब मैं कश्मीरी पंडितों की संस्कृति और समाज में मृत्यु के विषय पर ध्यान केंद्रित करूँगा।[३] मृत्यु के तुरंत बाद के व्यवहार पर कई अध्ययन हैं। इनमें कुछ ग्रंथों पर आधारित हैं (उदाहरणार्थ, पांडेय १९६९) और कुछ अवलोकन पर (उदाहरणार्थ, स्टीवेंसन १९२०)। ये अध्ययन सामान्यतः पंडितों के बारे में भी सही हैं। मैं संक्षेप में मृत्योत्तर कर्मकांडों के बारे में कुछ कहूँगा जो मेरे प्रमुख तर्क के

लिए आवश्यक है। अगर यह विवेचन सुसंगत बन पड़ा हो तो यह मृत्यु और पितरों, उत्तराधिकार के नियम, मृत्योपरांत सामाजिक संबंधों के पुनर्गठन, इत्यादि से संबंधित साहित्य के अध्ययन के लिए दृष्टिकोण प्रदान कर सकता है। हिंदू समाज में शोक तथा संताप के आत्मनिष्ठ अनुभव पर बहुत कम काम हुआ है। यहाँ प्रस्तुत तथ्य और विश्लेषण मृत्यु के इस पक्ष पर भी प्रकाश डालेंगे।

मृत्यु के प्रकार और उनके महत्त्व

कश्मीरी गाँव में मृत्यु कोई एक रोजमर्रा की बात नहीं है, लेकिन इसकी संभावना हमेशा विद्यमान रहती है। इसलिए इसकी चिंता भी हमेशा बनी रहती है। इसकी अंतरंगता इसे सामान्य या महत्त्वहीन नहीं बनाती। परिवार या घर के सभी सदस्य इससे (भावनात्मक, रीति-रिवाज या भौतिक रूप में) बराबर प्रभावित नहीं होते। फिर भी यह एक पारिवारिक घटना मानी जाती है। किसी छोटे शिशु या नवजात बच्चे की मृत्यु माता और शायद पिता को कष्ट देती है, लेकिन दूसरों को वह बहुत कम प्रभावित करती है। यह समझ में आने योग्य है, क्योंकि बढ़ते बच्चे का सामाजिक जीवन के साथ जुड़ना एक धीमी प्रक्रिया है। इसी प्रक्रिया के हिस्से वे संस्कार हैं जिनके बारे में वैन गेनेप (१९६०) ने लिखा है। इसके विपरीत, अपनी युवावस्था या प्रौढ़ावस्था में व्यक्ति की मृत्यु संकट समझी जाती है। इसके कई कर्मकांडी और भौतिक परिणाम हैं। ऐसी मृत्यु भावनात्मक आघात भी अधिक पहुँचाती है।

दैनिक जीवन की बातचीत में पंडित कई बार *'मरुनई छु!'* (आह, सबको मरना है!) कहते सुने जा सकते हैं। मैं सुझाना चाहूँगा कि यह बात सीमितता या उत्तरदायित्व के भय को नहीं दर्शाती जैसा कि कुछ दर्शनों की मान्यता है।[४] इसका महत्त्व दैनिक जीवन में सदाचरण प्रेरित करने में है। पंडितों के साथ बातचीत में मैंने यह प्रश्न कई बार उठाया है कि वे कैसे निर्णय करेंगे कि कोई व्यक्ति सद्‌जीवन व्यतीत कर रहा है। सद् (अच्छा) शब्द दर्शाता है कि यहाँ वास्ता सावधानी या उपयोगिता से नहीं, बल्कि पंडित संस्कृति के नैतिक निर्देशों से है। सांसारिक सफलता को निम्न या महत्त्वहीन नहीं समझा जाता। इसके विपरीत जिसके पास स्वास्थ्य, धन, पुत्र और प्रसिद्धि हो, उसे धन्य माना जाता है। लेकिन, ऐसे बाह्य चिह्नों को उसके सद्‌जीवन जीने की सही अभिव्यक्ति नहीं माना जाता। हो सकता

है कि इस जन्म (इहलोक) में मिला ऐश्वर्य केवल पूर्वजन्म के सद्कर्मों का फल हो, और ऐसे सौभाग्य का आनंद लेते हुए व्यक्ति अपने दुष्कर्मों से अगले जन्म के दुःखों के बीज बो रहा हो।

ऐसी नैतिक गणना में यह पता कैसे चले कि कोई सद्जीवन जी रहा है या नहीं? पंडितों का मानना है कि सांसारिक सफलता के अतिरिक्त इस महत्त्वपूर्ण और जटिल प्रश्न के कुछ सरल उत्तर दिए जा सकते हैं, लेकिन वे हमेशा विश्वसनीय नहीं होते। यह सुझाया जाता है कि हम पता लगाएँ कि व्यक्ति का दूसरे लोगों के साथ कैसा व्यवहार है और उनकी प्रेरणा क्या है। क्या वह अपने ऊपर निर्भर लोगों, विशेषकर असहाय विधवाओं और वृद्ध माता-पिता की सेवा करता है? क्या वह नियत कर्मकांड संपन्न करता है? क्या वह धार्मिक प्रवृत्ति का है? एक व्यक्ति सही कार्य करता दिखे, अपना तन और धन सद्जीवन जीने में लगाता हो, लेकिन हमें यह कैसे पता चलेगा कि वह ऐसा मन से कर रहा है? बिना सच्चाई के कोई आध्यात्मिक लगाव नहीं हो सकता। जैसा कि पंडित कहते हैं, सद्जीवन केवल बाहरी दिखावा नहीं, बल्कि सच्चे दिल से जिया जाना चाहिए। लेकिन किसी व्यक्ति की वास्तविकता, उसकी आंतरिक अवस्था, जानना कठिन है।

तो क्या ऐसा कोई तरीका नहीं है जिसके आधार पर विश्वासपूर्वक कहा जा सके कि अमुक व्यक्ति का जीवन दोषरहित रहा है? पंडितों का मानना है कि मृत्यु प्राप्ति की विधि व्यक्ति के जीवन के बारे में अंतिम और अति महत्त्वपूर्ण सत्य बतलाती है। मैं यहाँ 'प्राप्ति' शब्द का उपयोग मृत्यु के साथ व्यक्ति के सक्रिय संबंध पर बल देने के लिए कर रहा हूँ। 'गुजर जाने' या 'मरने' में एक निष्क्रियता है; 'अपनी मौत से मिलना' भी उपयुक्त नहीं लगता। ऐसा नहीं है कि पंडित 'गुजर जाने' या 'जीवन पार चले जाने' जैसे शब्द इस्तेमाल नहीं करते। लेकिन वे प्राण त्याग कर सद्मृत्यु (सद्गति) की संभावना में भी विश्वास रखते हैं। ईष उपनिषद् कहता है, जीवन-श्वास अनश्वर-श्वास में विलीन हो जाए (१७)। इस प्रकार, सद्गति सद्जीवन का सत्य प्रमाण है।

सद्गति के तत्त्व स्थान, काल और मरते समय पात्र की अवस्था हैं। पंडितों के अनुसार मृत्यु प्राप्ति का सर्वोत्तम स्थान अपना घर है जिसमें व्यक्ति ने अपना जीवन जिया है। ज्यादातर पुरुष इसी घर में जन्मे भी होते हैं,[५] लेकिन स्त्रियाँ वहाँ शादी के बाद रहना शुरू करती हैं। घर केवल रहने की जगह नहीं,

बल्कि ब्रह्मांड का छोटा रूप है (जैसा कि अध्याय १ में कहा गया है)। घर में ही गृहस्थ अपने धर्म-कर्म करता है और अपने नैतिक गुणों का परिष्कार करता है। इसलिए यही उचित है कि वह यहीं प्राण त्यागे। इस बारे में मैं आगे और विचार करूँगा।

दूसरा अच्छा विकल्प हरिद्वार या काशी जैसा पवित्र स्थल है। लेकिन यह गृहस्थ के बजाय बिना संबंधियों वाले या सांसारिक लगावों से मुक्त व्यक्ति के लिए ही उचित माना जाता है। कुछ वृद्ध पंडित जाड़ों में ऐसे पवित्र स्थानों पर जाते हैं, लेकिन मृत्यु की आशा से नहीं, बल्कि अपने पाप धोने के लिए।

व्यक्ति को अपने घर में मरना चाहिए, लेकिन यह अपने आप में सद्गति नहीं है। ग्रहों की शुभ दशा में शरीर त्याग आवश्यक है। इससे इहलोक से परलोक जाना सुगम हो जाता है। प्रेत (या आत्मा) पहले यमलोक जाती है, जहाँ वह पितृ का स्तर प्राप्त करती है और पितृलोक पहुँचती है। उसके बाद या तो वह संसार में वापस आती है या स्वर्ग चली जाती है। वहाँ आत्मा ब्रह्म में विलीन होकर अनन्त आनंद का अनुभव करती है।[६]

अंत में मरने वाले व्यक्ति की निजी अवस्था है : क्या उसने दीर्घ आयु पायी, पुरुषार्थ से धन, संतान (विशेषकर पुत्र), यश पाया? क्या वह धर्मनिष्ठ, क्रिया-कर्म करने वाला, अपने इष्ट देव की भक्ति करने वाला था? क्या शांति और शीघ्रतापूर्वक सभी मानसिक और शारीरिक क्षमताओं के रहते मृत्यु-प्राप्ति हुई है? क्या मरने वाला अपने परिवार में सबसे वृद्ध था और बचे लोगों की जीविका बची रहेगी? स्त्रियों में पति से पहले मृत्यु अच्छी समझी जाती है। ऐसी कई बातें मरते व्यक्ति की अवस्था के बारे में महत्त्व रखती हैं। लेकिन सबसे अधिक महत्त्वपूर्ण यही है कि व्यक्ति चेतनावस्था में भगवान या ब्रह्म पर मन एकाग्र कर मृत्यु प्राप्त करे। इसी से यह विश्वास किया जा सकता है कि चाहे संसार से मुक्ति न मिले, अगला जन्म इससे बेहतर होगा। इस प्रकार अपने कर्तव्यों का निर्वाह कर, गार्हस्थ्य का आनंद लेकर, अपनी मृत्यु का क्षण 'चुनने' वाले के बारे में कहा जाता है कि उसकी गत प्रवीण हुई (इसे ही संस्कृत में सद्गति या परमगति कहते हैं और उपनिषद् से उद्धृत सूक्ति में इसी की बात की गई है)।

यथार्थ में कितने पंडित इस परिभाषा के अनुसार सद्गति प्राप्त करते हैं? इसका उत्तर है : बहुत कम। इसलिए परिवार के लोग, मृत्यु की परिस्थितियों की

सीमा के अंदर दावा करते हैं कि सद्गति के लक्षण वर्तमान थे, लेकिन अविवेक या व्यक्ति से अत्यधिक लगाव के कारण वे उन्हें समझ नहीं पाए। कुछ मृत्यु, ब्रिशेषकर माता-पिता की, मिथकों का रूप ले लेती है। यह कोई विकृत मिथ्याभाषण के कारण नहीं, बल्कि जीवन के कुछ मूलभूत सिद्धांतों की पुनः पुष्टि के लिए होता है। इस बात पर बल दिया जाता है कि मृत्यु अपने-आप में दुःखदायी नहीं है, बल्कि मृत्यु का एक ब्रिशेष तरीका दुःखदायी है जिसमें व्यक्ति आत्मनियंत्रण खो देता है। दूसरे शब्दों में यह उन्हीं अर्थों में सत्य होते हैं जिनमें सभी मिथक सत्य होते हैं, चाहे वे वास्तविक घटना के यथार्थपरक वर्णन न हों। जब इन मौकों पर ऐसे लक्षण सामान्य से अधिक दिखते हैं, तो जीवित व्यक्तियों के शोक में कृतज्ञता मिश्रित होती है। वे मृत व्यक्ति के अंतिम क्षणों का वर्णन सहानुभूति प्रकट करने आए संबंधियों के सामने करने में स्पर्धा करते हैं।

सद्गति और उसे प्राप्त करने वालों के अंतिम शब्द याद रखे जाते हैं और प्रेरणा के लिए वर्षों उनकी चर्चा की जाती है। वे पंडित समाज की मानव जीवन पर टीकाएँ हैं। नारायण दास नब्बे वर्ष से अधिक आयु पा कर मरे। वे अपने पीछे पुत्र-पुत्रियाँ, पोते-पोतियाँ और प्रपौत्र छोड़ गए। वे व्यापारी के रूप में सफल रहे थे, उन्होंने संपत्ति अर्जित की और एक बड़ा भवन बनवाया। उनका एक पुत्र उनका व्यवसाय सँभाल रहा था, दूसरा पुत्र शैव दर्शन में पांडित्य और सात्विक जीवन के लिए पंडित समाज में प्रसिद्ध था। उनका दाह-संस्कार उत्सव बन गया, जहाँ संगीत का आयोजन हुआ और उसके बाद समाज को स्वादिष्ट भोजन खिलाया गया।

उसी प्रकार जब गंगामल का देहांत हुआ तो उनके वृद्ध पति श्मशान तक शव के साथ आए। उनका प्रौढ़, सरकारी पदाधिकारी पुत्र वर्षों बाद भी याद करता था कि शवयात्रा के समय कई स्त्रियाँ अपने घरों से दर्शन करने निकलीं। उन्हें उम्मीद थी कि उन्हें भी ऐसी ही भव्य मृत्यु मिले, उनके वृद्ध पति और योग्य पुत्र उनकी मृत्यु तक जीवित रहें। ऐसी मृत्यु एक शुभ घटना बन जाती है।

अपने माता-पिता का एकमात्र पुत्र यह पंडित अपनी माँ को बहुत प्यार करता था। माँ की बहुत कष्टदायी मृत्यु हुई थी। जब माँ की मृत्यु के क्षण खिंचते रहे तो वहाँ एकत्र संबंधियों ने उससे कहा कि वह अपनी माँ के पैर पकड़ कर उससे जीवन पर अपनी पकड़ ढीली कर देने का अनुरोध करे। इस सलाह के पीछे यह

मान्यता थी कि माँ इसलिए जीवन की डोर थामे हुए थी, क्योंकि वह जानती थी कि उसके मरने से उसके बेटे को बहुत दुःख होगा। अंत में उसने मृत्यु तब प्राप्त की जब बेटे ने उसके पैर पकड़ कर शरीर के कष्टों से उसकी मुक्ति की प्रार्थना की।[८] इस घटना में एक विलंबित, कष्टकारी मृत्यु का यह अर्थ नहीं निकाला गया कि वृद्धा ने सद्‌जीवन नहीं जिया था : दोष पुत्र के माताप्रेम और कुछ सीमा तक वृद्धा के पुत्रप्रेम को दिया गया। वैसे भी माता-पुत्र संबंध मानवीय लगाव का आदर्श माना जाता है। कई वर्षों बाद भी, अपनी मृत्यु तक, माँ के पवित्र जीवन पर चर्चा करते समय पुत्र अपनी माता की मृत्यु के समय दिखे विशेष लक्षणों की बात करता रहा।

जिस समाज में सद्‌गति की धारणा हो वहाँ अधोगति की धारणा की भी उम्मीद की जा सकती है। ऊपर दिए लक्षण और परिस्थितियों के विलोम ऐसी मृत्यु का नमूना देते हैं। मुझे एक पुरोहित के बारे में बताया गया जिसे बुरी मृत्यु (या अधोगति) प्राप्त हुई। वह एक लंबी बीमारी के बाद मरा और उसकी देखभाल के लिए उसका कोई रिश्तेदार नहीं था। उसकी पत्नी उससे पहले मर चुकी थी और उसकी कोई संतान वयस्कता तक जीवित नहीं रही। उसकी सिर्फ एक बेटी शेष थी। विवाहित होने के कारण वह अपने पति और बच्चों के साथ रहती थी और उसके पास पुरोहित पिता के लिए पूरा समय नहीं था। बुरी परिस्थितियों में उसकी कष्टकारी मौत का कारण उसकी चोरी-छुपे प्रेतक्रिया में संलग्नता बताई गई। प्रेतक्रिया भूतों का मानवीय दुनियादारी में उपयोग करने के लिए किया जाने वाला कर्मकांड है। वह पुरोहित भी था और ओझा भी। कहा गया कि जब वह रात में कहीं जाता था तो हमेशा कुत्ते उस पर भौंकते थे।

अधोगति का कारण अधिकतर पिछले जन्मों के बुरे कर्म बताए जाते हैं। एक वृद्ध व्यक्ति तीन वर्ष तक पक्षाघात से पीड़ित रहा। वह पैर या हाथ नहीं हिला पाता था, न बोल पाता था, न ठीक से खा पाता था। लेकिन उसका मस्तिष्क काम करता था, वह देख-सुन सकता था। उसकी सेवा करने वालों में एक उसकी बेटी थी। वह विवाह के कुछ दिनों के अन्दर ही सोलह वर्ष की आयु में विधवा हो गई थी। उसका एक मंदबुद्धि बेटा भी था। अपनी छत के नीचे ऐसे पुत्र / पुत्री का रहना पंडित के लिए सबसे बड़ा दुर्भाग्य होता है। यह वृद्ध खुद एक अच्छा आदमी माना जाता था। इसलिए पिता के रूप में उसके दुःख और उसके यंत्रणा भरे

अंतिम वर्षों को लोग पिछले जन्म के बुरे कर्मों के परिणाम मानते थे। सद्गति के समान अधोगति भी ब्रह्म-नैतिक व्यवस्था का प्रमाण है। इस बिंदु पर प्रश्न यह उठाया जा सकता है कि क्या कुछ परिस्थितियों में मृत्यु नैतिक विश्रृंखलता और नियमों का ध्वस्त होना इंगित करती है?

पंडितों में 'असंगत' मृत्यु की धारणा भी है, यानी ऐसी मृत्यु जो मानव जीवन के नैतिक आधार की भंगुरता दर्शाती हो। जब ऐसा होता है तो मृत्यु वास्तव में एक भयंकर 'दुःस्वप्न का आक्रमण' लगती है (बर्गर तथा लकमैन १९६७ : ११९)। एक वृद्ध दंपत्ति के युवा पुत्र की मृत्यु, जिसके पत्नी और बच्चे हों, ऐसी अकाल मृत्यु का प्रधान उदाहरण है। वे ऐसी घटना को प्रलय भी कहते हैं जिसका तात्पर्य है ऐसी मृत्यु द्वारा ब्रह्मांड की नैतिक व्यवस्था का ध्वस्त हो जाना। इसीलिए मैंने इसे असंगत मृत्यु कहा है। वृद्ध माता-पिता अपना नैतिक और शायद भौतिक सम्बल खो बैठते हैं। दूसरी ओर युवा विधवा पत्नी पर लांछन लगता है, सारी उम्र उससे लोग भय खाते हैं और किसी शुभ कार्य में उसकी उपस्थिति स्वीकार नहीं की जाती। अनाथ बच्चों को पंडित समाज में उतनी ही सहानुभूति मिलती है जितनी किसी और जगह। अंततः ऐसी मृत्यु को भी कर्मफल की धारणा से सह्य बना लिया जाता है : असह्य भी कभी सचमुच अनर्जित नहीं होता।

सामूहिक मृत्यु को भी कभी-कभी प्रलय कहा जाता है। लेकिन ऐसी घटनाएँ बहुत कम होती हैं। वे सड़क दुर्घटना और कभी-कभी डूबने या घर में आग लगने तक सीमित होती हैं। दुरात्माओं को ऐसी घटनाओं के लिए उत्तरदायी मान लिया जाता है, लेकिन साधारणतः उन्हें व्यक्तिगत कर्म पथों का असाधारण मिलन माना जाता है। इसलिए ये अत्यधिक अशुभ होते हैं। जब १९५७ में फील्डवर्क के लिए मैं पहली बार उत्रसु-उमानगरी गाँव पहुँचा तो ग्रामवासियों के मन में दस वर्ष पूर्व कबायलियों द्वारा कश्मीर घाटी के उत्तर-पश्चिमी हिस्से में पंडितों के कत्लेआम की याद ताजा थी। उन्होंने पंजाब और बंगाल में १९४६-४७ में हुए दंगों के बारे में भी पढ़ा या सुना था। वृद्धों को तीसरे दशक के मध्य में बिहार और क्वेटा में हुए भूकंपों की स्मृति थी। आम राय यह थी कि विपद्ग्रस्त लोगों की मृत्यु इसी प्रकार लिखी थी, और इस प्रकार की घटनाएँ धर्म की अवनति दर्शाती हैं। एक तरह से ये घटनाएँ कलियुग के बाद आने वाले प्रलय की पूर्वसूचना मानी गईं।

पंडित एक और प्रकार की मृत्यु मानते हैं जिसका जिक्र यहाँ कर देना

चाहिए। १९५७ में ताराचंद पंडित गाँव के वृद्ध व्यक्तियों में एक थे। वे एक ऊँचे खानदान के थे और पारंपरिक शास्त्रों के अपने ज्ञान के कारण सम्मानित व्यक्ति थे। वे संस्कृत अच्छी तरह जानते थे और सदाचरण के लिए भी उनका नाम था। जब वे दो वर्षों बाद गुजर गए तो मुझे दो व्यक्तियों ने पत्र द्वारा उनकी मृत्यु के बारे में सूचित किया। उन्हें उनकी मौत का बहुत अफसोस था, क्योंकि उनके साथ ही पारंपरिक ज्ञान रखने वालों का युग समाप्त हो गया। मैं सोचता हूँ कि मुझे पत्र लिखने वाले यह बताना चाह रहे थे कि ताराचंद सामाजिक-नैतिक व्यवस्था और भक्ति का आदर्श थे। उनका जीवन अत्यधिक अर्थवान था क्योंकि वे समाज के दूसरे सदस्यों को जीवन का अर्थ बताते थे : वे उन्हें सही कर्तव्य के निर्देश देते थे। उनकी मृत्यु से समाज को नैतिक निर्देशों और सामाजिक कर्म के नियमों के ज्ञान से वंचित होना पड़ेगा। मैं यह भी कहना चाहता हूँ कि इससे अत्यधिक निराशाजनक स्थिति पैदा होने का भी खतरा था। लेकिन नैतिक मान्यताओं के अवमूल्यन, या समाज के विचित्र या घृणित मूल्यों को अपना लेने का खतरा हर पंडित ने उसी हद तक महसूस नहीं किया होगा। वैसे भी (जैसा कि ऊपर इशारा किया जा चुका है) पंडित हमेशा कलियुग में बढ़ते नैतिक ह्रास की बात करते हैं। उनमें जो सतयुग से कलियुग में बढ़े पापाचार पर विश्वास करते हैं, उनके लिए ताराचंद की मृत्यु का गहरा और प्रत्याशित महत्त्व था।

यहाँ यह ध्यान दिलाना आवश्यक लगता है कि कई मृत्युओं के व्यावहारिक परिणाम होते हैं जिससे कुछ सामाजिक फेरबदल की आवश्यकता पड़ती है। लेकिन इस कारण उन्हें निराशाजनक मान लेना गलत होगा। उदाहरणस्वरूप मैं उत्रसु-उमानगरी की दो विधवाओं–सोमावती और प्रभावती–की चर्चा करूँगा। १९५७ में वे उम्र के तीसरे दशक में थीं। दोनों की गोद में वैधव्य के समय शिशु (बालक) थे। हालाँकि वैधव्य पंडित स्त्रियों के बीच सारे अंतर मिटा देता है, लेकिन समय बीतने के साथ प्रभावती को सोमावती से अधिक सहानुभूति मिलने लगी। सोमावती एक संपन्न जमीन-जायदाद वाले घर से थी, और सभी जानते थे कि उसे और उसके पुत्र को खाने-पीने, वस्त्र इत्यादि की दिक्कत नहीं हुई। गाँव की वह एकमात्र पढ़ी-लिखी महिला थी। आम धारणा थी कि वह एक बुद्धिमान स्त्री है और अपने कार्य दक्षता से सँभालती है।

इसके विपरीत प्रभावती गरीब घर की थी, जिसके पास बहुत थोड़ी

जमीन थी। उसे सरल, बल्कि मूर्ख भी समझा जाता था। वह अपने जेठ (और उनके परिवार) पर आश्रित थी। उसके जेठ को सभी बहुत स्वार्थी मानते थे। उनके स्वार्थ के कई उदाहरण दिए जाते थे। इसी संदर्भ में उनकी संपन्नता को रेखांकित किया जाता था। एक बार जब मैंने प्रभावती के बेटे से पूछा कि अपने पिता के बारे में उसकी क्या राय है (वह उस समय सत्रह साल का था) तो उसने जवाब दिया, "भाड़ में जाए। मुझे उसकी जरा भी याद नहीं।"

इससे पता चलता है कि समान महत्त्व की दो मौतें किस प्रकार व्यावहारिक रूप से अलग हो सकती हैं, जबकि यह आशा की जाती है कि उनका भावनात्मक प्रभाव एक सा होगा। प्रभावती के पुत्र की अपने पिता के प्रति पूर्ण उदासीनता से जाहिर है कि भावनात्मक प्रतिक्रिया भी अप्रत्याशित रंग ले सकती है। सामान्यतः, व्यक्तिगत भावना से नहीं तो पारंपरिक नैतिकता के लिहाज से, पंडित अपने मृत पिता की प्रशंसा ही करते हैं।

मृत्यु के पश्चात सामाजिक संबंधों की पुनर्व्यवस्था के भी अलग-अलग महत्त्व हो सकते हैं। विधवाएँ किसी तरह गुजारा कर सकती हैं, या उनकी अच्छी तरह देखभाल हो सकती है (आम तौर से ऐसा ही होता है)। गुंजायश होने पर विधुर दोबारा शादी कर सकते हैं (जो स्त्रियों की कमी के कारण हमेशा संभव नहीं होता)। पुनर्विवाह प्रत्याशित लेकिन शोचनीय घटनाक्रम से फसाद की जड़ बन सकता है। जब रतनलाल दस वर्ष का था तो उसकी माँ की मृत्यु हो गई। उसका पिता पचास वर्ष का था फिर भी उसने एक युवा स्त्री से शादी कर ली जिसने एक बेटी को जन्म दिया। गाँववालों का मानना था कि रतनलाल का पिता अपनी दूसरी पत्नी के प्रेम में पागल था। उस स्त्री के दिल में लड़के के लिए कोई ममता नहीं थी। उसने बाप-बेटे के बीच दूरी भी ला दी। माँ की मृत्यु बहुत दुःखदायी है किन्तु सौतेली माँ का आना 'दूसरी मृत्यु की तरह है' (जैसा एक सूचनाकार ने कहा)। जहाँ तक बच्चे का सवाल है वह अपनी माँ को तो खोता ही है (मृत्यु द्वारा), साथ ही अपना पिता भी खो देता है (अलगाव द्वारा)। साधारणतः मृत्यु की अशुभ छाया विवाह या बालजन्म से हट जाती है[६], लेकिन ऐसे मामलों में किसी विशेष विवाह के परिणामों का नकारात्मक आकलन किया जा सकता है।

जब हम विधुर पुनर्विवाह की बात कर रहे हैं तो पत्नी की मृत्यु के प्रति पंडितों के दृष्टिकोण का ब्योरा देना उचित होगा। विधवाओं की भाँति विधुर

किसी कर्मकांडी या सामाजिक कलंक के पात्र नहीं होते। जब एक विधुर दोबारा शादी करना चाहे या बड़े-बूढ़े उसकी शादी करवाना चाहें तो लड़की के घरवाले जन्मकुंडली का मिलान बहुत सावधानीपूर्वक करवाते हैं। एक संभावित पत्नी-हंता (इस अर्थ में कि उसकी जन्मकुंडली में ऐसा ग्रहयोग है जिससे उसकी पत्नी की मृत्यु हो जाएगी) संभावित पति-हंता के लिए अच्छा पति सिद्ध होगा। कुल मिलाकर 'पति-हंता' 'पत्नी-हंता' से ज्यादा भय करने योग्य मानी जाती है। एक पुरुष जिसकी दो पत्नियाँ मर चुकी हों गुप्त रूप में दुल्हन का मूल्य चुका तीसरी बार विवाह कर सकता है (देखें मदन १९६५ : ११८)।

मैं इस बात पर बल देना चाहता हूँ कि विधुरता के सीमित कर्मकांडों और सामाजिक परिणामों के अतिरिक्त पुरुष को अपनी पत्नी के मरने पर हुए भावोद्वेग को स्वयं तक ही रखना होता है। उसे अपना दुःख सबके सामने प्रकट नहीं करना होता है। अपनी पत्नी की मृत्यु का खुलेआम शोक मनाने वाला व्यक्ति सहानुभूति नहीं, बल्कि व्यंग्य का पात्र बनता है। दामोदर की पत्नी की मृत्यु तब हुई जब वे उम्र के छठे दशक में थे। उनके दो जवान बेटे और बहुएँ उन्हीं के साथ रहते थे। इस परिस्थिति में किसी पंडित से यह आशा नहीं की जाती कि वह शोकाकुल हो। लेकिन दामोदर शोकसंतप्त थे। उन्होंने अपने पुत्रों और पुत्रवधुओं को धिक्कारा कि वे दांपत्य जीवन का सुख भोग रहे हैं, जबकि उनकी पत्नी उन्हें छोड़ गई है। उनके बच्चों और सभी सुनने वालों की प्रतिक्रिया में अविश्वास और व्यंग्य था।

कुछ मौतें बहुआयामी अर्थ रखती हैं लेकिन कुछ घटना भी नहीं बन पातीं, बल्कि स्वागतयोग्य भी हो सकती हैं। मृत बच्चे का जन्म, या दाँत उगने के पहले बच्चे की मृत्यु कर्मकांड और समाज के लिहाज से ऐसी ही अघटनाएँ हैं। माँ का दुःख एक अलग बात है। जैसा कि हट्र्ज़ (१९६०) ने बताया है कि बच्चे की मृत्यु पर कोई भावनात्मक प्रतिक्रिया या कर्मकांड नहीं होते। वह घटना बिना टीका-टिप्पणी के गुजर जाती है, क्योंकि सामूहिक प्रतिक्रियाएँ मृतक के सामाजिक स्तर पर निर्भर होती हैं। इस विषय में शिशु अजनबी की तरह होता है। बुरी तरह विकृत शिशु की मृत्यु स्वागतयोग्य समझी जाती है। ऐसा शिशु के प्रति दयाभाव के कारण नहीं, बल्कि उसके जन्म को अपशकुन मानने के कारण होता है। ऐसे बच्चे की माता को भी दुर्भाग्य के मूल के रूप में संदेह से देखा जाता है। कहना मुश्किल है कि कितनी बार ऐसे बच्चों का जन्म होता है : मुझे केवल एक ऐसी घटना के बारे में

बताया गया था और एक अंधे लड़के के अतिरिक्त उत्रसु-उमानगरी में कोई पंडित गंभीर रूप से अपंग नहीं था। यहाँ यह बता देना चाहिए कि मैंने शिशु-हत्या की अफवाह तक कभी नहीं सुनी।

पंडित संस्कृति में किसी भी प्रकार की हत्या, शिशु की या वयस्क की, आत्महत्या या मनुष्य हत्या को घृणित समझा जाता है।[१०] यह तर्क दिया जाता है कि चूँकि हर किसी का जन्म कर्मफल या ईश्वर कृपा से होता है और उस पर मनुष्य का कोई वश नहीं, इसलिए उसे अपना या किसी और का जीवन लेने का अधिकार भी नहीं है। आत्महत्या खुद को सजा देने के गुप्त तरीके की तरह देखी जा सकती है। यह निराशा, अपराध या अपयश की अभिव्यक्ति है।

दूसरे पंडित की जान लेना भी घोर अपराध है क्योंकि यह ब्रह्महत्या है और गोहत्या की तरह अक्षम्य है। हर व्यक्ति को मिली आयु निर्धारित है (जिसे जन्मकुंडली से जाना जा सकता है)। मृत्यु उचित समय पर आएगी। वह न्यायोचित लगे या न लगे, लेकिन उसका गुप्त औचित्य अवश्य होगा। इस प्रक्रिया में फेर-बदल करने से ऐसा पाप लगता है कि वह जीवन भर किए तमाम पुण्य-कार्यों पर भारी पड़ जाता है। उत्रसु-उमानगरी में आत्महत्या या मनुष्यहत्या की कोई घटना नहीं हुई थी लेकिन जहर खाकर आत्महत्या करने के दो मामलों के बारे में मुझे बताया गया जो दूसरी जगह हुए थे। मेरे सूचनाकारों का कहना था कि अगर कोई कुँवारी लड़की या विधवा गर्भवती हो जाए तो उसका आत्महत्या करना या माता-पिता द्वारा उसे जहर देना अनुचित नहीं होगा। लेकिन ऐसी परिस्थितियों में भी लड़की का पापपूर्ण कर्म उसकी आत्महत्या या उसे जहर देने से कम बड़ा अपराध होगा।

अंत में, मृत्यु के प्रकारों के इस विवरण में अब मैं एक महात्मा की मृत्यु का जिक्र करूँगा। वे योगी और संन्यासी थे, पंडित उन्हें आत्मज्ञानी कहते थे। उन्होंने ब्रह्म के साथ अपनी ऐक्यता का अनुभव प्राप्त कर लिया था। ऐसे लोग कश्मीर में ज्यादा नहीं हैं, लेकिन ऐसी कुछ मौतों के बारे में मुझे कई लोगों से सूचना मिली है। ऐसे व्यक्तियों के बारे में यह भी नहीं कहा जाता है कि उनकी मृत्यु हो गई। इसके लिए मुक्ति या समाधि शब्द का प्रयोग करते हैं। समय इसमें अपना महत्त्व खो देता है और काल (मृत्यु) भय उत्पन्न नहीं करता। ऐसा व्यक्ति पितरों में भी शामिल नहीं होता और उसके मृत्योपरांत संस्कार भी भिन्न होते हैं।

व्यक्ति का समाधि प्रवेश पवित्र माना जाता है। मान्यता है कि वह जन्म

और मृत्यु से परे जा चुका है। इसलिए यह व्यक्तिगत दुःख नहीं, बल्कि भक्ति अभिव्यक्त करने का मौका होता है। वैसे मृतक के करीबी लोग तो दुःखी होते ही हैं। एक सूचनाकार ने कहा, 'वे शोक मनाते हैं क्योंकि उन्होंने अपने गुरु की सेवा तो की होती है लेकिन उनके उपदेशों को समझा नहीं होता। सच्चा शिष्य दुःखी नहीं होगा, क्योंकि आत्मा के ब्रह्म में विलीन होने की लालसा के सामने जन्म-मृत्यु का कोई महत्त्व नहीं।' एक कश्मीरी प्रार्थना कहती है :

> मैं गर्भाधान के खांचे में भटका हूँ,
> बचपन, जवानी और बुढ़ापे के अनुभव से बारंबार गुजरा हूँ।
> कई वेशों में मैं विदूषक बना हूँ :
> मुझे स्वयं में विलीन कर लो और
> द्वंद्व के बंधन से मुक्त कर दो।

इस प्रार्थना का सार यह है : 'हे एकाकी (केवल) अपने अकेलेपन को एकमात्र (कैवल्य) में विलीन होकर दूर करो'।

मृत्यु को अच्छी, बुरी या निराशाजनक, प्रत्याशित, अकाल या स्वागतयोग्य श्रेणियों में बाँटने के बाद, यह ध्यान देने योग्य है कि पंडित निवारित मृत्यु में भी यकीन करते हैं (मृत्यु हो सकती थी लेकिन व्यक्ति बच गया, इसे ही निवारित मृत्यु कहते हैं।) इसके आम उदाहरण गंभीर बीमारी से पीड़ित व्यक्ति हैं, जो सारी आशा समाप्त होने के बाद भी बच जाते हैं। मृत्यु का टलना इसका सूचक माना जाता है कि आयु शेष थी। दैवी कृपा की भी बात की जाती है, जो व्यक्ति को खतरों और संकटों से बचाती है।

ज्योतिषीय गणना से किसी व्यक्ति की आयु पता लगाई जा सकती है। मृत्यु के समय ग्रहदशा दूसरे जन्म (द्वि-जन्म योग) का योग दिखाती है। ऐसे समय जीवन पर गहरा संकट माना जाता है लेकिन बचने की संभावना (दूसरे जन्म की भाँति) भी मानी जाती है। मृत्यु-निवारण के लिए कई तरह के कर्मकांड होते हैं। इनमें प्रमुख तुलाभार है जिसमें व्यक्ति को अनाज से तौलकर अनाज पुरोहित को दान कर देते हैं। इस प्रकार प्रतीकात्मक रूप में व्यक्ति शरीर त्याग कर विनिमय द्वारा नया शरीर पा लेता है।

निवारित मृत्यु का तीसरा उदाहरण विरल है। इसमें व्यक्ति को मृत मान

लेने के बाद वह वापस जीवित हो जाता है। मैं ऐसे एक व्यक्ति से मिला। वह साठ वर्ष से अधिक उम्र का था। उसने मुझे एक बीमारी के बाद अपनी 'मृत्यु' के बारे में बताया। वह स्वप्न अवस्था में था जब दो कालदूत सुंदर स्त्रियों के वेश में उसे यमलोक ले जाने के लिए आए। वहाँ के एक अधिकारी ने लाल पुस्तिका देखकर बताया कि वे गलत आदमी ले आए हैं। शीघ्र ही मृत व्यक्ति ने आँखें खोल दीं और देखा कि उसका परिवार उसकी 'मृत्यु' पर रो रहा है। उसका कहना था कि उसकी मृत्यु अंततः नहीं हुई, क्योंकि उसके जाने का समय नहीं आया था। ऐसी घटनाओं को *नाव बदलि* (नाम का बदल जाना) या 'पहचान में भूल' कहते हैं।

मैं एक भिन्न घटना का जिक्र इस सिलसिले में करना चाहूँगा। उत्रसु-उमानगरी के एक वृद्ध व्यक्ति सुदामा की पहली पत्नी ने ग्यारह बच्चों को जन्म दिया, लेकिन वे सभी शैशवावस्था में ही चल बसे। इसके बाद उसकी भी मृत्यु हो गई। सुदामा ने ४१ वर्ष की उम्र में दुबारा विवाह किया। उसकी दूसरी पत्नी का भी पहला बच्चा चल बसा। कुछ वर्ष बाद उसने दूसरे बच्चे को जन्म दिया जो १९५७ में सोलह वर्ष का किशोर था। उसे बिल्कुल उपयुक्त नाम लासा ('तुम जियो!') दिया गया था। सुदामा का मानना था कि लड़के ने उसके दुर्भाग्य पर विजय पा ली थी जो उसके पिछले जन्मों के दुष्कर्मों का परिणाम था। उसकी पत्नी लासा के जन्म के समय केवल तेईस वर्ष की थी, पर उसे और कोई संतान नहीं हुई। सुदामा इसे अपने दुर्भाग्य का ही परिणाम मानता था। उसने मुझे बताया कि लासा का जीवित बच जाना संतों के आशीर्वाद से, जिनके पास पति-पत्नी गए थे, और अंततः भगवद्कृपा से ही संभव हुआ। लासा भी मर सकता था (या पैदा ही नहीं होता) लेकिन उसकी मृत्यु टल गई।

मृत्यु और मरण पर पंडितों के विचारों पर ऊपर दिया विवेचन यहाँ थोड़ा-थोड़ा वर्गीकृत रूप में प्रस्तुत किया गया है। लेकिन इन महत्त्वपूर्ण विषयों पर उनका विमर्श एकबद्ध चेतना की उपज है। यह मृत्यु के प्रति व्यावहारिक प्रतिक्रियाओं को भी निर्देशित करता है। मैं अब इनमें से कुछ प्रतिक्रियाओं का वर्णन करूँगा।

मृत्यु का दिन और उसके पश्चात

एक वयस्क की मृत्यु चाहे किन्हीं भी परिस्थितियों में हुई हो (वयस्कता आयु से

नहीं बल्कि संस्कार प्रदत्त है) उसके पश्चात कुछ क्रियाएँ संपन्न करनी होती हैं जो मृत्यु के प्रति पंडितों के दृष्टिकोण के बारे में और जानकारी देती हैं। एक पंडित के जीवन के अंतिम क्षण जब तक हो सके भगवद् गीता का पाठ सुनते हुए बीतते हैं। इसमें भी आत्मा की अमरता का वर्णन करने वाले अध्याय २ के श्लोक विशेष महत्त्व रखते हैं। अगर समय और दूसरी परिस्थितियाँ अनुमति दें, तो मरने वाला व्यक्ति किसी पुरोहित को गौदान कर सकता है : इसका निर्णय उसके स्थान पर उसका परिवार करता है। इससे जीवन में किए सभी पाप धुल जाते हैं। गाय की जगह सोने, चांदी या पीतल की गाय की मूर्ति भी दान की जा सकती है। अगर गंगाजल घर में या किसी पड़ोसी के यहाँ हो तो मृतप्राय व्यक्ति के मुँह में उसकी कुछ बूँदें डालते हैं। अगर गंगाजल न मिले तो शालिग्राम (विष्णु का प्रतीक काला पत्थर) को पानी से धोकर उस जल का इस कार्य के लिए उपयोग करते हैं। पवित्र जल का उद्देश्य मरने वाले की नैतिक अक्षमताओं और शारीरिक अशुद्धता को दूर करना है।

मृत्यु होते ही स्त्रियों और बच्चों का ऊँची आवाज में रुदन इस घरेलू और निजी घटना को सार्वजनिक बना देता है। पुरुष आँसू बहा सकते हैं, लेकिन उनसे जोर से रोने की उम्मीद नहीं की जाती। दूसरी घरेलू परिस्थितियों में भी औरतें रोती हैं, लेकिन मृत्यु पर उनका विलाप पड़ोसियों तक मृत्यु का समाचार पहुँचा देता है। भागदौड़ शुरू हो जाती है। पड़ोसी-संबंधी आते हैं, सबको बताने के लिए सूचनावाहक निकल पड़ते हैं, पारिवारिक पुरोहित (या उसकी जगह कोई दूसरा पुरोहित) आ जाता है, और जीवन चक्र के अंतिम संस्कार की तैयारियाँ शुरू हो जाती हैं। संक्षेप में, यह भावनात्मक तनाव, गतिशीलता और वाचालता का मौका होता है। रुदन में मृत व्यक्ति से जीवित लोगों और अपने-आप से बातचीत शामिल होती है जिसमें घटनाओं को याद किया जाता है, दुःख और असहाय होने की भावना आदि प्रकट की जाती हैं। आगंतुक सहानुभूति दर्शाते हैं और शोकाकुल लोगों को नियंत्रित करने का प्रयत्न करते हैं जो अपने कपड़े और बाल नोच रहे होते हैं, अपने गालों पर थप्पड़ मारते हुए चेहरा नोच रहे होते हैं। वे दाह-संस्कार और मृतक के परिवार के लिए भोजन का प्रबंध भी करते हैं। मृतक के करीबी संबंधियों के यहाँ तीन से बारह दिनों तक खाना नहीं पकाया जाता। नजदीकी रिश्तेदार शोकाकुल ही नहीं प्रदूषित भी होते हैं। उनके द्वारा बनाया भोजन दूर

के उन संबंधियों को स्वीकार्य नहीं होगा, जिन्हें कम अवधि की अशुद्धता होती है, या वे इससे पूरी तरह मुक्त होते हैं।

शीघ्र ही कर्मकांड शुरू हो जाते हैं। पुरोहित संस्कृत में श्लोक पढ़ता है। मृत देह को संतप्त परिवार से अलग हटाकर उसके स्नान और अन्य कर्मकांड पूरे किए जाते हैं। मैं इन रीति-रिवाजों का वर्णन नहीं करूँगा, बल्कि उनकी विशिष्टता इंगित करूँगा। दाह-संस्कार अंतिम संस्कार का अंत है। इस प्रकार यह मानव शरीर से जुड़े संस्कारों में अंतिम समझा जाता है। ये संस्कार गर्भाधान से शुरू होकर क्रमबद्ध तरीके से परिपक्वता की प्रक्रिया चिन्हित करते हैं। इस प्रकार किसी के भी नैतिक विकास की परिपक्वता दाह-संस्कार के साथ ही पूर्ण होती है। वास्तव में, नैतिक श्रेष्ठता के चरम सोपान पर पहुँचे व्यक्ति के लिए दाह-संस्कार जन्म-मरण के चक्र से मुक्ति का अत्यंत विरल क्षण है। दूसरी सभी अग्नि-अर्चनाओं की भाँति दाह-संस्कार भी देवताओं तक अग्नि देवता को सौंपे शरीर को पहुँचाने के लिए होता है। लेकिन दाह-संस्कार के बाद होने वाले सभी कर्मकांड विशिष्ट चरित्र रखते हैं, क्योंकि वे देवक्रिया (देवताओं के लिए कर्मकांड) न होकर पितृक्रिया (पुरखों के लिए कर्मकांड) होते हैं।[११] दाह-संस्कार के बाद मृतक ग्यारह दिनों तक प्रेतावस्था में रहता है। इस दौरान कई क्रियाएँ संपन्न की जाती है। उसे भोजन दिया जाता है जिसका उद्देश्य प्रेतात्मा को पोषण देना भी होता है, और उसे शांत रखना भी, क्योंकि वह खतरनाक होती है। ग्यारहवें दिन होने वाले कर्मकांड प्रेतात्मा का पितृ में परिवर्तन दर्शाते हैं। इसके बाद उसे साल में दो बार भोजन दिया जाता है (श्राद्ध)। श्राद्ध मृतक के मृत्यु-दिवस और शरद पितृपक्ष (काँबरपच) में मनाया जाता है। इसके अतिरिक्त हर सुबह पूजा-स्वरूप जल अर्पित किया जाता है (तर्पण)। 'हम जैसा अपने पूर्वजों के लिए करते हैं, वैसा ही हमारे वंशज हमारे लिए करेंगे', ऐसा मुझसे बार-बार कहा गया। यह वंश की निरंतरता पर बल देना है। मैं यह भी जोड़ सकता हूँ कि यह 'सपिंडों' के एक अर्थपूर्ण प्रतीकात्मक ब्रह्मांड का निर्माण करता है (देखें, डुमो १९८३)।

दाह-संस्कार के बाद की स्थिति कम-से-कम दो कारणों से जटिल होती है। प्रथम, सभी मृतकों को पितृ की श्रेणी प्राप्त नहीं होती : उदाहरणार्थ बिना पिता बने मरने वाला युवा पुरुष विवाहित और पुत्रों के पिता से तुलनीय नहीं है। इस बारे में भी अस्पष्टता है कि प्रेत से पितृ बनने के बाद क्या होता है। ऐसा

लगता है कि एक प्रतिबिंब (आकार) के रूप में पितृ पितृलोक में रहते हैं, लेकिन उसी दौरान उनका पृथ्वी पर पुनर्जन्म भी होता है। इस प्रकार, जीवित और मृतकों के संबंध में पितृ और पुनर्जन्म की धारणाएँ मृत्यु के अंतिम घटना होने को नकार देती हैं। यह व्यक्ति के सांसारिक जीवन में अतिमहत्त्वपूर्ण घटना है, लेकिन उसकी आत्मा के लिए इसका कोई महत्त्व नहीं। लेकिन सद्‌जीवन और उसके प्रमाण के रूप में सद्‌गति जन्म-मृत्यु-पुनर्जन्म के चक्र से मुक्त होने की राह पर एक कदम है। पंडित इस मुक्ति के लिए ईश्वरीय अनुग्रह के योग्य होने की आशा रखते हैं। पंडितों द्वारा जिन प्रार्थनाओं का पाठ किया जाता है, उनमें एक (यह कई स्रोतों से ली गई प्रार्थना लगती है) कहती है : 'पुनः जन्म लेना कि फिर मरूँ और फिर गर्भ में पहुँचूँ... भयानक नर्क से डरा हुआ मैं डर से काँपता हूँ। हे क्षुद्रों के स्वामी, मुझे स्वयं में विलीन कर लो'।[१२]

इस प्रकार पंडित संस्कृति में मृत्यु सह्य बन जाती है, क्योंकि यह 'उससे' मिलने के अवसर की तरह देखी जाती है जिससे व्यक्ति की आत्मा पृथक हो गई थी। कैवल्य-केवल विलय के बारे में इसी कश्मीरी गीत को मैंने पहले उद्धृत किया था। इसमें उपनिषदों की ध्वनि सुनाई पड़ती है। इस विलय के प्रति पंडितों की चिंता कैवल्य उपनिषद के प्रेरणा सूत्र 'कैवल्यम् पदम् अश्नुते, कैवल्यम् पदम् अश्नुते' अर्थात् वह 'अनन्य के साथ मिल गया, अनन्य में वह मिल गया' की प्रतिध्वनि है। इसी प्रकार कठोपनिषद् का कहना है : 'अगर व्यक्ति शरीर त्याग करने के पहले ब्रह्म प्राप्ति में असफल रहता है तो उसे दूसरा शरीर धारण कर पुनर्रचित वस्तुओं के विश्व में आना पड़ता है (११.३.४); लेकिन, ज्ञान प्राप्त करने वाली आत्मा न कभी जन्म लेती है, न कभी मरती है' (I.२.१८)।

पंडित केवल कर्मकांडों और दर्शनशास्त्र से मृत्यु का सामना नहीं करते। वे मिथकों से भी सहायता प्राप्त करते हैं। मृत्यु के पश्चात, विशेषकर माता-पिता की मृत्यु पर, एक ज्ञानी पंडित को गरुड़ पुराण या अन्य किसी उपयुक्त ग्रंथ का पाठ करने के लिए बुलाया जाता है। यह पाठ मानव जीवन की नश्वरता पर केंद्रित होता है और लोगों की अपने शोक पर काबू पाने में सहायता करता है। ऐसी कथाओं का औपचारिक पाठ मृत्यु के कारण हो रहे विलाप या मौन (दम-फुटी) और साधारण भाषा के बीच मध्यस्थता करता है।

एक पारंपरिक ब्राह्मण समाज में कई तरह के मिथकों की जानकारी आम

होती है और पुराणों की कथाओं के अलावा ये मिथक जीवन और मृत्यु को उपयुक्त परिप्रेक्ष्य में रखने में सहायता देते हैं। मुझे एक उदाहरण से इसे स्पष्ट करने की अनुमति दें। पंडितों के लिए परिवार और घर अभिन्न हैं। घर केवल आर्थिक महत्त्व की जगह नहीं हैं। उसका सांस्कृतिक और भावनात्मक महत्त्व भी बहुत है (देखें मदन १९६५ : ४५-५५)। एक ही शब्द गर (या घर), परिवार और गृह दोनों के लिए इस्तेमाल होता है। घर ब्रह्मांड में व्याप्त नैतिक व्यवस्था का प्रतीक भी है। जब नये घर की नींव डाली जाती है तो कई कर्मकांड संपन्न किए जाते हैं ताकि देवताओं के आशीर्वाद मिलें (इन देवताओं में मानवीय कर्मों को शुभ-सफल बनाने वाले गणेश प्रमुख हैं) व बुरी आत्माएँ शांत हो जाएँ। पूजित कृपालु देवों में क्षेत्रपाल (दिक् के रक्षक) भी हैं। घर का निर्माण पूरा होने के बाद दो मिट्टी (या तांबे) के घड़े रसोई में स्थापित किए जाते हैं। यह पंडितों के घर में अत्यधिक महत्त्वपूर्ण पवित्र स्थल होता है। ये घड़े पिछले घर से लाए जाते हैं। इन्हें सनिवारि (अनश्वर घड़े) कहना अर्थपूर्ण है। ये निरंतरता और अनश्वरता का प्रतीक हैं। इसके बाद विधिपूर्वक अग्नि जलाकर घर में आदि देव अग्नि की स्थापना की जाती है। अगर परिवार के पास कोई पवित्र प्रतीक चिह्न हों (जैसे शिव का लिंगम, विष्णु का शालिग्राम, देवी का श्रीयंत्र आदि) तो उन्हें पहली मंजिल के केंद्रीय कक्ष में स्थापित किया जाता है। इस कमरे को 'ठोकुरकुठ' या देवों का कक्ष कहते हैं। चूल्हे के अतिरिक्त हर पारंपरिक घर में होम हेतु अग्निकुंड होता है। माना जाता है कि हर घर का एक रक्षक देवता होता है जिसे 'घरदेवता' कहते हैं। शरद ऋतु के प्रारंभ में होने वाले उत्सव में उसे वैदिक देवता वाचस्पति के रूप में पूजा जाता है।

वाचस्पति गृह (वास्तु) के देवता हैं। वे धर्म या नैतिक व्यवस्था के रक्षक भी हैं, क्योंकि वे नियम का पालन करवाते हैं (व्रतपा)। इस देवता के साथ संबंध द्वारा घर ब्रह्मांड का छोटा रूप होता हैं। ध्यान रहे कि ऋगवेद (I.७१) के अनुसार जब दैवी पिता अपनी पुत्री उसा के साथ संभोगरत थे, तभी अग्नि ने उन पर बाण चला कर संभोग में व्यवधान डाल दिया था क्योंकि वे अवर्गीकृत संपूर्णता के साथ हिंसा कर रहे थे। फलस्वरूप, ईश्वर का वीर्य स्खलित होकर गिर गया। उसी से वाचस्पति का उदय हुआ। उस वीर्य को अग्नि ने पकाया और उसी की संतति यह विविधतापूर्ण प्रकृति है।

ब्रह्मांड की उत्पत्ति के जन्म के बारे में कुछ सूचनाकारों द्वारा मुझे बताए

इस मिथक में अग्नि केंद्रीय भूमिका निभाते प्रतीत होते हैं। पंडितों के घर प्रतिदिन खाना बनाने के पहले एक मुट्ठी चावल चूल्हे में अग्नि को समर्पित किया जाता है। इस प्रकार वह पोषण पाता है। समय-समय पर अग्नि को होम अर्पित किया जाता है। कुछ घरों में यह हर पखवाड़े किया जाता है (पक्षाग) और वह परिवार व देवताओं के बीच मध्यस्थ का काम करता है। जीवन-चक्र के मेखला और नेथर (विवाह) संस्कार अग्नि के समक्ष संपन्न होते है। छह मासा श्राद्ध भी अग्नि के सामने किया जाता है। अंत में पंडित का मृत शरीर अग्नि को सौंप दिया जाता है। लेकिन, यह घर पर नहीं श्मशान में होता है। रोज की पूजा-अर्चना, जन्म, जनेऊ, विवाह और श्राद्ध के स्थल घर और मृत देह को जलाने के स्थान श्मशान एक-दूसरे के बिल्कुल विपरीत हैं, लेकिन ये स्थान और परिवार की ये महत्त्वपूर्ण घटनाएँ अग्नि द्वारा जुड़ी हुई हैं। वह देवताओं और मनुष्यों, ब्रह्मांड और घर, इहलोक और परलोक के बीच मध्यस्थ है।

पंडितों की मृत्यु और मरण संबंधी धारणाएँ उनके मृत्योपरांत कर्मकांड, दार्शनिक परंपरा और उन मिथकों से स्पष्ट होती हैं जो हमेशा उनके मन में विद्यमान रहती हैं और समय-समय पर कथापाठ के दौरान सुनी जाती हैं। उनके दृष्टिकोण में मृत्यु को अंत न मानना महत्त्वपूर्ण है। मृत्यु की अनिवार्यता न केवल स्वीकारी जाती है, उस पर अत्यधिक बल भी दिया जाता है। इसके अतिरिक्त, मृत्यु को सामाजिक व्यवस्था के लिए खतरा या उसका अपवित्रीकरण नहीं समझा जाता है। पंडितों की सांस्कृतिक विचारधारा मृत्यु को सही परिप्रेक्ष्य में रखने को महत्त्व देती है। इसमें प्रथम बिंदु आत्मा की अनश्वरता है, और द्वितीय शरीर की नश्वरता है। इसी कारण इसे क्षणभंगुर कहते हैं। विद्वान और विवेकी मृत्यु पर शोक मनाने को अज्ञान और मायाजाल का परिणाम मान सकते हैं लेकिन साधारण जन मृत्यु पर दुःख प्रकट करते हैं और कुछ सामाजिक पुनर्व्यवस्था की आवश्यकता महसूस करते हैं। उदाहरणार्थ, संतानहीन युवा विधवा अपने मायके रहने चली जाएगी, जहाँ से वह लाई गई (विवाह) थी।

इस विवेचन में मैंने पंडितों के मरण और मृत्यु के प्रति संज्ञात्मक दिशा निर्धारण पर ध्यान दिया है और यह दिखाने की कोशिश की है कि लोग जो करते हैं, सोचते हैं, शायद महसूस करते हैं, उनके लिए यह कैसे एक सांस्कृतिक मंच प्रदान करता है। दूसरे शब्दों में, चूंकि मृत्यु सामाजिक संबंधों में शून्यता लाती है (जैसा

हट्र्ज़ सुझाते हैं) और व्यक्तिगत शोक का भी कारण होती है, इसलिए यह संज्ञात्मक दिशा-निर्धारण, कि विवेकी मृत्यु पर शोक नहीं करते हैं, बल देने योग्य है। और, विवेकी उपयुक्त आचरण के आदर्श माने जाते हैं। पंडितों का परलोक शास्त्र यह नहीं कहता कि मृत्यु नगण्य घटना है, बल्कि इसे इतना महत्त्वपूर्ण मानता है कि इसके लिए तैयारी की जाए। लेकिन यह एक शृंखला में एक घटना मात्र है और इसके बाद भी दूसरी घटनाएँ (जन्म और मृत्यु) होंगी, जिस प्रकार इसके पूर्व घटनाएँ हुई थीं। एक सूचनाकार के अनुसार, 'केवल अविवेकी ही माला का अंतिम मोती और कुम्हार के चाक की शुरुआत ढूँढ़ने का प्रयत्न करते हैं।'

पंडितों के परलोक शास्त्र की जड़ें प्राचीन ब्राह्मणवादी परंपरा में हैं। मैंने इसमें उपनिषदों की प्रतिध्वनि के बारे में पहले ही कहा है और पुराणों के मिथकों पर इसकी निर्भरता भी इंगित की जा चुकी है। महाकाव्य, विशेषकर भक्ति रस से ओत-प्रोत तुलसीदास रचित रामचरितमानस भी सद्‌जीवन की शैली और सार समझाने के लिए उद्धृत किए जाते हैं। ध्यान रखना आवश्यक है कि यह एक वाक्-परंपरा है क्योंकि ग्रामीण कश्मीर के पंडित प्रायः पढ़े-लिखे होने के बावजूद न तो संस्कृत का अच्छा ज्ञान रखते हैं और न ही शास्त्रों की उनकी जानकारी अच्छी होती है। मेरे कई सूचनाकारों को अपनी धारणाओं के शास्त्रीय स्रोतों का पता भी नहीं था। लेकिन जीवन के लक्ष्य और परलोक शास्त्र की उनकी सांस्कृतिक परंपरा ब्राह्मणवादी परंपराओं के परिवार की निस्संदेह सदस्य है। दूसरी बातों के अलावा इस अध्याय में इसे स्पष्ट करने का मैंने प्रयत्न किया है।

पंडित जीवन-दर्शन कर्म के शास्त्रीय विचार पर आधारित है जिसमें बाद की शैव और विष्णु भक्ति का पुट है। प्रारंभिक और मध्यकालीन धार्मिक परंपरा का संश्लेषण हिंदुओं के जीवन में सर्वत्र मिलता है। मेरे एक सूचनाकार ने कहा, 'व्यक्ति जन्म लेता है और उसे मरना होता है। लेकिन इन दो बिंदुओं के बीच उसे अपना धर्म-कर्म भूलना नहीं चाहिए। उसे ईश्वर को भी नहीं भूलना चाहिए। अपने-आप में मामूली होने पर भी ये घटनाएँ अपनी नैतिक शक्ति दृढ़ करने और जीवन-मृत्यु के चक्र से मुक्ति के मार्ग पर बढ़ने का अवसर प्रदान करती हैं।' संक्षेप में जन्म या मृत्यु, जीवित या मृत, देवता या मनुष्य महत्त्वपूर्ण नहीं हैं; महत्त्वपूर्ण है उनके बीच सही संबंध स्थापित करने का प्रयत्न करना। यही भट्टिल यानी पंडितों की जीवन-शैली है।

संदर्भ और टिप्पणियाँ

१. हिंदू समाज पर लिखने वाले समाजशास्त्रियों द्वारा मृत्यु को कम महत्त्व देने पर याद आता है कि पचास वर्ष से भी पहले रिवर्स ने कीनियाई कबीलों पर काम कर रहे एक अध्येता को लिखा था : 'मृत्यु सामान्यतः इतनी महत्त्वपूर्ण और सामग्री-प्रचुर होती है कि उसे पूरा अध्याय दिया जाना चाहिए' (उद्धृत लेंघम १९८१ : ३०२)।

२. हिंदू परंपरानुसार ब्राह्मण ग्रंथों में वर्णित कर्मकांडों का प्रमुख लक्ष्य दीर्घ आयु और मृत्यु का अतिक्रमण है। इन ग्रंथों की भौतिक अमरता का स्थान उपनिषदों के दार्शनिक दृष्टिकोण ने ले लिया जो जन्म, मृत्यु, पुनर्जन्म से मुक्ति को मृत्यु का अतिक्रमण मानता है। जीवन की आशा एक से अधिक प्रकार की होती है।

३. देखें, मदन १९६५ और अध्याय एक। एक अध्याय में कई बिंदु पहले अध्याय के विवेचन से संबद्ध हैं और उन सभी को इंगित करने के लिए कई बार संदर्भ देना पड़ेगा।

४. कश्मीरी मुसलमान भी इस अभिव्यक्ति ('मरना सबको है!') का उपयोग करते हैं। लेकिन उनके मामले में कयामत के दिन का लेखा-जोखा विद्यमान है। पंडित ऐसी किसी अंतिम गणना की धारणा नहीं मानते पर दंड के प्रावधान से उन्हें भी इनकार नहीं।

५. पंडितों के घर पकी ईंटों, लकड़ी और चूना-मिट्टी के बने होते हैं। जिन गाँवों में मैं गया हूँ, वहाँ कई मकान सौ वर्षों से ज्यादा पुराने हैं। यह उम्मीद की जाती है कि एक मकान कम से कम तीन पीढ़ियों तक चलेगा। इसमें कोई आश्चर्य नहीं कि लोग मकान से लगाव अनुभव करते हैं। घर से दूर नदी के किनारे सद्गति प्राप्त करने का विचार दूसरे ब्राह्मण समुदायों में लोकप्रिय है, लेकिन पंडितों में नहीं। वे इसके बारे में और राजपूतों द्वारा युद्धभूमि पर मृत्युवरण के विचार से अवगत हैं।

६. पंडितों के बीच स्वर्ग और नरक की प्रकृति के बारे में दो धारणाएँ प्रचलित हैं। एक के अनुसार अशरीरी आत्मा इन दोनों जगहों पर ले जाई जाती है और अपने कर्मों के अनुसार प्रत्येक में रहती है। उसके बाद ही उसका पुनर्जन्म होता है। दूसरे के अनुसार स्वर्ग और नरक मानव संसार में ही अस्तित्व की अवस्थाएँ हैं, और स्वर्ग के आनंद और नरक की यंत्रणाएँ यहीं अनुभव की जाती हैं। प्रेत से पितृ बनने के तुरंत बाद उसका पुनः जन्म होता है।

७. पंडित कहते हैं कि जो पिता अपने पुत्रों पर कर्ज छोड़ कर जाता है वह मित्र नही बल्कि शत्रु है : *ऋण कृता पिता शत्रु।*

८. यह हिंदुओं के बीच काफी प्रचलित धारणा लगती है। रामकृष्ण परमहंस जब गले के कैंसर से पीड़ित थे तब उन्होंने धीरे से कहा '...मैं कष्ट झेलता जा रहा हूँ क्योंकि मुझे डर है कि मेरे मरने पर तुम लोग बहुत रोओगे। लेकिन अगर तुम कह दो कि कष्ट

बहुत सह लिया, अब शरीर त्याग दीजिए, तो मैं इसका त्याग कर सकता हूँ' (ईशरवुड १९६५ : २९८)।

९. ऊपर अध्याय २ देखें।

१०. उपवास के द्वारा और हिंसक तरीकों से आत्महत्या के बीच भेद माना जाता है, लेकिन किसी भी तरह की आत्महत्या निंदा योग्य है। यह सभी ब्राह्मणों और गैर-ब्राह्मण समुदायों का दृष्टिकोण नहीं है। महाराष्ट्र में उपवास द्वारा मृत्यु-प्राप्ति की एक परंपरा है। हाल में ऐसी एक प्रसिद्ध घटना विनोबा भावे की १९८२ में मृत्यु की है। दिल का दौरा पड़ने के बाद उन्होंने किसी तरह का भोजन और औषधि लेना छोड़ दिया था। वे ८८ वर्ष के थे। उपवास द्वारा शरीर त्यागने की परंपरा सामान्यतः जैनों में सबसे अधिक प्रचलित है (देखें जैनी १९७९ : १८१)। विशेषकर पश्चिम भारत में हिंदू समाज पर जैनों का प्रभाव है। पंडितों का मानना है कि आत्महत्या से व्यक्ति का अपयशबोध परिवार को स्थानांतरित हो जाता है। इसलिए इसे दूसरों के भले के लिए किया गया आत्मबलिदान भी नहीं कहा जा सकता है।

११. कई विद्वानों ने शरीर को अग्नि-समर्पित करने को बलि कहा है (उदाहरणार्थ देखें, दास १९७७; पैरी १९८१ और १९८२)। मैं इस विषय पर कुछ कहने में अक्षम हूँ। मैंने किसी भी पंडित को इसके लिए दाह-संस्कार के अतिरिक्त किसी शब्द का उपयोग करते नहीं सुना है और 'हवन' या 'बलि' कभी इस्तेमाल नहीं होते। न ही मैंने मृत शरीर के लिए 'आहुति' का उपयोग सुना है। लेकिन मुझे इसका अच्छी तरह जाँच करने का मौका नहीं मिला। पैरी परिस्थिति को अपनी मान्यता से और जटिल बना देते हैं कि 'गृहस्थ चिता पर स्वयं को बलिदान कर देता है ताकि वह पुनर्जन्म ले सके' (१९८२ : ७४)। मैं निश्चित तौर पर जानता हूँ कि पंडित मृतक के पुत्र को दाह-संस्कार का कर्त्ता मानते हैं जो इससे पुण्य अर्जित करता है। वे इसके लिए स्मृतियों और पुराणों को उद्धृत करते हैं। इसके अतिरिक्त मृत्योपरांत कर्मकांडों में मुख्य रुचि मृतात्मा को पितृ में परिवर्तित करने में होती है। पितृ अपने वंशजों के साथ आपसी निर्भरता के संबंध से बँधे होते हैं : पिंडदान के बिना वे नरक जाते हैं लेकिन ऐसी स्थिति में वंशज भी शापित होते हैं।

१२. पुनरपि जननम् पुनरपि मरणम् पुनरपि गर्भनिवासम।
घोरम हर मम नरकरिपो केशव कल्मष भारम्।
मामनुकम्पय दीनमनाथम कुरु भवसागर पारम्।

पुनश्चः

हिंदू धर्म की खोज

'हिंदुत्व' की कोई हिंदू अवधारणा नहीं है और, 'हिंदुत्व क्या है?' इस प्रश्न का उत्तर केवल इसी आधार पर दिया जा सकता है कि इस शब्द का प्रयोग करने वाले विदेशी इसका किस अर्थ में प्रयोग करते हैं।

—बंकिमचंद्र चटर्जी

उद्‍गम से एकात्म और अविभाज्य रहते हुए यह विशाल वृक्ष बन गया है जिसकी असंख्य शाखाएँ हैं। ऋतुओं के परिवर्तन इसे प्रभावित करते हैं। इसके अपने ग्रीष्म और शरद हैं, शीत और वसंत हैं। वर्षा इसे पोषण देती है, फल लगाती है। हिंदू धर्म गंगा की तरह है जिसका स्रोत शुद्ध और पवित्र है, लेकिन जो अपनी यात्रा में अशुद्धता को अपने साथ बहा ले जाती है।

—महात्मा गांधी

आंद्रे मालरू : धर्म विमुख जीवन मुझे आज के मशीनी युग के अनुसार प्रतीत होता है...। नए कारक का इस प्रकार सार-संकलन किया जा सकता है... ऐसी विषाक्तता जो जीवन की वैधता को अनदेखा करने के लिए क्रिया को सुगम बनाती है...।

जवाहरलाल नेहरू : कब तक?

हिंदू धर्म : परंपरा और अभिव्यक्ति

इस चर्चा की शुरुआत मैं एक प्रश्न से करूँगा जो हिंदू धर्म पर समकालीन विमर्श में इधर बहुत चर्चित रहा है : क्या अखिल भारतीय हिंदू धर्म जैसी कोई 'वस्तु' या 'सामाजिक तथ्य' है जो हिंदू कहलाने वाले स्थानीय या क्षेत्रीय समुदायों को

परिवेष्टित करता हो? या हिंदू धर्म केवल एक अभिव्यक्ति भर है, जिसका कोई तथ्यगत संदर्भ नहीं है और इसका आविष्कार उन्नीसवीं शताब्दी के ईसाई मिशनरियों, प्राच्य विद्याविदों, प्रशासकों इत्यादि ने किया है, जिससे यह गलतफहमी बन गई कि उपमहाद्वीप स्तर पर विश्वास और व्यवहार का कोई समुदाय मौजूद है, जबकि वास्तव में वहाँ सिर्फ छोटे-छोटे समुदाय, जातियाँ और संप्रदाय भर हैं।

शिक्षित भारतवासियों या भारतीयों में यह विचार फैला हुआ है कि हिंदू परंपरागत रूप से धर्म को अपनी जीवन-दृष्टि और जीवन शैली के विलगनीय अंग या पक्ष के रूप में नहीं देखते रहे हैं। इस दृष्टिकोण की सारगर्भित अभिव्यक्ति उन्नीसवीं शताब्दी के सबसे महान भारतवासियों में एक, बंकिम चंद्र चटर्जी के लेखन में हुई है। उन्होंने लिखा है :

> दूसरे लोगों के लिए धर्म उनके जीवन का एक अंग है; कुछ चीजें धार्मिक हैं और कुछ धर्मनिरपेक्ष। हिंदू के लिए उसका पूरा जीवन धर्म है...। हिंदू के लिए ईश्वर के साथ उसके संबंध, उसका आध्यात्मिक और इहलौकिक जीवन अविभाज्य हैं। वे एक संयुक्त और सुसंगत संपूर्णता का निर्माण करते हैं जिसके तत्त्वों को अलग करना उसे नष्ट करना है (उद्धृत, चौधरी १९७४ : ११-१२)।

इस विचार के आलोचकों का कहना है कि यह ब्राह्मणवादी सोच है, लेकिन वे धर्मनिरपेक्ष को धार्मिक क्षेत्र से अलग करने वाला कोई अवर्ण दृष्टिकोण सामने रखने में समर्थ नहीं हैं। बंकिम द्वारा ऐसा लिखने के बाद सौ से ज्यादा वर्ष गुजर चुके हैं। सेकुलरीकरण की प्रक्रियाओं ने पूर्णतः सेकुलर क्षेत्र का आधुनिक भारत में विस्तार किया है, लेकिन धर्म अभी भी व्यक्तिगत जीवन तक सीमित नहीं हो पाया है। अभी भी देश के अधिकतर लोगों के लिए बंकिम की बात सही है।

इसके अतिरिक्त दिलचस्प बात यह है कि इससे धर्म की ऐसी परिभाषा मिलती है, जिसका अंतःसांस्कृतिक उपयोग हो सकता है : धर्म का प्रथमतः अलौकिक या पवित्र के साथ संबंध है। साथ ही इस संबंध के आलोक में यह दूसरे मानवों से भी जुड़ा हुआ है। सांसारिक क्षेत्र को आध्यात्मिक से परिवेष्टित समझना धार्मिक दृष्टिकोण है। लेकिन, यह एक पूर्वधारणा है न कि पश्चात-विचार, जिसकी व्याख्या जरूरी है। प्राचीन ब्राह्मणवादी ग्रंथ विष्णु पुराण (तीसरी शताब्दी उत्तरार्ध) भारतवासियों को भारत की संतानें कहता है। यह ग्रंथ भारत का भौगोलिक वर्णन

उस देश के रूप में करता है, जो समुद्र के उत्तर और बर्फ से ढँके पर्वतों के दक्षिण में है। याद रखना चाहिए कि समुद्र और पर्वत पारंपरिक दृष्टिकोण में पवित्र माने जाते हैं जिनके न केवल अपने देवता होते है, बल्कि वे स्वयं देवता हैं।

फारस के लोगों ने (छठी शताब्दी ईसा पूर्व के मध्य में) और यूनानियों ने (चौथी शताब्दी ईसा पूर्व के प्रारंभ में) इस इलाके में रहने वाले लोगों का उनकी महानदियों में सबसे पश्चिमी नदी के संदर्भ में वर्णन किया है। यह नदी संस्कृत में सिंधु के नाम से जानी जाती थी। सिंधु फारसी में 'हिंदू' और ग्रीक में 'इन्डोस' बन गई और ऐसा प्रतीत होता है कि ये शब्द भूमि और जन, दोनों के लिए उपयोग किए जाने लगे। कई सौ वर्ष बाद, आठवीं शताब्दी के प्रारंभ में जब नुमैयद खिलाफत ने अपना पूर्व की तरफ विस्तार किया तो अरब विजेता सिंधु नदी के मुहाने पर बसे हिंदू राज्य तक पहुँच गए जिसका नाम सिंध था। आने वाले वर्षों में सिंध के परे उत्तर भारत के विशाल प्रदेश को अल-हिंद कहा जाने लगा, और वहाँ के लोगों को अल-हिंदी। समय के साथ 'हिंदी' नृतत्त्वशास्त्री-भौगोलिक श्रेणी और 'हिंदू' एक धर्म के अनुयामी के लिए इस्तेमाल होने लगे। यह ध्यान देने योग्य है कि यह अंतर केवल स्थानीय प्रयोग नहीं था। दक्षिण भारत में भी इसका इस्तेमाल होता था। उदाहरणार्थ, चौदहवीं शताब्दी में अब्द अल-मलिक इसामी की रचना फलुहुस सलातीन (सुल्तानों की विजय) में भी इसका उपयोग हुआ है (देखें, लॉरेन्जेन १९९९ : ६५३)।

इस्लाम के भारत में फैलने के साथ 'हिंदू' शब्द के अर्थ में विस्तार हुआ और यह उन भारतवासियों के लिए इस्तेमाल होने लगा जो इस्लामी उम्मा से बाहर थे। इसका यह अर्थ नहीं कि वे सभी एक धर्म के अनुयायी माने जाते थे। लेकिन, इस प्रक्रिया में एक प्रमुख धर्म के अस्तित्व को मान्यता मिली। इसके लिए हमारे पास महान फारसी यात्री, भाषाशास्त्री और मानवशास्त्री अल-बरूनी का लिखित साक्ष्य है। बरूनी सुल्तान महमूद गजनवी के साथ भारत आए, यहाँ दस साल रहे और १०३० ईस्वी में उन्होंने अपनी महान पुस्तक तारीख-उल-हिन्द (भारत इतिवृत्त) लिखी। भूमिकावश अवलोकनों के बाद उन्होंने ईश्वर की हिंदू धारणा से अपना आख्यान शुरू किया। यह शायद उनके इस्लामिक मूल्यों को दर्शाता है, लेकिन इसकी भी संभावना है कि इसमें भारतीय जन की संज्ञानात्मक प्राथमिकता परिलक्षित होती है। इसके बाद वे हिंदू धर्मशास्त्र और मिथक (प्रजापति, रुद्र, विष्णु),

तत्त्वमीमांसा (आत्मा, कार्य-कारण, पुनर्जन्म, मोक्ष), धार्मिक रीति-रिवाज (उपवास, मूर्तिपूजा, तीर्थ यात्रा), धर्म ग्रन्थ (वेद, पुराण), धर्म निरपेक्ष साहित्य (व्याकरण, गणित, खगोलशास्त्र), समाज व्यवस्था (वर्ण और उसकी उपश्रेणियाँ), सामाजिक और धार्मिक न्यायविधि, विवाह संबंधी रीति-रिवाज, इत्यादि के बारे में लिखते हैं (देखें, एम्ब्री १९७१)। एक समग्र दृष्टि में वे भारत को हिंदुओं के विविध लेकिन एकीकृत सांस्कृतिक दिक् के रूप में चित्रित करते हैं। इसमें मानवीय और दैवीय क्षेत्र तथा मानवों के बीच के संबंध अंतरावेष्टित थे। भारत की यह तस्वीर न तो एक बाहरी व्यक्ति का आविष्कार थी, और न ही यह नई थी।

अल-बरूनी से तीन सौ वर्ष पूर्व शंकराचार्य अपने अद्वैत दर्शन का प्रचार करने के उद्देश्य से सारे भारतवर्ष में घूमे थे। दक्षिण में शृंगेरी से उत्तर में कश्मीर और पूरब में पुरी से लेकर पश्चिम में द्वारका तक का क्षेत्र उनके धार्मिक एकीकरण के प्रयास का क्षेत्र था। उनके अनुयायी उनकी यात्राओं को दिग्विजय (चारों दिशाओं पर विजय) कहते हैं। इस प्रकार वास्तविक भौगोलिक एकता एवं कल्पित सांस्कृतिक एकरूपता संभवतः सक्षेत्रीय माने जाते थे। प्राचीन काल से ही धार्मिक मतभेद विद्यमान थे। ब्राह्मण, जैनों, बौद्धों और दूसरे विरोधियों को अपधर्मी और भ्रान्त मानते थे। वे उन्हें शास्त्रार्थ के जरिए सुधारना चाहते थे। बल प्रयोग उनकी नीति नहीं थी। इस प्रक्रिया में दोनों पक्षों ने एक-दूसरे से ग्रहण किया। शंकराचार्य ने बौद्धों का जम कर विरोध किया, लेकिन कालांतर में अपने आलोचकों द्वारा वे स्वयं प्रच्छन्न बौद्ध कहलाए।

जब इस्लाम भारत का एक प्रमुख धर्म बन गया तो ब्राह्मणों ने उसके विद्वानों के साथ भी शास्त्रार्थ किया। शास्त्रार्थ का मुख्य विषय सच्चे धार्मिक विश्वास और रीतियों पर केंद्रित रहता था। एक संवाद की काल्पनिक प्रस्तुति मराठी संत एकनाथ ने सोलहवीं शताब्दी में की (देखें, ज़िलियट २००३ : ६४-८२)। शास्त्रार्थ करने वालों में एक हिंदू और दूसरा एक मुसलमान तुर्क है। दोनों के पारस्परिक विरोध पर ध्यान केंद्रित किया गया है, ताकि उनके धार्मिक अंतर की क्षुद्रता सामने आ सके। संवाद सच्चे धर्म की एकता और भगवत् कृपा पर बल देता है। लेकिन कुछ गुरुओं द्वारा धार्मिक मतभेदों को क्षुद्र बताने से धार्मिक समुदायों के बीच झगड़े समाप्त नहीं हुए। कुछ धर्मोपदेशक इन संतों का रास्ता सही नहीं मानते थे। अकसर धर्म-रक्षा और धर्म-प्रसार के आह्वान होते रहते थे।

शिवाजी (१८२७-१८८०) 'हिंदू धर्म' के लिए अपनी कुर्बानियों की चर्चा करते रहते थे। डेविड लॉरेन्जेन मानते हैं कि सदियों तक मुसलमान शासन में रहने के कारण हिंदुओं में पारिवारिक साम्यताओं पर आधारित एक साझी अस्मिता की चेतना उत्पन्न हुई। यह चेतना पंथ, जाति, देवता और धार्मिक सिद्धांत से परे थी (१९९९ : ६५५)।

ऐसा नहीं है कि हिंदुओं और मुसलमानों के बीच केवल अंतर ही देखे गए (देखें, पोलॉक १९९८)। मुसलमान सूफियों और हिंदू भक्तों के बीच विचारों और रीतियों के आपसी आदान-प्रदान से मध्य युग की प्रसिद्ध संत परंपरा और धार्मिक समन्वय का जन्म हुआ (देखें, शोमर एवं मेक्लियॉड १९८७)। सोलहवीं शताब्दी में इसे अकबर ने राजसी प्रश्रय दिया। अकबर का आदर्श सुल्ह-ए-कुल (सभी के प्रति सदिच्छा या संपूर्ण शांति) था। क्षेत्रीय भक्ति परंपराएं, विशेषकार किसी व्यक्तिगत आराध्य पर केंद्रित सगुण परंपराएँ, पुराणों में संकलित सामूहिक मिथकों, स्थानीय मिथकों और पंथों का उपयोग करती थीं। अपने उद्देश्यों और आचरण में इन परंपराओं के बीच समरूपता केवल स्थानीय या क्षेत्रीय स्तर पर ही नहीं थी। ब्राह्मणों के अतिरिक्त अन्य लोग भी तीर्थयात्राएँ करते थे, जो उन्हें देश के सुदूर हिस्सों में ले जाती थी। इससे हिंदुओं की अखिल भारतीय धार्मिक परंपरा पोषित हुई।

भारत के धार्मिक इतिहास के इस लघु विवरण के आलोक में यह कथन अजीब लगता है कि हिंदू धर्म अठारहवीं-उन्नीसवीं शताब्दी के पाश्चात्य विद्वानों की क्षीण दृष्टि से उत्पन्न मृगमरीचिका है। इसमें संदेह नहीं कि उन्होंने 'हिंदुइज़्म' या इसके समतुल्य 'हिंदुइज़्मस' 'हिंदुइज़्मे' या 'इन्डुइस्मो' इत्यादि शब्द दिए। उन्नीसवीं शताब्दी के प्रारंभिक काल से ही शिक्षित भारतीय अंग्रेजी अभिव्यक्ति का इस्तेमाल करने लगे। राममोहन राय ने पहली बार इसका इस्तेमाल १८१६ में किया। यह दावा सही है कि शताब्दी के बीतते-बीतते हिंदुइज़्म औपनिवेशिक संदर्भ में राष्ट्रीय एकता के निर्माण में एक महत्त्वपूर्ण तत्त्व बन चुका था (इस बारे में बाकी बातें बाद में)। लेकिन, इससे यह निष्कर्ष नहीं निकाला जा सकता कि इसके पहले एक वैविध्यपूर्ण लेकिन सामूहिक अखिल भारतीय हिंदू धार्मिक परंपरा संबंधी धारणा बिल्कुल नहीं थी, या यह एक आधुनिक धारणा है। ऐसा कहा जाता है कि शताब्दियों तक एक संपूर्ण धर्म नहीं, बल्कि 'कई धार्मिक संप्रदाय अस्तित्व में रहे

हैं, जिन्हें अब हम एक नाम देकर समरूपता प्रदान करते हैं' (थापर, १९९७ : ५६ जोर मेरा)। इस प्रकार हिंदू धर्म को या तो महज एक सुविधाजनक, लेकिन ढीले-ढाले 'लेबल' की तरह देखा गया या अपने बदतर रूपों में यह सांस्कृतिक और अंततः राजनीतिक प्रभुत्व की आधुनिक विचारधारा करार दिया गया है।

मेरी मान्यता है कि वर्तमान हिंदू दक्षिणपंथी धार्मिक और सांस्कृतिक विविधता के प्रति असहिष्णुता के खतरे को कम नहीं आँकना चाहिए, लेकिन इससे डर कर हिंदू धर्म के विकास संबंधी प्रमाणों का गलत मतलब भी नहीं निकालना चाहिए। लॉरेन्जेन इन प्रमाणों से यह निष्कर्ष निकालते हैं :

> आधुनिक प्रेक्षक की दृष्टि में परिवारगत साम्यताएँ पौराणिक काल (३००-६०० ई.) में हिंदू आकार ग्रहण करने लगती हैं। वैदिक धर्म के साथ पुराणों में कई साम्यताएँ हैं। लेकिन विष्णु, शिव और देवी संबंधी पौराणिक मिथक तथा अन्य तरह के परिवर्तन इस धर्म को एक नवीनता प्रदान करते हैं। मेरे खयाल में इन्हीं के साथ मध्ययुगीन एवं आधुनिक हिंदू धर्म का प्रारंभ होता है। इस हिंदू धर्म का आविष्कार किसी ने नहीं किया, न यूरोपियनों ने, न किसी भारतीय ने (१९९९ : ५५५)।

हम सिर्फ यह स्पष्ट करना चाहते हैं कि इलहाम के जरिए प्राप्त धर्मों की अपेक्षा हिंदू धर्म का अधिक प्रक्रियात्मक स्वरूप है। बृहत् स्तर पर इसका कोई प्रतिष्ठाता, चर्च या मौलिक तत्त्व नहीं है। वेदों को उद्‌घाटित माना जाता है, लेकिन कुरान की तरह नहीं। यहाँ जोर ऋषियों द्वारा अनश्वर सत्य के दर्शन पर है। ऐसा तर्क दिया जा सकता है कि यह ब्राह्मणों की परंपरा है और हम दूसरे तथाकथित हिंदू समुदायों की परंपरा को अनदेखा कर रहे हैं। आज हमारे पास 'संकीर्णीकरण' (यह कोई अच्छी अभिव्यक्ति नहीं है) और संस्कृतिकरण पर ढेर सारा प्रमाण उपलब्ध है कि किस प्रकार ब्राह्मणवादी विचार और रीति-रिवाज प्रचार और नकल / अनुकरण द्वारा फैलते हैं। उसी प्रकार लोक परंपरा के तत्त्व ब्राह्मण परंपरा में शामिल किए जाते हैं, और सर्वव्यापी मान्यता बनते चले जाते हैं। ऐसे सांस्कृतिक आदान-प्रदान वैदिक काल से ही शुरू हो गए थे और अभी तक जारी हैं (देखे मैरियट १९५५, चक्रवर्ती २००१, श्रीनिवास २००२)।

परस्पर प्रभाव डालते सांस्कृतिक समुदायों की असंयोज्यता पर बल देते रहना इतिहास और मानवशास्त्र के तथ्य अनदेखा करने पर ही संभव है। यह लेखक के उद्देश्यों और पद्धति पर निर्भर करता है कि वह अखिल भारतीय, प्रांतीय

या स्थानीय दृष्टिकोण अपनाए। अगर हम कश्मीरी पंडितों की धार्मिक परंपरा पर ध्यान केंद्रित करें तो उन्हें शैव या शाक्त कहना शायद काफी नहीं होगा। उनमें से कुछ को त्रिपुर कहना होगा, जो नारीत्व या शक्ति पक्ष पर अधिक बल देते हैं, और कुछ को कौला, जो पुरुष या शिव पक्ष पर बल देते हैं। अगर पंडितों को एक सांस्कृतिक गुट नहीं बल्कि उपमहाद्वीपीय धार्मिक समुदाय के अंग के रूप में देखा जाए, तो शंकराचार्य द्वारा स्थापित पूजन परंपरा में वे स्मार्त कहलाएँगे। जीवन-चक्र संबंधी संस्कारों को मानने के बतौर वे उच्च जाति के हिंदू हैं। वे चेतन रूप से अपने-आपको हिंदू परंपरा का अंग मानते हैं। इसके अतिरिक्त मध्ययुग के उत्तरार्ध से ही लगान के कागजात में उन्हें हिंदू (*हुनुद*) कहा गया है। इस बात को यूँ भी कहा जा सकता है कि मानवशास्त्रीय वर्णन के वृक्ष लंबे अरसे से समाजशास्त्रीय जंगल के अंग बने हुए हैं।

क्या हिंदुइज़्म एक धर्म है?

हाल के वर्षों में एक और प्रश्न बार-बार पूछा गया है : क्या 'हिंदुइज़्म' एक धर्म है? हिंदू परंपरा की आंतरिक सहिष्णुता से मैक्स वेबर इतने चकित थे कि उन्होंने कहा : 'हिंदुइज़्म' हमारे (पाश्चात्य) अर्थों में धर्म है ही नहीं' (१९५८ : २३)। आंतरिक विविधता के अतिरिक्त इसकी परंपरा में भी लचीलापन है। विस्तृत स्तर पर विल्फ्रेड कैंटवेल स्मिथ का कहना है कि 'अगर हम 'हिंदुइज़्म' को धर्म कहें तो इससे हिंदुओं की स्वतंत्रता और विश्वास को ठेस पहुँचती है। कल एक हिंदू क्या करेगा, इसके बारे में आज कोई भी कुछ नहीं कह सकता' (१९७८ : १४५)। किसी भी धर्म को ऐतिहासिक दृष्टि से देखने पर यही निष्कर्ष निकलता है, यानी उसे धार्मिक इकाई नहीं, बल्कि धार्मिक परंपरा मानना ही उचित प्रतीत होता है।

प्रसिद्ध भारत विद्याविद् आर. एन. डांडेकर का मानना है कि 'हिंदुइज़्म' धर्म नहीं है, क्योंकि – (१) ईश्वर की धारणा इसके केंद्र में नहीं है; (२) इसका कोई संस्थापक या पैगंबर नहीं है; (३) इसका कोई सर्वमान्य ग्रंथ नहीं है; (४) इसकी कोई आवश्यक धार्मिक रीति या मूलभूत सिद्धांत नहीं हैं; (५) इसकी कोई विशिष्ट नैतिक नियमावली नहीं है। इसके बाद वे जोड़ते हैं, 'फिर भी 'हिंदुइज़्म' सदियों से एक विशिष्ट धार्मिक अस्मिता के रूप में अस्तित्व में रहा है' (१९३१ : २३७) तो फिर इसके धर्म होने की बात पर आपत्ति क्यों? स्पष्ट है कि डांडेकर की

बौद्धिक शकाएँ हिंदुइज़्म की स्थायी धर्मों (यहूदी, ईसाई, इस्लाम) के साथ निम्न या अधिक ठोस स्तर पर तुलना करने से उत्पन्न हुई हैं। ध्यान रहे कि 'हिंदुइज़्म' की हस्ती से वे इनकार नहीं करते (स्वयं हिंदू होने के कारण?)। करीब सौ वर्ष पहले जब दुरखाइम को अपने अध्ययन से पता चला कि जैन और बौद्ध धर्म ईश्वर की धारणा से वंचित हैं, और ब्राह्मणों के विचार भी अधिक अमूर्त दिशा में थे तो उन्होंने अमूर्त 'पवित्रता' की धारणा को धर्म की पारिभाषिक विशिष्टता मान लिया (देखें, दुरखाइम १९९५ : २८-३१, ३४-३८, ५८-६१)। लेकिन, सामान्यीकरण करने वाला समाजशास्त्रीय मार्ग इतिहासकार के लिए आसान नहीं है।

एक तर्क यह भी दिया जाता है कि हिंदुइज़्म सिर्फ नाम के लिए धर्म है। वास्तव में यह कई धर्मों का 'परिवार' या संघ जैसा है। इन धर्मों (या धार्मिक संप्रदायों) के संस्थापक, आवश्यक उपदेश, पवित्र ग्रंथ, संस्थाएँ इत्यादि हैं, जबकि हिंदुइज़्म इन सबसे मुक्त है। मेरे खयाल में आवश्यक विचार या मूलभूत सिद्धांतों की अनुपस्थिति पर बेवजह बहुत जोर दिया जाता है। मैक्स वेबर जैसे पूर्णतः बाहरी व्यक्ति ने भी काफी समय पहले ही टिप्पणी कर दी थी कि 'आत्मा के पुनर्जन्म और उससे जुड़ा *कर्म का सिद्धांत* सारे हिंदुइज़्म का *मूलभूत* सिद्धांत है' (१९५८ : ११८, जोर हमारा)। आंतरिक विविधता को हमें, लिप्नर की तरह (१९९६), हिंदुइज़्म के बहुकेंद्रीय होने का परिणाम समझना चाहिए। वे बरगद के पेड़ की उपमा का इस्तेमाल करते हैं। गांधी ने १९२६ में ऐसा ही कहा था। उन्होंने लिखा था, 'उद्गम से एकात्म और अविभाज्य हिंदू धर्म कई शाखाओं वाला विशाल वृक्ष बन गया है' (देखें, बोस १९८:२६१)। जाहिर है ऐसा दृष्टिकोण स्थायी (यहूदी, ईसाई, इस्लाम) धर्मों के लोगों को नहीं भायेगा, जिन्होंने धर्म के पाश्चात्य समाज विज्ञान को प्रभावित किया है।

स्थान की कमी के कारण मैं हिंदुइज़्म को धर्म न मानने की थीसिस पर अधिक विस्तार से चर्चा नहीं कर सकता (देखें बाल गंगाधर १९९४, सोन्थेमर एवं कुल्के १९९७), और मैं इसे आवश्यक भी नहीं समझता। परिभाषाओं के पीछे भागना पांडित्य के लिए उपयुक्त हो सकता है; सामान्य रुचि रखने वाला पाठक यह जान लेना काफी समझेगा कि जब हम हिंदुइज़्म या धर्म के स्वरूप हिंदुइज़्म की बात करते हैं तो न तो हम किसी जटिल यथार्थ का सरलीकरण कर रहे हैं, न किसी प्रक्रियात्मक चरित्र का सारतत्वीकरण कर रहे हैं। जटिलता और ऐतिहासिकता

को नकारने की जरूरत है भी नहीं। मानवशास्त्रीय अध्ययनों ने सिद्ध कर दिया है कि भारतीय ग्रामीण के पास जीवन की समग्रता और धर्म एवं कर्म के अंतःसंबंधों का सर्वांग और इस कारण जीवन-दृष्टिकोण होता है (देखें, माथुर १९६५, पोकॉक १९७३, गोल्ड १९८८)। लेकिन पीढ़ियों के बदलने के साथ इनमें परिवर्तन भी आते रहते हैं।

वैदिक धर्म से हिंदू धर्म : एक संक्षिप्त दृष्टि

आइए, एक बार फिर हम वैदिक धर्म के रूप में शुरू होकर हिंदू धर्म में होने वाली परंपरा के विकसित होते आंतरिक विविधता भरे चरित्र पर दृष्टि डालें। तथाकथित आर्यों के धार्मिक जीवन के बारे में हमारे ज्ञान का मुख्य स्रोत वेद ('ज्ञान') है। ये सनातन यानी हमेशा से विद्यमान माने जाते हैं, और इसलिए इनका कोई मानवीय लेखक नहीं, यानी ये अपौरुषेय हैं। इनका ऐतिहासिक काल एक हजार वर्षों तक फैला है। वैदिक ग्रंथों में सबसे प्राचीन ऋगवेद है जिसकी तिथि १२०० ईसा पूर्व के बाद नहीं हो सकती (लेकिन शायद ये और भी पुराने हैं)। ऐसा माना जाता है कि इसके दस खंड ब्राह्मणों के दस कुलों का प्रतिनिधित्व करते हैं। इनमें देवताओं की प्रशंसा में मंत्र हैं और इनकी रचना में कई सौ वर्ष लगे हैं। साम और यजुर्वेद ऋगवेद को क्रमशः संगीतबद्ध और कर्मकांडों से जोड़ने का कार्य संपादित करते हैं। अंत में अथर्ववेद आता है। कहा जाता है कि इसकी रचना तब हुई जब आर्य गंगा के मैदानों में पहुंचे और उन्होंने कृषि पर आधारित जीवन अपनाकर खानाबदोश जीवन त्याग दिया था। इस कारण इसमें कई लोक परंपराओं का समावेश हो गया है। धीरे-धीरे वैदिक देवगणों की महत्ता कम हो गई और जादू-टोना व कर्मकांड प्रमुख हो गए (देखें, फ्लड १९९६)।

वेदों पर आधारित कई ग्रंथों की रचना हुई जिनका विषय कर्मकांड और संस्कारों का संपादन था। इन्हें ब्राह्मण या अरण्यक कहते हैं। इनके उपरांत कई दार्शनिक रचनाएँ हुईं जो उपनिषद् या वेदांत (वेदों का निष्कर्ष) कहलायीं (देखें, ओलिवेल १९९८)। इनकी रचना हमें ३०० ईसा पूर्व ले आती है। वैदिक धर्म धीरे-धीरे उपमहाद्वीपीय स्तर पर हिंदू धर्म में परिवर्तित हो गया। इसके साथ ही कई विषयों पर पुस्तकें लिखी गईं। गृहसूत्र घरेलू रीति-रिवाज से संबंधित थे, जबकि धर्म-सूत्र सामाजिक नैतिकता और न्याय विधि पर हैं। इनके अतिरिक्त

श्रौत सूत्र सार्वजनिक महत्त्व के वैदिक कर्मकांडों के संपादन पर केंद्रित तकनीकी ग्रंथ हैं। गृहसूत्रों का चरित्र क्षेत्रीय है : देश के एक भाग में व्यवहार किया जाने वाला ग्रंथ दूसरे हिस्से में अनजाना हो सकता है, लेकिन उनके विषय एक हैं।

सूत्रों के बाद धर्मशास्त्र लिखे गए। इनके विषय वही थे, लेकिन वे कहीं अधिक विस्तृत थे। आज इनमें सबसे प्रसिद्ध मानवधर्मशास्त्र है। इसके लेखक मनु नामक ऋषि माने जाते हैं। इसी कारण इसे मनुस्मृति भी कहते हैं (देखें, डोनिगर १९९१)। ऐसा माना जाता है कि इसकी रचना २०० ईस्वी तक हुई थी। इस कारण उनके एक लेखक होने की संभावना नहीं है। इस ग्रंथ और ऐसे दूसरे ग्रंथों में घरेलू और सार्वजनिक जीवन के संपादन का संस्थागत ढाँचा उभर आता है।

सामाजिक जीवन में वर्ण (सामाजिक वर्ग) और आश्रम (जीवन के चरण) के मूल सिद्धांत उपयुक्त कर्मकांड और सांसारिक जीवन जीने के लिए आवश्यक कहे गए हैं। सर्वसाधारण धर्म पूरी तरह समाप्त नहीं होता, और उसे न्यायपूर्ण आचरण का आधार माना जाता है। लेकिन वर्ण और आश्रम आधारित नियम प्रमुख हो जाते हैं। इसीलिए हिंदू धर्म को वर्णाश्रम-धर्म या संदर्भ-आधारित नैतिकता कहा गया है। सिर्फ गृहस्थ ही नहीं, राजा भी वर्ण और आश्रम के नियमों और धर्म से स्वयं को बंधा हुआ मानते थे। यहाँ तक कि संन्यासी भी अपने यति धर्म से बँधे थे।

ब्राह्मणवादी परंपरा में छह मौलिक दर्शन हैं। इनके अलग-अलग आधिकारिक ग्रंथ हैं, पर इसका मतलब यह नहीं कि इन्हें एक-दूसरे से अलग मान लिया जाना चाहिए। इस मायने में ये दर्शन कर्मकांड और सामाजिक व्यवहार के ग्रंथों से भिन्न हैं। अपनी समग्रता में ये अज्ञान से मुक्ति का साधन हैं। ये छह दर्शन हैं : (१) सांख्य जो प्रकृति और पुरुष के भिन्न अस्तित्व की बात करता है; (२) योग (जोड़ना-मिलाना) जो सांख्य की तत्त्वमीमांसा का युग्म बनाता है; (३) मीमांसा (वेदों पर भाष्य) जो यथार्थ को विविध मानता है; (४) वेदांत जिसे मीमांसा का युग्म माना जाता है, यह विविधिता के अस्तित्व को नकारता है; (५) न्याय (तर्कशास्त्र); और (६) वैशेषिक (द्वंद्वात्मकता)। ये तर्कशास्त्रीय, सत्ता मीमांसात्मक और द्वंद्वात्मक विषयों को अनुभवमूलक, विविध बल्कि अणुवादी दृष्टिकोण से हल करने का प्रयत्न करते हैं (देखें, हिरियाण १९९३)। वेदांत के अद्वैतवाद को जो प्राथमिकता भारत पर समसामयिक साहित्य में मिलती है, वह ब्राह्मणवादी परंपरा

की आंतरिक विविधता के प्रति न्याय नहीं करती, फिर चाहे वे दर्शन एक ही विषय पर बात कर रहे हों या आपसी अबोध्यता से पार पाने की विधियों पर विचार कर रहे हों।

पवित्र ग्रंथों, तत्त्व मीमांसा और सामाजिक संगठन की ये परंपराएँ हिंदू धर्म की पृष्ठभूमि और कुछ हद तक उसका अंश हैं। ये ब्राह्मणवादी शास्त्रीयता के मूल तत्त्व हैं। इन शास्त्रों को चुनौती भी मिली है। किसी बाहरी खतरे के आने के बहुत पहले ही अंदर से ही ये चुनौतियाँ आनी शुरू हो गई थीं। सार्वजनिक वैदिक कर्मकांडों के अनुयायियों ने, 'जो श्रौत (श्रुति से) कहलाते थे,' पहले घरेलू रीति-रिवाजों को प्राथमिकता देना शुरू किया। इनके मानने वाले स्मार्त (स्मृति या धर्मशास्त्र मानने वाले) या पौराणिक (जो पुराणों को अपने धार्मिक जीवन का आधार मानते थे। पुराण देवियों, देवताओं और राजाओं या ऋषियों के बारे में मिथकीय वर्णन हैं) कहलाए। हिंदुइज़्म की ये दोनों श्रेणियाँ वैदिक हैं।

तांत्रिकों द्वारा उद्भाषित माने जाने वाले 'तंत्र' वैदिक नहीं हैं। ये वैदिक उत्तर भारत की पूर्वी सीमा असम और बंगाल की लोक-परंपरा की देन हैं। तंत्रों में काफी आंतरिक विविधता है। इसमें संतानोत्पत्ति से संबंधित जादू भी है और रहस्यमयी तत्त्व मीमांसा भी। तंत्र आचरण की मुख्य भूमि मानव शरीर है। इसमें काफी विविधता है लेकिन प्रायः इसमें गुप्त विधियाँ होती हैं, जिन्हें विशेष स्थानों पर, जैसे श्मशान घाट पर, किया जाता है। तंत्र विधियाँ प्रायः रात में संपन्न की जाती हैं।

महाभारत (४०० ई.पू.–४०० ईस्वी), रामायण (२०० ईस्वी) और पुराण भी स्मृति में गिने जाते हैं। वे वैदिक ब्राह्मणवादी धर्म के हिंदू धर्म में परिवर्तन के चिह्न हैं। वैदिक काल में कम महत्त्व के शिव और विष्णु अब सर्वशक्तिमान देव बन जाते हैं, जो हमेशा एकमत नहीं रहते। वैष्णव परंपरा में अवतारों की धारणा बनती है। विष्णु के नौ या दस अवतारों में कृष्ण (भागवत पुराण) और राम (रामायण) प्रमुख हैं। पुराण ब्रह्मा (रचनाकार), विष्णु (रक्षक), और शिव (विनाशक) तथा अन्य मिथकीय मान्य व्यक्तित्वों के कार्यों का विस्तृत वर्णन करते हैं। वे छठी से सोलहवीं शताब्दी के मध्य रचे गए थे (देखें, दिमिट और वॅन व्युटेनेन १९७८)।

देश के कुछ हिस्सों में स्मार्त-पौराणिक परंपरा के अनुसार विष्णु की पूजा शिव, शक्ति या देवी, सूर्य और गणपति (मांगलिकता के स्वामी) के साथ होती है।

लेकिन विष्णु तथा शिव पर केंद्रित परस्पर विरोधी संप्रदाय भी उभरे हैं। ऊपर सूचित पाँच देव हिंदू धर्म में संप्रदायवाद तथा अन्य तरह के विभाजनों को परास्त करने के लिए नवीं शताब्दी से शुरू हुए संश्लेषण के आंदोलन के प्रतिनिधि हैं। सूर्य, विष्णु और शिव वैदिक काल से हैं; और शक्ति लोक उपासना पंथों का प्रतिनिधित्व करती हैं (देखें, भट्टाचार्य १९८८)।

पाँचवीं सदी से ही वैष्णव पंचरात्र और वैखानस संप्रदायों में बँट चुके थे। इसी प्रकार पाशुपत, कापालिक, कालमुख संप्रदाय शैवों के बीच विद्यमान थे (देखें भट्टाचार्य १९८८, लॉरेन्जेन १९७२)। सातवीं सदी से वैष्णव और शैव भिन्न उपासना पद्धति संबंधी ग्रंथों की रचना करने लगे, जिन्हें संहिता और अगम कहा जाता है। हर संप्रदाय अपने देवता की सर्वश्रेष्ठता का दावा करता था। ईसा के कुछ वर्षों पहले से प्रारंभ हुई इस आस्तिक परंपरा में संस्कृत और लोक-परंपराओं के तत्त्व संलयित हो गए थे। अपने इष्ट देव की पूजा-अर्चना और उनके प्रति भक्ति-भाव इन पंथों की विशिष्टता है। विष्णु के कई अवतारों में राम और कृष्ण-वासुदेव तथा दूसरी ओर शिव जैसे इष्ट देव होते थे। यह प्रक्रिया दक्षिण भारत में शुरू हुई और उत्तर में फैल गई। यह भक्ति-भाव छठी सदी से ही वैष्णवों के बीच भावप्रवण कविताओं में फूटने लगा। शैवों के बीच भी ऐसी कविताएँ लिखी गईं, लेकिन उनकी भक्ति अधिक रुक्ष और संयमित होती थी (देखें, रामानुजम १९७३ तथा १९८१)।

इन दोनों के साथ तीसरी परंपरा शाक्त है जिसमें महादेवी की पूजा होती है। यहाँ भी इस परंपरा की जड़ें काल के गर्तों तक जाती हैं, शायद हड़प्पा संस्कृति तक। बाद में इसमें पौराणिक, तांत्रिक और दूसरी लोक कथाओं और देवियों का मिश्रण हुआ। विष्णु की पत्नी के रूप में महादेवी मांगलिक लक्ष्मी हैं; उमा-पार्वती के रूप में वे शिव की पत्नी हैं, जगतजननी हैं; दुर्गा या काली का रूप दैवी शक्ति का सर्वोच्च प्रदर्शन है और इस रूप में वे बुरायी की नाशक हैं। वे सभी पुरुष देवताओं से श्रेष्ठ हैं, क्योंकि उन सबकी शक्तियों के एकाकार होने से उनका जन्म हुआ है। ग्रामीण स्तर पर वे बीमारी और दुर्भाग्य लाने और हटाने वाली शीतला देवी के रूप में पूजी जाती हैं। चेचक के लिए शीतला देवी को ही जिम्मेदार माना जाता है (देखें, हॉली और वुल्फ १९९६)।

हमने देखा है कि हिंदू धार्मिक परंपरा की विशिष्टता कई स्रोतों और

प्रेरणाओं से उत्पन्न विविधता है जिसमें समन्वय की प्रवृत्ति भी बहुत मजबूत रही है। हिन्दुइज़्म गैर-हिंदू धार्मिक विचार और आचरण अपनाता रहा है। इसमें मध्य युग में विकसित सूफी इस्लाम के तत्त्व भी हैं। इसमें आंतरिक विरोध को समझौते द्वारा पचाने का प्रयत्न किया गया है। यह समझौता कभी-कभी सभी हदों को पार कर जाता है। कभी-कभी यह नीति विफल भी हुई, और वैसी परिस्थिति में अलग हुए संप्रदाय बौद्ध और जैसे-तैसे स्वतंत्र धर्मों के रूप में विकसित हो गए। ऐसा ही बौद्ध और जैन धर्मों के साथ हुआ। इससे भारत में धार्मिक विविधता को नया आयाम मिला।

जिस ग्रंथ आधारित परंपरा के बारे में ऊपर लिखा गया है, उसे मानवशास्त्री और दूसरे विद्वान हिंदू धर्म की महापरंपरा कहते हैं। इसे मौखिक लोक परंपराओं या लघु परंपराओं के विरोध में देखा जाता है। यह विरोध विश्लेषणात्मक है, न कि यथार्थपरक। वास्तविक जीवन में इनमें महत्त्वपूर्ण सांस्कृतिक विनिमय हुआ है, और इससे संबंधित साहित्य में इसे दर्ज भी किया गया है। इस समन्वय का सबसे ताजा उदाहरण तमिलनाडु के एक गाँव की दलित स्त्री वीरम्मा की मौखिक आत्मजीवनी है (देखें, वीरम्मा वगैरह २०००)। यह अत्यधिक गरीबी और कष्ट की कहानी है। वीरम्मा के दृष्टिकोण को लोक बुद्धि से सिंचित साहस के रूप में देखा जा सकता है, या शायद वह ग्रामीण प्रारब्धवाद है। वह अपनी और अपने जैसे लोगों की अवस्था को सहनीय बनाने के लिए जिन थोड़े से विचारों का उपयोग करती है उनमें कुछ लोक परंपरा से आते हैं, लेकिन धर्म और कलियुग जैसे ब्राह्मणवादी विचार भी उनमें शामिल हैं। इस सांस्कृतिक तथ्य का विशद वर्णन यहाँ स्थान की कमी के कारण संभव नहीं है।

स्थान की कमी ही हिंदू-मुसलमान संबंध और मध्य युग में मिश्रित धार्मिक संस्कृति की रचना के बारे में विवेचन करने से हमें रोक रही है। इरा प्रकार का समन्वय उस समय के सजग धार्मिक जीवन का प्रमाण है। कबीर (देहांत १५१८) जैसे निर्गुणवादी ने ईश्वर की अमूर्तता में विश्वास करते हुए और स्वयं को न हिंदू, न मुसलमान मानते हुए ऐसे समन्वयवादी अन्वेषण किए। मीराबाई (देहांत १५४७) और तुलसीदास (देहांत १६२३) जैसे सगुण भक्त अखिल भारतीय वैष्णव आस्तिकता के अंश थे। इसके बाद सोलहवीं सदी से हिंदू परंपरा पर ईसाई धर्म का प्रभाव पड़ने लगा। अब हम इस प्रभाव की पड़ताल करेंगे।

उन्नीसवीं शताब्दी : धार्मिक सुधार और पुनरुत्थानवाद

ऐसा विश्वास किया जाता है कि ईसाई धर्म भारत में ईसा के बारह शिष्यों में से एक थॉमस द्वारा लाया गया था। यह तथ्य है कि ईसाई जहाँ भी गये, वहाँ उन्होंने नये धर्मावलंबी बनाए। सोलहवीं शताब्दी के मध्य में गोवा में रोमन कॅथलिक चर्च की स्थापना के उपरांत ही धर्मांतरण भारत के सामाजिक-धार्मिक जीवन में महत्त्वपूर्ण हो गया। प्रोटेस्टेन्ट धर्म-प्रचारक पूर्वी तट पर अठारहवीं सदी के प्रारंभ में आए। सौ वर्ष बाद ब्रिटिश संसद ने ईस्ट इंडिया कंपनी के एंग्लिकन पादरियों को धर्म-प्रचार की इजाजत दी। शायद प्रारंभिक प्रचारक कुछ सावधानी बरतते थे, पर सफलता का स्वाद चखते ही हिंदू धार्मिक मान्यताओं और रीति-रिवाजों पर उनका आक्रमण तीखा हो गया। पादरी जे.ए. डुबॉ, जो उन्नीसवीं सदी के पहले चतुर्थांश में दक्षिण भारत में रहते थे और जिन्हें पूरी तरह से असहिष्णु भी नहीं माना जा सकता, ने भी यह आशा की थी कि 'अनेकेश्वरवाद और मूर्तिपूजन के दोष और विसंगतियों का सही चित्रण अपनी विद्रूपता से ईसाई धर्म की सुंदरता और श्रेष्ठता को उभार कर सामने ले आएगा' (१९०६ : ९)।

ऐसा लिखने वाले पश्चिमी लेखकों में अकेले ईसाई पादरी ही नहीं थे, कंपनी के अधिकारी भी ऐसी ही बातें कर रहे थे। इससे भिन्न एक स्वर भारत विद्याविदों का उठा। लेकिन वे भी समसामयिक हिंदू धर्म नहीं, केवल प्राचीन भारतीय बौद्धिक और साहित्यिक उपलब्धियों के प्रशंसक थे। इनमें एक थे विलियम जोन्स, जिन्होंने कालिदास की शकुंतला का अनुवाद अंग्रेजी में किया (१७८९ में प्रकाशित)। मैक्समूलर ने ऋगवेद का अनुवाद किया (१८४९ में प्रकाशित)। लेकिन मैक्समूलर का भी विश्वास था कि उनके समय में हिंदू धर्म विद्रूपता और बीभत्सता का शिकार हो चुका है। वे समझते थे कि ब्राह्मणवाद का अस्तित्व एक हजार वर्ष पूर्व ही समाप्त हो चुका है। ईसाई धर्म के प्रभाव और भारतशास्त्रियों के लेखन ने संवेदनशील भारतवासियों के मन में गहरा तनाव पैदा किया। जैसा कि ऐसी परिस्थितियों में अकसर होता है, इससे सुधारवादी और पुनरुत्थानवादी आंदोलनों का जन्म हुआ, जो उन्नीसवीं सदी के तथाकथित हिंदू पुनर्जागरण के दो पक्ष हैं।

राममोहन राय (१७७२-१८३३) बेहद प्रतिभाशाली संपन्न बंगाली भद्र पुरुष थे। उन्होंने अपने लोगों के सामाजिक और नैतिक पुनरुत्थान हेतु काम करने

के लिए ईस्ट इंडिया कम्पनी में एक बड़े पद से त्यागपत्र दे दिया। राममोहन दो मोर्चों पर कार्यरत थे। वे समन्वयवादी आस्तिकता की दिशा में हिंदुओं के धार्मिक जीवन के शुद्धिकरण की आवश्यकता में विश्वास करते थे। उन्होंने वैदिक हिंदू धर्म और प्रोटेस्टेन्ट ईसाई धर्म के सबसे मूल्यवान तत्त्वों का संश्लेषण करने के लिए १८२८ में ब्रह्मो सभा की स्थापना की। हिंदू समाज में व्याप्त बाल विवाह, विधवा पुनर्विवाह पर रोक, जाति संबंधी वर्जनाएँ, विशेषकर सती प्रथा के विरुद्ध उन्होंने अभियान छेड़ा। राममोहन द्वारा पुनर्व्याख्यायित नैतिक हिंदू धर्म में एकेश्वरवादी आस्तिकता पर बल था। मूर्तिपूजन, कर्मकांड और ब्राह्मणों की श्रेष्ठता व अधिकार को उन्होंने ठुकरा दिया और इसकी जगह ग्रंथों की श्रेष्ठता स्थापित की (देखें जोन्स १९८९, मदन १९९७, अध्याय ६-७)।

जिस सार्वभौम धर्म का स्वप्न राय ने देखा, वह शायद बहुत शुष्क था और उनके साथ ही मर गया। उनके उत्तराधिकारी कम सहिष्णु और संकलनवादी थे। वे हिंदू या ईसाई धर्म की ओर ज्यादा झुके। लेकिन समाज सुधार के कार्य को उन्होंने निश्चयपूर्वक आगे बढ़ाया। सभा का नाम १८४३ में बदल कर ब्रह्म समाज रख दिया गया था। १८६५ में समाज में विभाजन हो गया, क्योंकि केशव चंद्र सेन के नेतृत्व में युवा तत्त्वों का मानना था कि उसमें ब्राह्मणवादी रीति-रिवाज और प्रतीक बहुत अधिक बढ़ गए हैं। वे ईसा मसीह के उपदेशों के ज्यादा करीब पहुँचे, और ईसाई धर्म का भारतीय संस्करण तैयार करने में लग गए। उसी समय हिंदू बंगाल पर एक अनोखे शाक्त ब्राह्मण रहस्यदर्शी रामकृष्ण परमहंस का जादू चला। समाज में उनकी कोई खास रुचि नहीं थी, लेकिन राममोहन की तरह धर्मों के संश्लेषण के प्रति उनमें भी आकर्षण था। लेकिन वे यह बौद्धिक स्तर पर नहीं, अनुभव के स्तर पर करना चाहते थे। उन्होंने न सिर्फ हिंदू धर्म में संप्रदायवाद को ठुकराया, बल्कि अपनी आध्यात्मिक साधना के विभिन्न चरणों में वे ईसाई और मुसलमान की तरह भी रहे। लेकिन हर बार वे शाक्त भक्ति की ओर लौटे। इस प्रकार उन्होंने सभी तरह के धार्मिक अनुभवों की एकता पर बल दिया। उनके जीवन पर उपलब्ध सामग्री में इस बात पर सभी एकमत हैं कि उन्होंने भगवान को पाने का अपना लक्ष्य प्राप्त कर लिया था।

हिंदू समाज की दृष्टि से समस्या ईश्वर प्राप्ति के इस अनुभव में सभी लोगों को साझीदार बनाने की थी। रामकृष्ण के प्रिय शिष्य विवेकानंद (१८६३-१९०२)

ने इसका बीड़ा उठाया। रामकृष्ण की आध्यात्मिक साधना और विवेकानंद के विश्व स्तर पर वेदांती हिंदू धर्म की सर्वश्रेष्ठता सिद्ध करने के 'मिशन' की तुलना में राममोहन की समन्वयकारी धर्मदर्शन निर्माण करने की कोशिश अतिविनम्र लगती है। विवेकानंद ने हिंदू समाज की कई कारणों से आलोचना की। उन्होंने हिंदुओं द्वारा कर्मकांडों से अत्यधिक लगाव, मानवीय दुःख और दरिद्रता के प्रति उदासीनता, जाति-व्यवस्था के विभाजक स्वरूप और संकीर्णता की निंदा की। उन्होंने लिखा, 'पृथ्वी पर कोई धर्म मानवता की गरिमा का संदेश इतने प्रभावशाली शब्दों में नहीं देता जितना हिंदू धर्म; और कोई धर्म गरीब और असहाय लोगों पर उतना अत्याचार नहीं करता जितना हिंदू धर्म' (देखें डी रेनकोर्ट १९६१ : २४५)।

विवेकानंद सुधारवादी और एकीकरण के समर्थक धार्मिक नेता थे। उन्हें संप्रदायों और जातियों की बहुतता पर बहुत अफसोस होता था। उन्होंने एकीकरण की चेष्टा करते हुए कहा कि 'जो उन्हें समझते हैं... वे इस सब की जड़ें उपनिषदों के विचारों में देख सकते हैं' (देखें पणिक्कर १९६३ : ३१)। वे देश में ही नहीं, विदेश में भी धर्म प्रचारक रहे। भारत में उन्होंने अपने अनुयायियों को शोषितों और गरीबों की प्रेम और त्याग के साथ सेवा और उत्थान की प्रेरणा दी : 'सिर्फ वे ही वास्तव में जीते हैं, जो दूसरों के लिए जीते हैं।' उन्होंने भारतवासियों के सामने 'सारा विश्व जीतने का लक्ष्य' रखा, 'उससे कम कुछ नहीं' (देखें डी बेरी १९५८ : २, १०३, १००)। उनका वेदांत व्यावहारिक वेदांत था।

बंगाल अगर हिंदू पुनर्जागरण में अग्रणी था, तो महाराष्ट्र भी कोई बहुत पीछे नहीं था। इसने हिंदू धार्मिक पुनरुत्थान और सामाजिक सुधार में बड़ा योगदान किया। महादेव गोविंद रानाडे (१८४१-१९०१) ने प्रार्थना समाज (स्थापना १८६७, पूना में) का नेतृत्व ग्रहण करके इसके कार्यक्रम को अधिक विस्तृत करने का प्रयत्न किया। हिंदू धर्म में मजबूत जड़ें रखते हुए प्रार्थना समाज हिंदू समाज में सुधार लाना चाहता था : विवाह संबंधी सुधारों द्वारा स्त्रियों और लड़कियों की स्थिति में सुधार पर विशेष ध्यान दिया गया। रानाडे ने १८७२ में विश्वास प्रकट किया कि एक दिन खंडित चर्चों की जगह 'धरती पर ईश्वर का शासन होगा क्योंकि सभी धर्म शुद्ध आस्तिकता की ओर बढ़ रहे हैं' (देखें केलॉक १९२६ : १९६)। धार्मिक क्रम-विकास की संगति में समाज सुधारों की उनकी प्रस्तावना पुनरुत्थानवाद के विरुद्ध थी, लेकिन ऐसा हुआ नहीं। बंगाल से भी कम रेडिकल किस्म के सुधार

महाराष्ट्र में हुए और इनसे पुनरुत्थानवादियों को मदद ही मिली।

हिंदू पुनरुत्थानवाद के सबसे अटल प्रवक्ता गुजराती विद्वान और संन्यासी दयानंद सरस्वती (१८२४-८३) थे। उन्होंने वेदों की ओर वापस चलने की गुहार लगाई और वेदों-उपनिषदों के बाद हुए सारे विकास को ठुकरा दिया। बौद्ध, जैन और सिख धर्मों को उन्होंने उपधर्म कहा, और इस्लाम व ईसाई धर्मों को झूठा धर्म करार दिया। जहाँ तक हिंदू रूढ़िवादिता या तथाकथित सनातन धर्म का प्रश्न है, उन्होंने व्यक्तिरूप ईश्वर, मूर्तिपूजन, अत्यधिक कर्मकांड, अस्पृश्यता, बाल विवाह, स्त्री दमन और दूसरी सामाजिक बुराइयों का विरोध किया जिन्होंने, उनके अनुसार, सच्चे वैदिक धर्म को अपवित्र करके एक अन्यायी समाज बनाया था। उन्होंने १८७५ में मुम्बई में आर्य समाज की स्थापना की, लेकिन दो वर्ष बाद पंजाब आने पर ही उनके सामाजिक-धार्मिक आंदोलन को बड़ी संख्या में अनुयायी मिले। इसका कारण यह था कि कुछ समय से ईसाई मिशनरी, सरकार की गुप्त मदद के आधार पर पंजाब में सक्रिय थे। वहाँ मुसलमानों की संख्या भी पश्चिमी भारत से अधिक थी। दयानंद ने शिक्षा और समाजसेवा पर बल दिया, और धर्मांतरण कर चुके हिंदुओं के शुद्धिकरण विचार को भी बढ़ावा दिया (देखें, जॉर्डन्स १९७८)।

विवेकानंद के आत्मविश्वास और दयानंद की आक्रामकता का धर्म, संस्कृति और समाज के दायरे से बाहर राजनीति में भी प्रभाव पड़ने लगा। विवेकानंद द्वारा स्थापित रामकृष्ण मिशन (१८९७) और आर्य समाज ने राजनीति में किसी तरह की रुचि से इनकार किया, लेकिन उनका उभरते राजनेताओं पर असर इतना अधिक था कि धार्मिक पुनरुत्थानवाद और राष्ट्रवाद के बीच संबंध अवश्यंभावी हो गया। (ऐसे ही कई और आंदोलनों और संगठनों के प्रभाव के लिए देखें, जोन्स १९८९)। विवेकानंद की चेतावनी के बावजूद भी, कि अगर भारत धार्मिक खोज को छोड़ राजनीति की तरफ मुड़ा तो उसकी मृत्यु हो जाएगी, ऐसा ही हुआ। स्पष्ट है कि वे धर्म को अपने-आप में संपूर्ण और अलग मानते थे, जिसका उनकी निगाह में राजनीति से कोई संबंध नहीं था। लेकिन आज हम जानते हैं कि ऐसा नहीं है। राजनीति और धर्म का साथ आना अवश्यंभावी था।

राष्ट्रवाद, हिंदुत्व और सहिष्णुता

राममोहन राय की ब्रिटिश शासन की अच्छाइयों में बहुत आस्था थी। वे इसे सभ्य

बनाने की शक्ति मानते थे, और इसीलिए उसके अंतर्गत सामाजिक सांस्कृतिक नवजागरण की आशा करते थे। 'भारत को और कई वर्षों तक ब्रिटिश शासन की आवश्यकता है', उन्होंने लिखा (देखें, डी रेनकोर्ट १९६१ : २३०)। उन्हें यह भान नहीं था कि उनकी मृत्यु के कुछ ही दशक बाद जाग्रत हिंदूवाद में राजनीतिक महत्त्वाकांक्षाएँ जन्म लेंगी और वह अंग्रेजों को भारत से बाहर निकालने का प्रयत्न करेगा।

भारतीय राजनीतिक जागरण में एक महत्त्वपूर्ण तत्त्व यूरोप में बढ़ता उदारतावाद भी था। ब्रिटिश विद्यालयों और कॉलेज की तर्ज पर अंग्रेजी माध्यम से शिक्षा इस प्रभाव का प्रमुख वाहक बनी। स्वाभाविक रूप से अंग्रेजी शिक्षा प्राप्त वर्गों की राष्ट्रीय भावना ने प्रथम अभिव्यक्ति भारतीय साहित्य में पाई। इस संदर्भ में सबसे ऊपर जिनका नाम आता है वे हैं बंगाली साहित्यकार बंकिमचंद्र चट्टोपाध्याय (१८३८-४४)। १८७६ में प्रकाशित उनके प्रसिद्ध उपन्यास *आनंदमठ* ने विजातीय शासन, अंग्रेज हो या मुसलमान, के प्रति हिंदुओं की घृणा को तीखी अभिव्यक्ति दी। इसमें प्रसिद्ध गीत *वंदे मातरम्* था (देखें, दास १९८४ : २२८-९ जिसमें पूरी कविता और उसका अंग्रेजी अनुवाद दिया हुआ है)। यह प्रार्थना बंगाली हिंदुओं की मातृदेवी को भारत माता के रूप में पूजती है। यह कविता भारतीय राष्ट्रीय कांग्रेस के नेतृत्व में चल रहे स्वतंत्रता आंदोलन का राष्ट्र गीत बनी और स्वतंत्रता के बाद इसका दर्जा यही रहा। इसने आधुनिक भारतीय राजनीति में हिंदू धार्मिक प्रतीकों के उपयोग की परंपरा भी आरंभ की। भारत भारतमाता बन गया।

चटर्जी ने वेदों पर आधारित एक राष्ट्रीय धर्म की बात भी कही है। उनकी निगाह में 'हमारे सारे धार्मिक और सामाजिक संगठन का आधार' वेद हैं (देखें, चटर्जी १९८६ : ६१)। इसके अतिरिक्त उन्होंने कहा कि राष्ट्रीय स्वतंत्रता और सम्मान का रास्ता शक्ति और इतिहास के प्रति सही दृष्टिकोण से ही संभव है, और इनकी परिभाषा केवल भौतिकता से नहीं, बल्कि सांस्कृतिक रूपों से भी होनी चाहिए। इसलिए उनकी निगाह में प्रथम कर्तव्य हिंदू धार्मिक और सांस्कृतिक पुनर्जीवन था। अपने कई समकालीनों के विपरीत वे जरूरत पड़ने पर वेदों को भी परे हटाने के लिए तैयार थे, क्योंकि 'वे भारत के जीवित धर्म का प्रतिनिधित्व नहीं करते थे' (देखें दास १९८४ : १६०)। वे उपनिषदों की पारलौकिकता के कारण पुराणों को उनसे श्रेष्ठ मानते थे। बंकिमचंद्र का राष्ट्रीय, सांस्कृतिक-राजनीतिक

पुनर्जागरण का कार्यक्रम देशभक्ति तथा मानववाद पर जोर देता था। बंकिम के विचारों में उस हिंदू पुनरुत्थानवादी राजनीति की आहटें सुनाई देती हैं जिसका जोर हिंदुओं के संकटग्रस्त होने, चुनिंदा सांस्कृतिक प्रतीकों के पुनरुत्थान और राजसत्ता के विचार पर रहता है (देखें, मदन १९९७ : २०८-१०)। वास्तव में बंकिम शायद हिंदुत्व शब्द का उपयोग करने वाले पहले भारतीय थे (खंड ३, अध्याय १, *आनंदमठ* में)। वे एकरूप हिंदू पहचान को हिंदुत्व के जरिए उसी तरह की आंतरिक वैविध्यहीन मुस्लिम अस्मिता के विरुद्ध दर्शाना चाहते थे। रवीन्द्रनाथ ठाकुर भी उन लोगों में एक हैं, जिन्होंने इस शब्द का इस्तेमाल किया।

राष्ट्रवाद और देशभक्ति के पाश्चात्य विचारों के साथ हिंदू धर्म की कार्यकर्तापरक व्याख्या को लोकप्रियता मिली, और कांग्रेस के सेकुरल एजेंडे और बहुधर्मी (हिंदू-मुसलमान-ईसाई-पारसी) नेतृत्व के साथ-साथ उसका भी अस्तित्व बना रहा। जहाँ तक हिंदू दृष्टिकोण का प्रश्न है, विवेकानंद साफ कहते हैं, 'भारत में एकता का सूत्र... न तो भाषा है, न नस्ल। वह सिर्फ धर्म है।' इससे निष्कर्ष निकलता है कि 'अगर भारत में राजनीति की बात करनी है तो धर्म की भाषा बोलना आवश्यक है।' उनका मानना था कि 'बिखरी हुई आध्यात्मिक शक्तियों को एकत्र करने से ही भारत में राष्ट्रीय एकता संभव है। भारत में राष्ट्र के रूप में उन लोगों की एकता होगी, जिनके हृदय एक ही आध्यात्मिक धुन पर धड़कते हैं' (देखें बासु २००२ : ६९, ७०, ७६ इत्यादि)।

दूसरों ने भी ऐसी ही बातें कही हैं। अरविंद घोष ने घोषणा की है : 'राष्ट्रवाद एक धर्म है जो सीधा भगवान के पास से आया है' (देखें, डी बेरी १९५६ : २, ७२७)। महाराष्ट्र में बाल गंगाधर तिलक (१८५६-१९२०) ने हिंदू धार्मिक और राष्ट्रवादी भावनाओं को एक साथ बुनने में महत्त्वपूर्ण भूमिका अदा की। उन्होंने हिंदू देवता गणेश / गणपति को राष्ट्रवादी आंदोलन के लिए इस्तेमाल किया। वे गणपति के सम्मान में होने वाले एक उत्सव में धार्मिक उत्साह के बीच तीखा ब्रिटिश विरोधी प्रचार करने लगे (देखें कैशमैन १९७५)। मुगल साम्राज्य को चुनौती देने वाले मराठा नायक शिवाजी के सम्मान में भी एक उत्सव शुरू किया गया। हिंदू धार्मिक भावनाओं को उभारना अखिल भारतीय स्तर पर हिंदुओं को एकजुट करने में सफल हुआ लेकिन इससे मुसलमानों में अलगाववाद भी उत्पन्न हुआ। मुसलमान अलगाववाद एक जटिल ऐतिहासिक परिस्थिति की उपज था,

लेकिन जिस प्रकार कांग्रेस के हिंदू नेताओं ने धार्मिक प्रतीकों का इस्तेमाल शुरू किया, उससे इस अलगाव को बढ़ावा भी मिला।

१९२० में तिलक की मृत्यु के बाद कांग्रेस का नेतृत्व मोहनदास करमचंद गांधी (१८६९-१९४८) के हाथों में चला गया। जब १९१५ में तिलक राष्ट्रवादी राजनीति की प्रमुख हस्ती थे, गांधी ने राजनीति का आध्यात्मिकीकरण करने की इच्छा प्रकट की थी। वे नैतिक मूल्यों और सेकुलर हितों के बीच फिर संबंध स्थापित करना चाहते थे। जब तिलक ने उन्हें लिखा कि राजनीति सांसारिक व्यक्तियों का खेल है, साधुओं का नहीं, तो गांधी ने जवाब दिया : 'मेरे लिए इनमें कोई विरोध नहीं है... मैं तो यह कहने का साहस करूँगा कि यह सोचना कि संसार साधुओं के लिए नहीं है, मानसिक आलस्य दिखलाता है' (देखें अय्यर १९७३ : ३०)। उन्होंने इसकी अधिक विस्तृत व्याख्या अपनी आत्मकथा में इस प्रकार की है : 'सत्य के प्रति भक्ति ने मुझे राजनीति में खींच लिया है;' और 'जो लोग यह कहते हैं कि धर्म का राजनीति से कोई संबंध नहीं, वे नहीं जानते कि धर्म क्या है' (गांधी १९२७ : ६१५)।

राष्ट्रीय आंदोलन को शिक्षित मध्यम वर्ग की बैठक से निकाल कर एक जनांदोलन बनाना अनिवार्यतः उसके हिंदूकरण की माँग करता था, क्योंकि उनमें सक्रिय अधिकतर लोग हिंदू ही थे। उन्होंने अछूतों के लिए 'दरिद्रनारायण' और 'हरिजन' जैसे शब्दों का प्रयोग किया और अपने सपनों के भारत को 'रामराज्य' कहा। दूसरी ओर जनता ने गांधी को महात्मा माना। उन्हें आध्यात्मिक, यहाँ तक कि जादुई शक्तियों वाला धार्मिक व्यक्ति समझा गया। गांधी ने दोहराया कि 'राजनीति को धर्म से अलग नहीं देखा जा सकता', लेकिन यह भी स्पष्ट किया कि 'यह धर्म हिंदू, इस्लाम, ईसाई इत्यादि धर्मों से परे जाता है। यह उन्हें विस्थापित नहीं करता, यह उनमें सामंजस्य लाता है और उन्हें वास्तविकता देता है' (१९८४:५४)।

हिंदुओं और मुसलमानों के बीच एकता लाने का गांधी का प्रयत्न अंत में विफल हो गया। हिंदू और मुसलमान दोनों तरह के उग्रवादियों ने उनके नेतृत्व को ठुकरा दिया : पहले किस्म के आलोचकों के लिए वे हिंदू धर्म के शत्रु थे, और दूसरी तरह के आलोचक उन्हें अपने राजनीतिक अलगाव की आकांक्षाओं का विरोधी समझते थे। प्रतिगामी खिलाफत आंदोलन (१९१९-२०) को समर्थन देकर मुसलमानों को स्वतंत्रता आंदोलन से जोड़ने की उनकी कोशिश से मामला और

बिगड़ गया। इसके करीब पच्चीस वर्ष बाद गांधी की मृत्यु एक हिंदू के हाथों हुई।

हिंदू स्वार्थों की पूर्ति के लिए स्थापित हिंदू महासभा को १६१५ में फिर गतिशील किया गया। कांग्रेस के भी कुछ नेताओं ने हिंदुओं को एकबद्ध करने पर बल दिया। महासभा के एक प्रमुख नेता विनायक दामोदर सावरकर ने १६२३ में एक छोटी पुस्तक प्रकाशित की। 'हिंदुत्व : कौन हिंदू है?' नामक इस पुस्तक का प्रकाशन एक महत्त्वपूर्ण घटना है। वे 'हिंदू' शब्द का मूल अर्थ 'सिन्धु और समुद्र के बीच रहने वाला' मानते हैं। इसमें उन्होंने वेदों को पवित्र ग्रंथ मानने और भारतवर्ष को पितृभू और पुण्यभू दोनों मानने की शर्तें जोड़ीं। इन समानताओं का प्रदर्शन करने वाला जनसमूह सावरकर की निगाह में एक राष्ट्र का निर्माण करता था। उनके विचार से राष्ट्र, जाति (नस्ल) और साझी संस्कृति को स्वीकार करना ही हिंदुत्व या हिंदूपन की विचारधारा है (देखें सावरकर १६८६ : ११६)।

सावरकर ने स्पष्टीकरण दिया कि हिंदुत्व एक जटिल समष्टि है, हिंदुइज़्म जिसका सिर्फ 'एक व्युत्पत्ति, एक खंड, एक हिस्सा है' (वही पृ. ३)। फिर उन्होंने जोर दिया कि हिंदुइज़्म को 'सभी हिंदुओं के धर्म के रूप में महत्त्व मिलना चाहिए'। इस श्रेणी में वे सनातन धर्मी, आर्य समाजी, बौद्धों, जैनों, सिखों, यहाँ तक कि कुछ आदिवासी समुदायों को भी रखते थे (वही : १०७, ११३)। उनका विचार था कि विदेशी मूल या धर्म परिवर्तन करने वालों की संतानें, जो भारत को अपनी 'पवित्र भूमि' नहीं मानते हैं राष्ट्र से बहिष्कृत किए जाएँगे, लेकिन वे 'देश' में रहने के लिए स्वतत्र होंगे। उन्हें राष्ट्र में तभी शामिल किया जा सकता है जब वे 'हमारी धरती से प्रेम ही नहीं करें, बल्कि उसकी पूजा भी करें' (वही : ८)। 'प्रेम करने का चयन' वे कर सकते थे, क्योंकि वे 'हमारे देशवासी और हमारे कुटुम्ब के पुराने सदस्य हैं' (वही : ११५)।

सावरकर की वर्चस्वतावादी धारणा हाल के वर्षों में हिंदू-फिरकापरस्ती के घोषणापत्र का दर्जा प्राप्त कर चुकी है। यह उन धर्मों के प्रति संपूर्णतावादी है जिन्हें जबरन हिंदू मान लिया गया है, और बाकी को 'अन्य' घोषित करके बहिष्कारवादी रवैया रखती है। उन्नीसवीं शताब्दी के सुधारकों द्वारा पवित्र ग्रंथों को महत्त्व दिए जाने के स्थान पर इसमें संस्कृति पर बल दिया गया है। इसके कारण रूढ़िवादी आंदोलनों की तर्ज पर कुछ 'चुने हुए जनसमूहों को' राष्ट्र मानने की राजनीतिक धारणा मजबूत हुई है।

यह विरोधभासी लगता है कि सावरकर के हिंदू अस्मिता पर विचारों से स्पष्ट रूप से प्रभावित संगठन राष्ट्रीय स्वयंसेवक संघ (संस्थापना १९२५, नागपुर) ने राजनीति में रुचि से इनकार किया। १९५१ में जनसंघ की (बाद में भारतीय जनता पार्टी) और विश्व हिंदू परिषद (१९६४) की स्थापना से परिस्थिति बदली। अब संघ परिवार सार्वजनिक जीवन के हर क्षेत्र में मौजूद है (देखें जैफरलॉ १९९६)। उनके अस्तित्व में आने से हिंदुओं, विशेषकर मध्यवर्ग में धार्मिकता बढ़ी है। हिंदू एकता के प्रदर्शन के लिए नए देवता, नए पवित्र प्रतीक ओर नये सामूहिक कर्मकांड उभरे हैं। धार्मिक अल्पसंख्यकों, विशेषकर मुसलमानों और ईसाइयों के प्रति असहिष्णुता इसी सिक्के का दूसरा पहलू है। यह शत्रुता १९९२ में बाबरी मस्जिद तोड़ने में अपने विध्वंसात्मक रूप में सामने आई, और २००२ में गुजरात के मुसलमानों के खिलाफ दंगों में अपने बर्बर शिखर पर पहुँची। गांधी गुजरात के ही थे। गांधी के सहिष्णु मानवतावादी हिंदुवाद का यह हाल कैसे हो गया?

प्रायः धार्मिक सहिष्णुता को हिंदू विरासत का एक तत्त्व होने का दावा किया जाता है। ऋगवेद कहता है - *एकम् सद् विप्र बहुधा वदन्ति*: सत्य (या यथार्थ) एक है, विद्वान उसे कई नामों से पुकारते हैं (१.१६४.४६)। कई लोगों ने उन्नीसवीं शताब्दी के उत्तरार्द्ध से ही इस उपदेश को हिंदू सहिष्णुता के प्रमाण स्वरूप उद्धृत किया है। इनमें विवेकानंद, दार्शनिक राधाकृष्णन और समाजशास्त्री श्रीनिवास भी शामिल हैं। स्वतंत्रता के बाद भारतीय सेकुलरवाद की परिभाषा 'सर्वधर्म समभाव' या 'सभी धर्मों के प्रति समान आदर' दी गई है। यह राज्य और नागरिक दोनों के लिए आवश्यक है। हिंदुओं में आए रूढ़िवादी रुझानों को भटकाव और एक आधुनिक परिघटना माना जाता है, जो सच है। जिन दर्शनों और रीति-रिवाजों की विविधता ने विद्वानों को एक हिंदू धार्मिक परंपरा के अस्तित्व पर प्रश्नचिह्न लगाने का अवसर दिया है, वे हिंदू बहुलवाद के प्रत्यक्ष प्रमाण हैं। हिंदू परंपरा का एक महत्त्वपूर्ण तत्त्व जन्म से ही पहचान बनना है। कोई भी हिंदू पैदा होता है, बन नहीं सकता। धर्मप्रचार और परिवर्तन की धारणा इस धर्म में अनुपस्थित है। इस अनुपस्थिति का अर्थ है कि दूसरे धर्मों और जीवन पद्धतियों के अस्तित्व को स्वीकार किया जाए। इसी प्रकार, लोग किसी जाति में जन्म लेते हैं। वे इससे निकाले जा सकते हैं, लेकिन उसमें प्रवेश नहीं कर सकते। समूह के रूप में जातियों ने अपने रीति-रिवाजों और सामाजिक प्रतिष्ठा में सुधार

किया है, लेकिन पारंपरिक व्यवस्था में व्यक्ति ऐसा नहीं कर सकते।

दूसरे शब्दों में कहें तो हिंदू धार्मिक परंपरा की जिस सहिष्णुता का दावा किया जाता है वह श्रेणीबद्ध जाति व्यवस्था का एक सांस्कृतिक आयाम है। विविधता को स्वीकार किया जाता है, लेकिन भिन्नता से बराबरी नहीं आती। विवेकानंद को कई बार हिंदू बहुलवाद का उदाहरण बताया जाता है। लेकिन वे भी हमेशा मानते रहे कि दूसरे धर्मों में जो भी अच्छा है वह सब वेदान्त में है, और इसलिए यह संपूर्ण और आदर्श है। इसका मतलब यह नहीं हो सकता कि हिंदुओं को किसी दूसरे धर्म का अनादर करने या उनके अनुयायियों पर वेदांत थोप देने का अधिकार मिल जाता है। जिस विश्व विजय की बात विवेकानंद करते थे, वह बौद्धिक प्रकाश के जरिए होनी थी।

हिंदू धर्म के संपूर्ण और परम मानने की धारणाएँ ही गांधी अस्वीकार करते थे। उन्होंने धार्मिक सहिष्णुता का विचार सबसे प्रखर शब्दों में ३० मई १९१३ में रखा। उन्होंने कहा 'मेरे विचार में सारे विश्व का एक ही धर्म कभी नहीं होगा, और इसकी आवश्यकता भी नहीं है'। जैन 'अनेकान्तवाद', ईसाई 'परोपकार' और इस्लामी 'उम्मा' की धारणाओं के प्रति अपना ऋण प्रकट कर उन्होंने संकेत दिया कि दूसरे धर्मों के सत्यों को अपने में मिला कर हिंदू धर्म और ओजस्वी बनेगा। वे मानते थे कि सभी धर्म सत्य हैं लेकिन उनका यह भी मानना था कि मानव बुद्धि अपूर्ण होने के कारण कोई धर्म भी अपने आप में संपूर्ण नहीं हो सकता। यह वास्तव में सभी के प्रति नम्रता या आदर का द्योतक है। लेकिन गांधी का विचार अभी स्वप्न ही है।

निष्कर्ष

बीसवीं सदी में हिंदू धार्मिक परंपरा की पुनर्व्याख्या की कोशिश करने वालों में गांधी भी थे। हम उनके दृष्टिकोण को 'समाजशास्त्रीय' कह सकते हैं, क्योंकि वे मानव और समाज में ईश्वर देखते थे (यह कहने कि आवश्यकता नहीं कि उनकी दार्शनिक धारणाएँ प्रत्यक्षवादी नहीं बल्कि आस्तिक थीं)। दूसरे विचारकों ने भी 'हिंदुइज़्म' पर व्याख्यात्मक संवाद में हिस्सा लिया है। उनकी मूल धारणाएँ गांधी से अलग रही हैं। जहाँ गांधी सामाजिक-राजनीतिक कार्यकर्ता थे वहीं अरविंद घोष ने बौद्धिकता और योग को प्राथमिकता दी। उन्होंने इन्द्रियानुभूत यथार्थ पर

पारंपरिक अद्वैतवाद को बदला। उन्हें उम्मीद थी कि भविष्य में विश्व का उच्च स्तर पर विकास होगा और सत्य-चेतना ज्यादा गहरी होगी। रमण महर्षि (१८७६-१९५०) ने आत्मा के सामने प्रश्न रखने पर जोर दिया (मैं कौन हूँ?) ताकि मानवीय अस्तित्व उद्भासित हो सके (मैं 'तुम' हूँ)। ये तीनों धार्मिक विचारक आचार, विचार और अनुभव को सत्य तक पहुंचने के तीन संपूरक मार्ग मानते हैं।

भारतीय धार्मिक और दार्शनिक शास्त्रों, ईसाई धर्म तथा पाश्चात्य दर्शन के ज्ञाता सर्वपल्ली राधाकृष्णन (१८८८-१९७५) आदर्शवादी, सार्वभौमिवादी और वेदांतिक परंपरा में सामंजस्यवादी थे। गांधी की भाँति उनके लिए भी हिंदुइज़्म सिर्फ एक विचार-पद्धति नहीं, बल्कि जीवनशैली थी। पारंपरिक, आधुनिक और संकलनवादी धार्मिक विचारकों के योगदान पर ये टिप्पणियाँ केवल बीसवीं सदी में हिंदुइज़्म की सजीवता बतलाने के लिए दी गई हैं। धार्मिक अध्ययन के क्षेत्र से मेरा अपरिचित होना आगे कुछ कहने से मुझे रोकता है।

व्यक्तिगत विचारकों के अलावा हिंदू धार्मिक परंपरा में नए धार्मिक आंदोलन भी पैदा हुए हैं। इनमें एक प्रसिद्ध और सफलतम आंदोलन राधास्वामी सत्संग है, जिसका जन्म उन्नीसवीं सदी के अंत में हुआ। अभी उत्तरी भारत में कई समुदाय इसके सदस्य हैं, और इसके अनुयायियों की संख्या करीब बीस लाख है। इसका उद्गम स्थल आगरा में दयाल बाग था। यह 'आधुनिक धर्म' 'उन (भारतीय, हिंदुओं) कों आकर्षित करता है जो कई कारणों से आधुनिक विश्व से ऊब चुके हैं, लेकिन पारंपरिक धर्म से भी असंतुष्ट हैं' (जुरगेसमेयर १९९१ : २२५)। प्रारंभ में यह शहर की ऊँची जातियों का आंदोलन था लेकिन समय के साथ इसमें ग्रामीण और छोटी जातियों के लोग भी शामिल हो गए। राधास्वामी समुदायों में 'गुरु' अत्यधिक महत्त्वपूर्ण होता है। इसने पश्चिम में भी अनुयायी आकृष्ट किए हैं, जिसकी वजह शायद उनका कर्त्ता के रूप में मानव और उसके प्राधिकार पर बल देना है। हिंदुओं के लिए निःस्वार्थ सेवा का पारंपरिक आदर्श और उसके द्वारा आध्यात्मिक प्रगति काफी अहमियत रखती है। इस लिहाज से राधास्वामी संप्रदाय हिंदुओं के एक तबके को आकर्षित करने में सफल रहा है।

संसार त्यागने की बजाय उसे स्वीकारना, और संस्थापक गुरु की करिश्माई शख्सियत, हिंदुइज़्म की छत तले या उसके हाशियों पर फलते-फूलते बीसवी सदी

के आंदोलनों की विशेषता है। राधास्वामी सत्संग के अतिरिक्त इसका सबसे अच्छा उदाहरण सत्य साईं बाबा (जन्म १९२६) का पंथ है। इसका उद्भव दक्षिण भारत में हुआ, लेकिन इसके भक्त भारत के हर कोने और विदेशों में हैं। पंथ के अपने दैवी चमत्कारों और विवादों की कहानी है, लेकिन यह शिक्षा और चिकित्सा जैसे सामाजिक कार्यों ओर अपने सदस्यों की आध्यात्मिक आवश्यकता पूरा करने में सफल सिद्ध हुआ है। सदस्यों की दक्षिणा और सामाजिक कार्य से ही इसके कार्यक्रम संपन्न होते हैं।

ये आधुनिक पंथ अपने सदस्यों से पिछला धर्म छोड़ने की माँग नहीं करते। वास्तव में कुछ प्रेक्षक इन्हें हिंदू धर्म की ही आधुनिक अभिव्यक्तियाँ मानते हैं। इन पंथों में उतनी ही भिन्नताएँ हैं, जितनी समानताएं। चाहे वे औपचारिक रूप से हिंदू धर्म से बाहर हों (जैसा मूलतः राधास्वामी पंथ था), या उसके करीब (सत्य साईं बाबा पंथ की भाँति), ये नये उपधर्म 'हिंदू संदर्भ से पूर्णतः अलग समझे ही नहीं जा सकते' (बॅब १९८६ : २०५)। उनकी विचार श्रेणियों, भावनाओं और रीतियों में हिंदूपन की छाप साफ नजर आती है, जो उनकी एकता दिखलाता है।

कुछ और आंदोलन अधिक मुखर ढंग से हिंदू हैं। उनमें कुछ की विदेशों में भी उपस्थिति है। वैष्णव परंपरा में स्वामीनारायण आंदोलन का जन्म गुजरात में उन्नीसवीं सदी के प्रारंभ में हुआ। इसके संस्थापक गुरु को अब अवतार घोषित किया जा चुका है। 'अछूतों' के अलावा हर जाति में इसके अनुयायी हैं। आंदोलन फूला-फला, खंडित हुआ और १९५० में ब्रिटेन पहुँचा, जहाँ अभी यह भारतीय मूल के लोगों के प्रमुख धर्मों में एक है (देखें विलियम्स १९८४)।

एक समकालीन वैष्णव आंदोलन अमेरिका में शुरू हुआ और भारत सहित कई देशों में फैल चुका है। स्वामी प्रभुपाद (१८९६-१९७७) ने इन्टरनैशनल सोसायटी फॉर कृष्णा कन्शसनेस (इस्कॉन) की स्थापना न्यूयॉर्क में १९६५ में की थी। स्वामी प्रभुपाद चैतन्य संप्रदायवादी थे (देखें गेलवर्ग १९८३)। बाद में हरे कृष्ण आंदोलन कहलाने वाले इस आंदोलन के भक्ति और दार्शनिक पक्षों में कोई नई बात नहीं थी क्योंकि वे क्रमशः भागवत पुराण और भगवद् गीता पर आधारित थे। नई बात थी अमेरिकी युवा भक्तों की भीड़। प्रभुपाद संयोग से अमेरिका में प्रति-संस्कृति आंदोलन के शिखर पर पहुँचे। जो युवा लड़के-लड़कियाँ अपनी धार्मिक-सांस्कृतिक परंपरा से भी असंतुष्ट थे और इसके हिप्पीयाना भटकाव को

भी नहीं अपनाना चाहते थे, उनके बीच यह आंदोलन काफी लोकप्रिय हुआ। ऐसा कहा जा सकता है कि हरे कृष्ण आंदोलन भारतीय से अधिक अमेरिकी है। लेकिन, अब अपने मंदिरों और धार्मिक जुलूसों के साथ यह भारत के कई शहरों में अपनी उपस्थिति जतला रहा है। इनमें कृष्ण-भक्ति का पुराना केंद्र वृंदावन भी शामिल है।

कई दूसरे हिंदू शिक्षकों और गुरुओं ने देश-विदेश में काम किया है और अंतर्राष्ट्रीय अनुयायी बनाए हैं। ट्रांसेंडेंटल मेडिटेशन और वैदिक ज्ञान के बारे में अतिशयोक्तिपूर्ण दावे करने वाले महेश योगी का नाम अनायास ही मन में आता है। दूसरे प्रमुख शिक्षक जदू कृष्णमूर्ति हैं (१८९५-१९८६) जो संयत स्वर में बात करते थे, जिन्होंने सभी धर्मों को ठुकरा दिया और सभी गुरुओं को धता बता दी। उनके अनुसार 'सत्य बिना राह की भूमि है जिसमें हर पथिक को अपना रास्ता स्वयं ढूंढ़ना है'। दूसरे से औपचारिक शिक्षा प्राप्त करने से नहीं बल्कि 'चयनहीन बोध' का परिष्कार ही' 'संपूर्ण स्वतंत्रता' और आत्मबोध दे सकता है (देखें कृष्णमूर्ति १९९६)। उनके अस्वीकार के बावजूद कृष्णमूर्ति की बौद्धिक जड़ें ब्राह्मणवादी और बौद्ध दर्शनों में ही थीं।

इन सभी शिक्षकों और आंदोलनों ने मिलकर हिंदुइज़्म को उसकी कई अभिव्यक्तियों (भक्ति भाव, सांस्कृतिक, दार्शनिक, यौगिक इत्यादि) में एक विश्व-धर्म बना दिया है। विवेकानंद की आशानुसार हिंदुइज़्म ने विश्व विजय नहीं की, लेकिन उनके संदेश देने के बाद से अब तक यह बहुत आगे जा चुका है। आज दो करोड़ से अधिक भारतीय मूल के लोग सौ से अधिक देशों में वास करते हैं, और उनमें अधिकतर हिंदू हैं। इसलिए हिंदू धर्म की पहचान बहुत दूर तक है। लेकिन शायद इसकी समझ अभी भी अविकसित है। लेकिन, इस दौरान भारतीय धर्मों और दर्शनों का विद्वानों द्वारा अध्ययन बहुत प्रगति कर चुका है। यह एक बहुपक्षीय, अंतर्राष्ट्रीय परंपरा है जिसका भविष्य उज्जवल है।

* * * * * *

इस चर्चा में हिंदू धार्मिक परंपरा का एक लम्बी ऐतिहासिक प्रक्रिया ओर उपमहाद्वीप में विस्तार के दृष्टिकोण से अध्ययन किया गया है। इस परंपरा की जड़ें वैदिक धर्म में हैं। यह निरंतर विकास करता रहा है, लेकिन इन जड़ों से इसका संबंध कभी टूटा नहीं है। इसका विकास ग्रंथों की परंपरा में परिलक्षित होता है,

और इसमें विस्तार, आविष्कार, विखंडन तथा संलयन की प्रक्रियाएँ निरंतर बनी रही हैं। हिंदुइज़्म देश की लोक परंपराओं के जीवन रस से सिंचित होता रहा है। बौद्ध और जैन धर्म परंपराओं से भी इसका संबंध बना रहा है।

दक्षिण के वीरशैववाद (बारहवीं सदी) और उत्तर के सिख धर्म (तीन सौ वर्ष बाद) के साथ ये परंपराएँ अब भारतीय धर्मों का परिवार बनाती हैं। इनमें कई दार्शनिक धारणाएँ (मसलन, धर्म और कर्म की धारणाएँ) और रीति-रिवाज की भाषाएँ एक हैं (देखें मदन १६८६)।

बाहर से आए इस्लाम और ईसाई धर्मों का भी अपना भारतीय इतिहास है। हिंदू धर्म का इनसे अर्थपूर्ण संसर्ग हुआ। सोलहवीं सदी में पुर्तगालियों और फिर ब्रिटेन सहित दूसरे पश्चिमी देशों का प्रभाव बढ़ने पर उपनिवेशी राज्यों और ईसाइयत के मध्य संबंध स्थापित हुए। इसके कारण राष्ट्रवाद के पक्षों के रूप में धार्मिक सुधारवाद और पुनरुत्थानवाद हिंदू धर्म के भीतर उभरा। संक्षेप में कहें तो हिंदू धर्म में निरंतर परिवर्तन तथा विकास होता रहा है। आज यह एक विश्व-धर्म है जो आधुनिकीकरण और सेकुलरवाद और अनिवासी भारतीयों की चुनौतियों से जूझ रहा है।

बृहत पृष्ठभूमि में परिवार और समुदाय में जिए जा रहे हिंदू जीवन का चरित्र, अर्थ और महत्त्व खो जाते हैं। इन पक्षों का अध्ययन मानवशास्त्रियों औार समाजशास्त्रियों ने किया है, और काफी प्रकाशित सामग्री इन पर उपलब्ध है। ऐसे अध्ययनों में धर्म को अपने-आप में पूर्ण क्षेत्र की तरह नहीं देखा जाता, बल्कि एक बहुआयामी सामाजिक यथार्थ का हिस्सा समझा जाता है। हिंदू समुदाय के यथार्थपरक समग्र वर्णन का एक मॉडल बीस के दशक में एक समाजशास्त्री एन.ए. थूटी द्वारा पेश किया गया था। ग्रंथों की परंपरा पर चलते हुए उन्होंने मार्ग, मत तथा संप्रदाय (जो मार्ग और मत को एक पंथ और उसके अनुयायियों के रूप में एक करता है) को अपना प्राथमिक सिद्धांत माना (१६३५ : ६४)। यहाँ से प्रारंभ कर उन्होंने गुजरात के वैष्णवों की सामाजिक व्यवस्था का अध्ययन वर्ण, जाति, कुल, परिवार, उनके आर्थिक जीवन (ग्राम समुदाय, व्यापार श्रेणियां, कस्बे, शहर), साहित्य, नाटक और कला के पदों में किया है। यह पुस्तक एक महान संकलनवादी प्रयत्न है जिसे वह महत्त्व नहीं मिला जो इसे मिलना चाहिए था।

एम.एन. श्रीनिवास द्वारा किया गया कुर्गों का अध्ययन धर्म के मानवशास्त्रीय

अध्ययन में महत्त्वपूर्ण योगदान है। दक्षिण भारत का कुर्ग समुदाय हिंदू बनने की प्रक्रिया से गुजर रहा है (देखें श्रीनिवास १९५२)। उन्होंने सामाजिक एकता कायम रखने के लिए कर्मकांडों की उपयोगिता का अध्ययन किया है। उन्होंने संस्कृतिकरण की धारणा और हिंदू धर्म के स्थानीय, क्षेत्रीय से उपमहाद्वीपीय स्तर तक विस्तार की बात की। उस समय से अभी तक जीवन संस्कारों, घरेलू और मन्दिर में पूजा; संसार का स्वीकार और त्याग, उत्सव, धार्मिक यात्राओं; मांगलिकता और पवित्रता दुःख तथा मृत्यु भोगने की नीति; करिश्माई गुरुओं और धार्मिक क्रियाकलाप की संगठनात्मकता की भूमिका; परंपरा और आविष्कार इत्यादि पर सामग्री एकत्र की गई है (देखें फुलर १९९२)। स्थान की कमी के कारण मैं इस ओर सिर्फ इशारा कर सकता हूँ।

ग्रंथावली

अमीन, शाहिद, १९८४, 'गांधी ऐज़ महात्मा'। रंजीत गुहा, सं. *सबऑल्टर्न स्टडीज पार्ट ३ : राइटिंग्स ऑन साउथ एशियन हिस्ट्री ऐण्ड सोसायटी* में, ऑक्सफोर्ड युनिवर्सिटी प्रेस, दिल्ली।

अनंतमूर्ति, यू. आर., १९७६, *संस्कार : ए राइट फॉर ए डैड मैन*। कन्नड़ से अंग्रेजी में ए. के. रामानुजन द्वारा अनूदित, ऑक्सफोर्ड युनिवर्सिटी प्रेस, दिल्ली।

आर्डेनेर, शर्ले, १९७७, भूमिका। शर्ले आर्डेनेर, सं., *परसीविंग वीमैन*, पृष्ठ ७-२३, डेंट ऐण्ड संस लिमिटेड, लंदन में।

अरीति, सिलवानो, १९७२, *दि विल टू बी ह्यूमन*, क्वाड्रेंगल बुक्स, न्यूयार्क।

अरबिन्दो, श्री, १९५०, *एस्सेज़ ऑन दि गीता*, श्री ऑरबिन्दो लाइब्रेरी, न्यूयार्क।

ऑस्टिन, जे. एल., १९६२, *सेंस ऐण्ड सेंसीबिलिया*, ऑक्सफोर्ड युनिवर्सिटी प्रेस, लंदन।

बॉब, एल. ए., १९७५, *दि डिवाइन हायरार्की : पापुलर हिंदुइज्म इन सेंट्रल इंडिया*, कोलंबिया युनिवर्सिटी प्रेस, न्यूयार्क।

बाब, लॉरेंस ए., 1098. *रिडेम्पटिव एनकाउंटर्स : थ्री मॉडर्न स्टाइल्स इन दि हिंदू ट्रेडिशन*, कैलीफोर्निया युनिवर्सिटी प्रेस, बर्कले।

बालगंगाधर, एस. एन., 1994. *'दि हेथन इन हिज ब्लाइंडनेस' : एशिया, दि वेस्ट एण्ड दि डायनेमिक ऑव रिलीजन*. ई.जे. ब्रिल।

बासु, शमिता, 2002. *रिलीजियस रिवाइवलिज्म ऐज़ नैशनलिस्ट डिस्कोर्सः स्वामी विवेकानंद एण्ड दि न्यू हिन्दुइज्म इन नाइंटीथ-सेंचुरी बंगाल*, ऑक्सफोर्ड युनिवर्सिटी प्रेस, नई दिल्ली।

भट्टाचार्य, सुकुमारी, 1998, *दि इंडियन थ्योगनी*, मोतीलाल बनारसीदास, दिल्ली।

बगाल, जे.सी., सं., १९६९, *बंकिम रचनावली*, साहित्य संसद, कलकत्ता।

बामज़ई, पी.एन.के., १९६२, *ए हिस्ट्री ऑफ कश्मीर*, मेट्रोपोलिटन बुक्स, दिल्ली।

बेटसन, मेरी कैथरीन, १९८४, *विद ए डॉटर्स आई : ए मेमोयर ऑफ मार्ग्रेट मीड ऐण्ड ग्रिगॉरी बेटसन*, डब्ल्यूएम मोरो ऐण्ड कंपनी, न्यूयार्क।

बर्गर, मूरो, १९७७, *रीयल ऐण्ड इमेजिंड वर्ल्ड्स*, हॉर्वर्ड युनिवर्सिटी प्रेस, कैम्ब्रिज, मैसाचूसेट्स।

..............., १९७८, *रीयल ऐण्ड इमेजिंड वर्ल्ड्स : दि नॉवल ऐण्ड सोशल साइंस*, हॉर्वर्ड युनिवर्सिटी प्रेस, कैम्ब्रिज, मैसाचूसेट्स।

बर्गर, पीटर एल. एवं थॉमस ल्यूकमान, १९६७, *दि सोशल कंस्ट्रक्शन ऑफ रिएलिटी*, एलन लेन, लंदन।

बेरेमान, जी.डी., १९६३, *हिंदूज ऑफ हिमालियाज,* कैलीफोर्निया युनिवर्सिटी प्रेस, बर्कले।

बेटलहाइम, ब्रूनो, १९६१, *दि इन्फॉर्म्ड हार्ट : दि ह्यूमन कंडीशन इन मॉडर्न सोसायटी,* टेम्स ऐण्ड हडसन, लंदन।

भादुड़ी, सदानंद, १९४७, *स्टडीज़ इन न्याय वैशेषिका मेटाफिजिक्स,* भंडारकर ओरिएंटल रिसर्च इंस्टीट्यूट, पूना।

भारती, अगेहानंदा, १९७७,'दि हिंदू रेनेसां ऐण्ड इट्स अपोलोजेटिक्स पैटर्न्स', *दि जरनल ऑफ एशियन स्टडीज,* २९ : २६७-८७

..............., १९७६, 'रिचुअलिस्टिक टॉलरेंस ऐण्ड आइडियोलोजिकल रिगर : पैराडाइम ऑफ एक्सपेट्रिएट हिंदूज इन ईस्ट अफ्रीका', *कांट्रीब्यूशन टू इंडियन सोशियोलॉजी* (एनएस), १०:२९३-३१६

बोन्धोरांत, जे.ए., १९५९, *कान्क्वेस्ट ऑफ वॉयलेंस : दि गांधियन फिलॉसफी ऑन कॉनफ्लिक्ट,* ऑक्सफोर्ड युनिवर्सिटी प्रेस, बंबई।

बोस, एन. के., सं., १९८४, *सिलेक्शंस फ्राम गांधी,* नवजीवन, अहमदाबाद।

ब्रेंट, पी., १९७३, *गॉडमैन ऑफ इंडिया,* पेंग्विन बुक्स, हार्मंड्सवर्थ।

ब्राउन, नॉर्मन ओ., १९५९, *लाइफ अगेंस्ट डैथ : दि साइकोएनालिटिकल मीनिंग ऑफ हिस्ट्री,* रटलेज ऐण्ड कीगेन पॉल, लंदन।

ब्यूहलेर, जी., १९६४, *दि लॉज़ ऑफ मनी,* दिल्ली : मोतीलाल बनारसीदास

कैनन, जी., १९६४, *ओरिएंटल जोंस,* बम्बई : एशिया पब्लिशिंग हाउस।

कारमेन, जॉन ब्रेस्टेड, १९७४, *दि थियोलॉजी ऑफ रामानुज : एन एस्से इन इंटररिलीजियस अंडरस्टैंडिंग,* येल युनिवर्सिटी प्रेस, न्यू हैवन।

..............., १९८३, 'दि एथिक्स ऑफ ऑसपीशसनेस : वेस्टर्न एनकाउंटर विद हिंदू वेल्यूज़', लेरॉय एस. रॉनर, सं., *फाउंडेशंसए ऑफ एथेक्स* में, पृष्ठ १६७-८३। युनिवर्सिटी ऑफ नोत्रे डेमे प्रेस, नोत्रे डेमे।

कारमेन, जॉन बी. ऐण्ड फ्रेडरीक ए. मार्गलिन, सं., १९८५, *आसपिशसनेस ऐण्ड प्यूरिटी,* ई. जे. ब्रिल, लीडन।

कैशमैन, रिचर्ड आई., १९७५ *दि मिथ ऑफ लोकमान्या : तिलक ऐण्ड मास पॉलिटिक्स इन महाराष्ट्रा,* कैलीफोर्निया युनिवर्सिटी प्रेस, बर्कले।

कैशमेन, रिचर्ड आई, 1975, *दि मिथ ऑव दि लोकमान्य : तिलक एण्ड मास पॉलिटिक्स इन महाराष्ट्रा,* कैलीफोर्निया युनिवर्सिटी प्रेस, बर्कले।

चक्रवती, कुणाल, 2001, *रिलीजियस प्रोसेस : दि पुराणाज़ एण्ड दि मेकिंग ऑव ए रिलीजियस ट्रेडीशन,* ऑक्सफोर्ड युनिवर्सिटी प्रेस, नई दिल्ली।

चटर्जी, जे. सी., १९१४, *कश्मीर शैविज़्म,* शोध विभाग, कश्मीर राज्य, श्रीनगर।

चटर्जी, पार्थ, १९८६, *नैशनलिस्ट थॅट एंड दि कॉलोनियल वर्ल्ड,* ऑक्सफोर्ड युनिवर्सिटी प्रेस, दिल्ली।

चौधरी, एन. सी., १९७४, *स्कॉलर एक्स्ट्रॉऑर्डिनरी : दि लाइफ ऑफ प्रोफेसर दि आरटी. ऑनरेरी फ्रेडरिक मैक्सम्यूल,* ऑक्सफोर्ड युनिवर्सिटी प्रेस, दिल्ली।

..............., १९७९, *हिंदुइज्म : ए रिलीजन टू लिव बाई,* शातो ऐण्ड विंडूज़, लंदन।

कुक, नाइला क्रेम, १९५८, *दि वे ऑफ द स्वान : पोयम्स ऑफ कश्मीर,* एशिया पब्लिशिंग हाउस, बंबई।

दास, शिशिर कुमार, १९८४, *दि आर्टिस्ट इन चेंस : दि लाइफ ऑफ बंकिमचन्द्र चटर्जी,* न्यू स्टेट्समैन पब्लिशिंग कंम्पनी, नई दिल्ली।

दास, वीणा, १९८२, *स्ट्रक्चर ऐण्ड कॉग्निशन : आस्पेक्ट्स ऑफ हिंदू कास्ट ऐण्ड रिचुअल्स,* ऑक्सफोर्ड युनिवर्सिटी प्रेस, दिल्ली।

डी बेरी, डब्ल्यू. टी., सं. १९५८, *सोर्सेज़ ऑफ इंडियन ट्रेडिशन,* खंड २ (स्टीफन एन. हे एवं आई. एच. कुरैशी द्वारा संकलित) कोलंबिया युनिवर्सिटी प्रेस, न्यूयार्क।

डी राइनकोर्ट, ए., १९६१, *दि सोल ऑफ इंडिया,* जोनाथन केप, लंदन।

दांडेकर, आर. एन., 1971, 'हिंदुइज्म'; सी.जे. ब्लिकर एवं जी. वाइडनग्रेन सं. *हिस्टोरिया रिलीजियोनम : हैंडबुक फॉर दि हिस्ट्री ऑव रिलीजियंस,* खण्ड 2, रिलीजन्स ऑव दि प्रेज़ेंट, ई जे ब्रिल, लिडन से।

दास, शिशिर के., 1984, *दि आर्टिस्ट इन चेन्स : दि लाइफ ऑव बंकिम चंद्र चटर्जी,* न्यू स्टेट्समैन पब्लिशिंग कंपनी, नई दिल्ली।

डे बेरी, विलियम टी., सं. 1958, *सोर्सेज़ ऑव इंडियन ट्रेडीशन,* खण्ड 2; स्टीफन एन हे एवं आई एच कुरैशी द्वारा संकलित, कोलंबिया युनिवर्सिटी प्रेस, न्यूयार्क।

डिमिट, कॉर्नेलिया एवं जे.ए.बी. वॉन बुइटनेन, सं. एवं अनुदित, 1918, *क्लासिकल हिंदु माइथोलॉजी,* टेंपल युनिवर्सिटी प्रेस, फिलाडेलफिया।

डोनिगेर, वेंडी (ब्रायन के. स्मिथ के साथ), अनुदित, 1991, *दि लॉज़ ऑव मनु,* पेंग्विन, नई दिल्ली।

दुर्खिम, एमिली, 1995, *दि एलीमेंट्री फॉर्म्स ऑव रिलीजियस लाइफ,* अनुवादक केरेन ई. फिल्ड्स, दि फ्री प्रेस, न्यूयॉर्क।

देवराजा, एन. के., १९७५, *हिंदूइज्म ऐण्ड दि मॉडर्न एज,* इस्लाम ऐण्ड मॉडर्न एज सोसायटी, नई दिल्ली।

डुबॉ, जे. ए., १९०६, *हिंदू मैनर्स, कस्टम्स ऐण्ड सेरेमनीज* (एच. के. ब्यूचैम्प द्वारा हिंदी में

अनुवाद) क्लेरीडॉन प्रेस, ऑक्सफोर्ड।

डुमो, लुई, १९५७, 'फॉर ए सोशियोलॉजी ऑफ इंडिया', *कंट्रीब्यूशंस टू इंडियन सोशियोलॉजी,* १ : ७-२२ (ड्यूमोंट १९७० और १९८० में पुनर्प्रकाशित)

..............., १९६०, 'वर्ल्ड रिनंसियेशन इन इंडियन रिलीजंस', *कंट्रीब्यूशंस टू इंडियन सोशियोलॉजी,* ६ : ६७-८६

..............., १९७०, *रिलीजन, पॉलिटिक्स ऐण्ड हिस्ट्री इन इंडिया,* मूटॉन, पेरिस एवं लीडेन।

..............., १९७७, *फ्राम मेंडेविले टू मॉर्क्स : दि जेनेसिस ऐण्ड ट्रायम्फ ऑफ इकोनोमिक आइडियोलोजी,* शिकागो युनिवर्सिटी प्रेस, शिकागो।

..............., १९८०, *होमो हायरार्किकस : दि कास्ट सिस्टम ऐण्ड इट्स इम्प्लीकेशंस,* शिकागो युनिवर्सिटी प्रेस, शिकागो।

..............., १९८२, *ऑफ वेल्यू,* दि ब्रिटिश एकेडेमी, लंदन।

..............., १९८३, 'दि डैट टू एन्सेस्टर्स ऐण्ड कैअेगरी ऑफ *सपिंडा*'; चॉर्ल्स मालामूद, सं, *डैट ऐण्ड डैटर्स,* पृ. १-२०, विकास, नई दिल्ली में।

डुमो, लुईस ऐण्ड डेविड एफ. पोकॉक, १९५९, 'प्योर ऐण्ड इंप्योर', *कंट्रीब्यूशंस टू इंडियन सोशियोलॉजी,* ३ : ९-३४

एलायडे, मर्सिया, १९७४, *पैटर्न्स इन कम्पेरेटिव रिलीजन,* न्यू अमेरिकन लाइब्रेरी, न्यूयार्क।

एंबरी, आइंस्ली टी, सं., 1971, *अलबरूनीज़ इंडिया,* डब्ल्यू डब्ल्यू नॉटर्न एण्ड कंपनी, न्यूयार्क।

फ्लड, गेविन, 1996, *एन इंट्रोडक्शन टु हिंदूइज्म,* केम्ब्रिज युनिवर्सिटी प्रेस, केम्ब्रिज।

फुलर, सी जे, 1992 दि केंफर फ्लेम : पॉपुलर हिंदुइज्म एण्ड सोसाइटी इन इंडिया, प्रिंस्टन युनिवर्सिटी प्रेस, प्रिंस्टन।

फोर्टेस, मेयर, १९६९, *किनशिप ऐण्ड सोशल ऑर्डर : दि लिगेसी ऑफ लुईस हैनरी मॉर्गन,* एल्डाइन पब्लिशिंग कंपनी, शिकागो।

फ्यूरेर-हेमन्डॉर्फ, क्रिस्टोफ वान, १९६७, *मोरल्स ऐण्ड मैरिट,* वेडेनफेल्ड ऐण्ड निकल्सन, लंदन।

गांधी, एम. के., १९२७, *एन ऑटोबॉयोग्राफी,* महादेव राव द्वारा अंग्रेजी में अनुवाद, नवजीवन, अहमदाबाद।

..............., १९६१, *दि वे टू कम्युनल हारमनी,* यू. आर. राव द्वारा संकलित एवं संपादित, अहमदाबाद, नवजीवन।

..............., १९८४, *ऑल मैन आर ब्रदर्स,* कृष्ण कृपलानी द्वारा संकलित एवं संपादित, कंटीन्यूअम, न्यूयार्क।

गीट्र्ज़, क्लिफर्ड, १९७३, *दि इंटरप्रिटेशन ऑफ कल्चर्स,* बेसिक बुक्स, न्यूयार्क।

गेलबन, स्टीवन जे, 1983, *हरे कृष्णा, हरे कृष्णा,* ग्रूव प्रेस, न्यूयॉर्क।

गोल्ड, एन ग्रोडज़िंस, 1988, *फ्रूटफुल जर्नीज़ : दि वेज़ ऑव राजस्थानी पिलग्रिम्स,* कैलीफोर्निया युनिवर्सिटी प्रेस, बर्कले।

गॉफमैन, इर्विंग, १९६१, *एनकाउंटर्स,* बॉब्स-मैरिल, न्यूयार्क।

गफ, कैथलीन, १९८१, *रूरल सोसायटी इन साउथ ईस्ट इंडिया,* कैम्ब्रिज युनिवर्सिटी प्रेस, कैम्ब्रिज।

गुप्ता, के. पी., १९७४, 'रिलिजीयस इवोल्यूशन ऐण्ड सोशल चेंज इन इंडिया : ए स्टडी ऑफ दि रामकृष्ण मूवमेंट', *कांट्रीब्यूशंस टू इंडियन सोशियोलॉजी* (एनएस), ८:२५-५०

हीस्टरमान, जे. सी., १९८५, *दि इनर कॉन्फ्लिक्ट ऑफ ट्रेडिशन : एस्सेस इन इंडियन रिच्यूअल्स, किंगशिप, ऐण्ड सोसायटी,* शिकागो युनिवर्सिटी प्रेस, शिकागो।

हर्ट्ज, आर., १९६०, *डैथ ऐण्ड दि राइट हैण्ड,* फ्रेंच से आर. एवं सी. नीधम द्वारा अनुदित, कोहेल ऐण्ड वेस्ट, लंदन

हेसे, हरमान, १९५४, *सिद्धार्थ,* जर्मन से हील्डा रोजनर द्वारा अनुदित, पीटर ओवेन, लंदन (मूल रूप से १९२२ में प्रकाशित)।

हाउलेट, जॉन एस एवं डोना एम वुल्फ, सं., 1996, *देवी : गोडेसीस ऑव इंडिया,* कैलीफोर्निया युनिवर्सिटी प्रेस, बर्कले।

हीरियाना, एम., 1993, *आउटलाइंस ऑव इंडियन फिलॉसफी,* मोतीलाल बनारसीदास, दिल्ली।

हिंडेरी, रॉड्रिक, १९७८, *कम्पेरेटिव एथिक्स इन हिंदू ऐण्ड बुद्धिस्ट ट्रेडीशंस,* मोतीलाल बनारसीदास, नई दिल्ली।

हिरीयाना, एम., १९४६, *दि एसेंशियल्स ऑफ इंडियन फिलॉसफी,* एलन ऐण्ड अनविन, लंदन।

इंडेन, रोनाल्ड बी एवं रॉल्फ डब्ल्यू निकोलस, १९७७, *किनशिप इन बंगाली कल्चर,* शिकागो युनिवर्सिटी प्रेस, शिकागो।

इशरवुड, क्रिस्टोफर, १९६५, *रामकृष्ण ऐण्ड हिज डिसाइपल्स,* अद्वैत आश्रम, कलकत्ता।

अय्यर, राघवन एन., १९७३, *दि मोरल ऐण्ड पोलिटिकल थॉट ऑफ महात्मा गांधी,* ऑक्सफोर्ड युनिवर्सिटी प्रेस, ऑक्सफोर्ड।

जैनी, पदमनाभा एस, १९७९, *दि जैना पाथ ऑफ प्यूरीफिकेशन,* मोतीलाल बनारसीदास, दिल्ली।

जानकीरामन, टी., १९७२, *दि सिन्स ऑफ अप्पूज़ मदर,* तमिल से एम. कृष्णन द्वारा अनुदित, ओरिएंट पेपरबैक्स, दिल्ली।

जेफरलॉ, क्रिस्टोव, 1996, *दि हिंदू नेशनलिस्ट मूवमेंट एण्ड इंडियन पॉलिटिक्स,* वाइकिंग, नई दिल्ली।

जोंस, केनेथ डब्ल्यू, 1989, *सोशियोरिलीजियस रिफॉर्म मूवमेंट इन ब्रिटिश इंडिया,* कैम्ब्रिज यूनिवर्सिटी प्रेस, कैम्ब्रिज।

यर्गंसमेयर, मार्क, 1991, *राधास्वामी रिएलिटी : दि लॉजिक ऑव ए मॉडर्न फेथ,* कैलीफोर्निया यूनिवर्सिटी प्रेस, बर्कले।

जॉर्डन्स, जे.टी.एफ., १९७८, *दयानंद सरस्वती : हिज लाइफ ऐण्ड आइडियाज़,* ऑक्सफोर्ड यूनिवर्सिटी प्रेस, दिल्ली।

जोशी, वी. सी., सं., १९७५, *राममोहन रॉय ऐण्ड दि प्रोसेस ऑफ मॉडर्नाइजेशन इन इंडिया,* विकास पब्लिशिंग हाउस, नई दिल्ली।

जूडा, एफ. एस., १९७४, *हरेकृष्ण ऐण्ड दि काउंटर-कल्चर,* जॉन विली, न्यूयार्क।

यंग सी. जी., १९७७, *मैमरीज, ड्रीम्ज़, रिफलेक्शंस,* फोन्टाना बुक्स, लंदन।

कचरू, ब्रज बी., १९७३, *एन इंट्रोडक्शन टू स्पोकन कश्मीरी,* भाग १ एवं २, भाषाशास्त्र विभाग, इलिनॉइस विश्वविद्यालय, उरबाना।

कक्कड, सुधीर, १९८२, *शमांस, मिस्टिक्स ऐण्ड डॉक्टर्स : ए साइकॉलॉजिकल इन्क्वायरी इनटू इंडिया ऐण्ड इट्स हीलिंग ट्रेडिशन,* ऑक्सफोर्ड यूनिवर्सिटी प्रेस, दिल्ली।

केन, पांडुरंग वामन, १९४१, *हिस्ट्री ऑफ धर्मशास्त्र,* खंड २, भाग १, भंडारकर ओरिएंटल इंस्टीट्यूट, पूना।

कृष्णामूर्ति जे, 2002, *टोटल फ्रीडम,* कृष्णमूर्ति फाउंडेशन, चेन्नई।

कौल, जयलाल, १९७३, *लल्ल देद,* साहित्य अकादमी, नई दिल्ली।

कैलक, जेम्स, १९२६, *महादेव गोविंद रानाडे : पेट्रिऑट ऐण्ड सोशल सर्वेंट,* एसोसिएशन प्रेस, कलकत्ता।

खांडेकर, विष्णु सखाराम, १९७७, *ययाति,* मराठी से हिंदी में मोरेश्वर तपस्वी द्वारा अनूदित, राजपाल, नई दिल्ली।

खरे, आर. एस., १९७६ए, *दि हिंदू हेल्थ ऐण्ड होम,* विकास पब्लिशिंग हाउस, नई दिल्ली।

..............., १९७६बी, *कल्चर ऐण्ड रिएलिटी : एस्सेज ऑन दि हिंदू सिस्टम ऑफ मैनेजिंग फूड्स,* इंडियन इंस्टीट्यूट ऑफ एडवांस स्टडीज़, शिमला।

कॉफ, डेविड, १९७९, *दि ब्रह्मो समाज ऐण्ड दि शेपिंग ऑफ दि मॉडर्न इंडियन माइंड,* प्रिंस्टन यूनिवर्सिटी प्रेस, प्रिंस्टन।

कोठारी, आर., १९७०, *पॉलिटिक्स इन इंडिया,* ओरिएंट लॉंगमैन, नई दिल्ली।

लेकॉफ, जॉर्ज एवं मार्क जॉनसन, १९८०, *मैटाफर्स वी लिव बाई,* शिकागो युनिवर्सिटी प्रेस, शिकागो।

लंघम, इयान, १९८१, *दि बिल्डिंग ऑफ ब्रिटिश सोशल एंथ्रोपोलोजी,* रीडेल पब्लिकेशन,

दोद्रेख़्त, हॉलैंड।

लीच, ई. आर., १९६१, *पुल एलिया, ए विलेज इन सीलोन : ए स्टडी ऑफ लैंड टेन्योर ऐण्ड किनशिप,* कैम्ब्रिज युनिवर्सिटी प्रेस, कैम्ब्रिज।

लिंगत, रॉबर्ट, 1973, *दि क्लासिकल लॉ ऑव इंडिया,* कैलीफोर्निया युनिवर्सिटी प्रेस, बर्कले।

लिपनेर, जूलियस, 1996, 'एनशिएंट बेनियन : एन इंक्वायरी इनटू दि मीनिंग ऑव "हिंदुनेस" ', *रिलीजियस स्टडीज़* 32 : 109-26.

लॉरेंजेन, डेविड एन, 1972, *दि कापालिकाज़ एण्ड कलामुखासः टू लॉस्ट शेवाइट सेक्ट्स,* मनोहर, नई दिल्ली।

..............., 1999, 'हू इनवेंटिड हिंदूइज्म?', *कम्पेरेटिव स्टडीज़ इन सोसाइटी एण्ड हिस्ट्री,* 41, 4 : 630-59.

लुटियंस, मैरी, सं., १९७०, *दि पेंग्विन कृष्णमूर्ति रीडर,* पेंग्विन बुक्स, हार्मंड्सवर्थ।

मदन, टी. एन., १९६५, *फैमिली ऐण्ड किनशिप : ए स्टडी ऑफ दि पंडित्स ऑफ दि रूरल कश्मीर,* एशिया पब्लिशिंग हाउस, बंबई (दूसरा संस्करण, १९८७, ऑक्सफोर्ड युनिवर्सिटी प्रेस, दिल्ली)।

..............., १९७२, 'रिलीजियस आइडियोलोजी इन ए प्ल्यूरल सोसायटी : दि मुस्लिम्स ऐण्ड हिंदूज ऑफ कश्मीर', *कॉंट्रिब्यूशंस टू इंडियन सोशियोलॉजी* (एन एस), ६ : १०६-४१

..............., १९७५ए, 'स्ट्रक्चरल इम्प्लीकेशंस ऑफ मैरिज इन नॉर्थ इंडिया : वाइफ गिवर्स ऐण्ड वाइफ टेकर्स अमंग दि पंडित्स ऑफ कश्मीर', *कॉंट्रिब्यूशंस टू इंडियन सोशियोलॉजी* (एन एस), ९, २ : २१७-४३

..............., १९७५बी, 'ऑन लिविंग इंटीमेटली विद स्ट्रेंजर्स'; ए. बेते एवं टी. एन. मदन, सं., *एनकाउंटर ऐण्ड एक्सपीरियंस : पर्सनल एकाउंट्स ऑफ फील्डवर्क्स* में, पृ. १३१-६, विकास पब्लिशिंग हाउस, नई दिल्ली।

..............., १९७७, 'दि क्वेस्ट फॉर हिंदुइज्म', *इंटरनेशनल सोशल साइंस जरनल,* २९, २ : २६१-७८

..............., १९८१ए, 'मोरल च्वाइसेज़ : एन एस्से ऑन दि यूनिटी ऑफ एस्केटेसीज्म ऐण्ड इरोटिसीज्म'; ए. सी. मायर, सं., *कल्चर ऐण्ड मोरेलिटी* में, पृ. १२६-५२, ऑक्सफोर्ड युनिवर्सिटी प्रेस, दिल्ली।

..............., १९८१बी, 'दि आइडियोलोजी ऑफ दि हाउसहोल्डर अमंग दि पंडित्स ऑफ कश्मीर', *कॉंट्रिब्यूशंस टू इंडियन सोशियोलॉजी,* १५ : २२३-४९ (टी. एन. मदन, सं., *वे ऑफ लाइफ : किंग, हाउसहोल्डर्स, रिनाउंसर्स। एस्सेज इन ऑनर ऑफ लुई डुमो,* में पुनर्प्रकाशित, पृ. २२३-४९, विकास पब्लिशिंग हाउस, नई दिल्ली)।

..............., १९८३, 'दि आइडियोलोजी ऑफ दि हाउसहोल्डर अमंग दि पंडित्स ऑफ कश्मीर'; अकोस ओस्टर, लीना फ्रस्सेती एवं स्टीव बर्नेट, सं., *कॉंसेप्ट्स ऑफ पर्सन : किनशिप, कास्ट ऐण्ड मैरिज इन इंडिया* में पृ. ६६-११७, २३६-४२, हॉर्वर्ड युनिवर्सिटी प्रेस, कैम्ब्रिज, मैसाचुसेट्स।

मदन, टी. एन., 1989, 'रिलीजन इन इंडिया', *डायडेलस* 118, 4 : 115-46.

..............., 1997, *मॉडर्न मिथ्स, लॉक्ड माइड्न्स : सेक्युलिरिज्म एण्ड फंडामेंटलिज्म इन इंडिया,* ऑक्सफोर्ड युनिवर्सिटी प्रेस, नई दिल्ली।

मेरियॉट, मेक्किम, 1995, 'लिटिल कम्युनिटीज़ इन एन इंडीजीनस सिविलाइजेशन', एम मेरियॉट द्वारा सं., *विलेज इंडिया,* शिकागो युनिवर्सिटी प्रेस, शिकागो में।

माथुर, के एस, 1965, *कास्ट एण्ड रिचुअल इन मालवा,* बंबई : एशिया।

मालामूद, चार्ल्स, १९७५, 'कीरे ले मोंदे', *पुरुषार्थ,* १ : ६१-१३५

मालीनोव्स्की, ब्रोनिस्लाव, १९४८, *मैजिक, साइंस ऐण्ड रिलीजन ऐण्ड अदर एस्सेज़,* सूवेनीर प्रेस, लंदन।

मेलरूक्स, आंद्रे, १९६८, *एंटीमेमोयर्स,* फ्रेंच से टेरेंस किलमार्टिन द्वारा अनूदित, हामिस हेमिल्टन, लंदन।

मागर्लिन, फ्रेडरिक एपफेल, १९७७, 'पावर, प्यूरिटी ऐण्ड पॉल्यूशन : आसपेक्ट्स ऑफ दि कास्ट सिस्टम रिकंसिडर्ड', *कॉंट्रिब्यूशंस टू इंडियन सोशियोलॉजी* (एन एस), ११, २:२४५-७०

..............., १९८५, *वाइव्ज़ ऑफ दि गॉड किंग : रिचुअल्स ऑफ दि देवदासीज़ ऑफ पुरी,* ऑक्सफोर्ड युनिवर्सिटी प्रेस, दिल्ली।

मेरियोट, मैक्किम, १९७७, 'हिंदू ट्रांजेक्शन : डाइवर्सिटी विदाउट प्ल्यूरलिज्म'; ब्रूस कैफेरेर, सं., *ट्रांजेक्शन ऐण्ड मीनिंग : डायरेक्शन इन दि एंथ्रोपोलॉजी ऑफ एक्सचेंज ऐण्ड सिम्बॉलिक बिहेवियर,* इंस्टीट्यूट फॉर दि स्टडी ऑफ ह्यूमन इशूज, फिलाडेल्फिया।

मार्क्स, कार्ल, १८५३ 'दि ब्रिटिश रूल इन इंडिया', *न्यूयॉर्क डेली ट्रिब्यून,* २५ जून।

मायने, जे. डी., १९५३, *ट्रीटाइज ऑन हिंदू लॉ ऐण्ड यूसेज,* एन. चंद्रशेखर अय्यर द्वारा ११वां संस्करण, हिगिनबॉथम्स, मद्रास।

मिलर, बारबरा स्टोलर (अनुवादक), १९७८, *दि हर्मिट ऐण्ड दि लव थीफ : संस्कृत पोयम्स ऑफ भर्त्रहरि ऐण्ड भीलण,* कोलंबिया युनिवर्सिटी प्रेस, न्यूयार्क।

..............., (सं.), १९८४, *थियेटर ऑफ मैमरी : दि प्लेज़ ऑफ कालिदास,* कोलंबिया युनिवर्सिटी प्रेस, न्यूयार्क।

मोनियेर-विलियम्स, एम., *ए संस्कृत-इंग्लिश डिक्शनरी,* १९७६, मोतीलाल बनारसीदास, दिल्ली।

मॉरिस, मॉरिस डेविड, १९६०, 'कास्ट ऐण्ड दि इवोल्यूशन ऑफ इंडस्ट्रियल वर्कफोर्स इन

इंडिया', *प्रोसिडिंग्स ऑफ दि अमेरिकन फिलोसॉफिकल सोसायटी,* १०४, २-१२४-३३
मुखर्जी, डी. पी., १६४७, *मॉडर्न इंडियन कल्चर,* हिंद किताब, बम्बई।
मर्डोक, आयरिश, १६७०, *दि सॉवरेंटी ऑफ गुड,* रट्लेज ऐण्ड किगेन पॉल, लंदन।
मिरडेल, जी., १६६८, *एशियन ड्रामा : एन इंक्वायरी इनटू दि पावर्टी ऑफ दि नेशन,* तीन खंड, पेंथिओन बुक्स, न्यूयार्क।
नंदी, आशीष, १६८०, 'फाइनल एनकाउंटर. दि पॉलिटिक्स ऑफ दि असेसिनेशन ऑफ गांधी'; आशीष नंदी, *एट दि एज ऑफ साइकॉलोजी* में, पृ. ७०-६८, ऑक्सफोर्ड युनिवर्सिटी प्रेस, दिल्ली।
..............., १६८३, *दि इंटीमेट ऐनिमी : लॉस ऐण्ड रिकवरी ऑफ सेल्फ अंडर कोलोनियलिज्म,* ऑक्सफोर्ड युनिवर्सिटी प्रेस, दिल्ली।
नारायणन, वसुधा, १६८५, 'ऑन टू लेवल्स ऑफ आसपिशसनेस'। जॉन कारमन एवं फ्रेडरिक मागर्लिन, सं., *आसपिशसनेस ऐण्ड प्यूरिटी* में, पृ. ५५-६४, ई. जे. ब्रिल, लीडेन।
नेहरू, जे. १६४१, *टुवर्ड्स फ्रीडम : एन ऑटोबायोग्राफी,* डबलडे, न्यूयार्क।
..............., १६६१, *दि डिस्कवरी ऑफ इंडिया,* एशिया पब्लिशिंग हाउस, बंबई।
निखिलानंद, स्वामी, १६५३, *विवेकानंद,* रामकृष्ण-विवेकानंद सेंटर, न्यूयार्क।
ओ फ्लेहार्टी, वेंडी डोनिगेर, १६७५, *एसकेटिसिज्म ऐण्ड इरोटिसिज्म इन दि माइथोलॉजी ऑफ शिवा,* ऑक्सफोर्ड युनिवर्सिटी प्रेस, नई दिल्ली।
..............., १६७६, *दि ओरिजिंस ऑफ इविल इन हिंदू माइथोलॉजी,* मोतीलाल बनारसीदास, दिल्ली।
ओपलर, मॉरिस ई., १६४५, 'थीम्स ऐज़ डायमेनिक फोर्सेज़ इन कल्चर', *अमेरिकन जरनल ऑफ सोशियोलॉजी,* ५१ : १६८-२०६
ऑलीवेल, पैट्रिक, 1998, *दि अर्ली उपनिषद्स,* ऑक्सफोर्ड युनिवर्सिटी प्रेस, न्यूयॉर्क।
पोलक, शेल्डन, 1993, 'रामायण एण्ड पॉलिटिकल इमेजिनेशन इन इंडिया', *जर्नल ऑव एशियन स्टडीज़,* 52, 1 : 261-97
पांडे, राजबली, १६६६, *हिंदू संस्काराज़ : सोशियो-रिलीजियस स्टडी ऑफ दि हिंदू सेक्रामेंट्स,* मोतीलाल बनारसीदास, दिल्ली
पणिकर, के.एम., १६५६, *ए सर्वे ऑफ इंडियन हिस्ट्री,* एशिया पब्लिशिंग हाउस, बंबई।
..............., १६६३, *दि फाउंडेशंस ऑफ न्यू इंडिया,* जॉर्ज एलेन ऐण्ड अनविन, लंदन।
पेरी, जे. पी., १६७६, *कास्ट ऐण्ड किनशिप इन कांगडा,* रटलेज ऐण्ड कीगेन पॉल, लंदन।
..............., १६८१, 'डैथ ऐण्ड कास्मोगॉनी इन काशी', *कॉंट्रिब्यूशंस टू इंडियन सोशियोलॉजी,* १५ : ३३७-६५

..............., १९८२, 'सेक्रिफिशियल डैथ ऐण्ड दि नैक्रोफेगस एस्केटिक'। मॉरिस ब्लॉक एवं जोनाथन पैरी द्वारा संपादित, *डैथ ऐण्ड दि रीजेनरेशन ऑफ लाइफ* में, पृ. ७४-११०, कैम्ब्रिज युनिवर्सिटी प्रेस, कैम्ब्रिज।

पेलज़ेल, जॉन सी., १९७४, 'ह्यूमन नेचर इन दि जापानीज मिथ्स', *जापानीज कल्चर ऐण्ड बिहेवियर* में, टी. एस. लेब्रा एवं डब्ल्यू. बी. लेब्रा द्वारा सं., पृ. ३-२६, हवाई युनिवर्सिटी प्रेस, होनोलूलू।

प्लाथ, डेविड डब्ल्यू., १९८०, *लॉंग एंगेजमेंट्स,* स्टेनफोर्ड युनिवर्सिटी प्रेस, स्टेनफोर्ड।

पोकॉक, डी. एफ., १९७३, *माइंड, बॉडी ऐण्ड वेल्थ : ए स्टडी ऑफ बिलीफ ऐण्ड प्रेक्टिस इन एन इंडियन विलेज,* ब्लैकवेल पब्लिकेशंस, ऑक्सफोर्ड।

..............., १९७६, 'प्रिजर्वेशन ऑफ दि रिलीजियस लाइफ : हिंदू इमीग्रेंट्स इन इंग्लैंड', *कॉंट्रिब्यूशंस टू इंडियन सोशियोलॉजी* (एन एस), १० : ३४३:६५

पॉटर, कार्ल, १९६३, प्रीसपोजीशंस ऑफ इंडियाज़ फिलॉसफ़ीज़, प्रेन्टिस हॉल ऑफ इंडिया, नई दिल्ली।

पटनैम, हिलेरी, १९७७, *मीनिंग ऐण्ड द मोरल साइंसेज़,* रट्लेज ऐण्ड कीगेन पॉल, लंदन।

राधाकृष्णनन, एस., १९२७, *दि हिंदू व्यू ऑफ लाइफ,* जॉर्ज एलेन ऐण्ड अनविन, लंदन।

..............., १९४०, *ईस्टर्न रिलीजन ऐण्ड वेस्टर्न थॉट,* ऑक्सफोर्ड युनिवर्सिटी प्रेस, द्वितीय संस्करण, लंदन।

..............., १९४८, *दि भागवदगीता,* परिचयात्मक लेख के साथ, संस्कृत पाठ, अंग्रेजी अनुवाद एवं नोट्स, एलन ऐण्ड अनविन, लंदन।

..............., १९५३, *दि प्रिंसीपल उपनिषद्स,* परिचय के साथ, अनुवाद एवं नोट्स, एलन ऐण्ड अनविन, लंदन।

रामानुजन ए के, 1973 *स्पीकिंग ऑव शिवा,* पेंग्विन, बाल्टीमोर।

..............., 1981, *हाइम्स फॉर दि ड्राउनिंग : पोयम्स फॉर विष्णु बाई नमलवार,* प्रिंस्टन युनिवर्सिटी प्रेस, प्रिंस्टन।

राजगोपालाचारी, सी., १९६८, महाभारत, भारतीय विद्या भवन, बम्बई।

रीव्स, पी. डी., १९७१, *स्लीमेन इन अवध : एन एब्रिजमेंट ऑफ डब्ल्यू. एच. स्लीमान्ज* ए जर्नी थ्रू दि किंगडम ऑफ अवध १८४९-१८५०, पृ. १-४०, कैम्ब्रिज युनिवर्सिटी प्रेस, कैम्ब्रिज।

रेनोल्ड, होली बेकर, १९८०, 'दि ऑसपिशस मैरीड वूमैन'। *दि पॉवर ऑफ तमिल वीमैन* में, सुसेन एस. वेडले द्वारा सं., पृ. ३५-६०, सायराक्यूज युनिवर्सिटी, सायराक्यूज।

सैंडर्सन, एलेक्सिस, १९८५, 'प्यूरिटी ऐण्ड पावर अमंग दि ब्राह्मणस ऑफ कश्मीर', माइकल

कैरीथर्स द्वारा संकलित एवं सं., *दि कैटेगरी ऑफ द पर्सन*, पृ. १६०-२१६, कैम्ब्रिज युनिवर्सिटी प्रेस, कैम्ब्रिज।

शरन, ए. के. १६६३, 'हिंदुइज्म ऐण्ड इकॉनॉमिक डेवलेपमेंट इन इंडिया', *आर्काइव्स दे सोशियोलॉजी देस रिलिजंस*, १५:८७-६४

..............., १६७२, *'दि टू कॉंटेक्स्ट ऑफ सेक्यूलराइजेशन : वेस्टर्न ऐण्ड इंडियन'*, इस्लाम ऐण्ड दि मॉडर्न ऐज, २ : १७-३२

शनाइडर, डेविड एम. १६६८, *अमेरिकन किनशिप : ए कल्चरल एकाउंट*, एंगलवुड क्लिफ्स, प्रेन्टिस-हॉल, न्यू जर्सी।

शुट्ज़, ए. १६६७, *कलेक्टेड पेपर्स : दि प्राब्लम्स ऑफ सोशल रिएलिटी*, मार्टिनस नीजहोफ, हेग।

..............., १६७६, *दि फिनोमिनोलॉजी ऑफ दि सोशल वर्ल्ड*, हाइनमान एजुकेशनल बुक्स, लंदन।

सीगल, ली, १६८३, *फायर ऑफ लव / वाटर्स ऑफ पीस*, हवाई युनिवर्सिटी प्रेस, होनोलुलू।

सिंगर, एम., १६७२, *व्हैन ए ग्रेट ट्रेडिशन मॉडर्नाइजेज़*, प्रायगर, न्यूयार्क।

स्मिथ, डी. ई. १६६३, *इंडिया ऐज ए सेक्युलर स्टेट*, प्रिंसटन युनिवर्सिटी प्रेस, प्रिंसटन।

श्रीनिवास, एम. एन., १६४२, *मैरिज ऐण्ड फैमिली ऑफ मैसूर*, न्यू बुक कंपनी, बम्बई।

..............., १६५२, *रिलीजन ऐण्ड सोसाइटी अमंग द क्रूग्स ऑफ साउथ इंडिया*, क्लेरेडन प्रेस, ऑक्सफोर्ड।

..............., १६६७, 'दि कोहेसिव रोल ऑफ सेंस्कृटाइजेशन', फिलिप मासन, सं., *इंडिया ऐण्ड सीलोन : यूनिटी ऐण्ड डाइवर्सिटी*, पृ. ६७-८२, ऑक्सफोर्ड युनिवर्सिटी प्रेस, लंदन में।

सावरकर, वी डी, 1989, *हिंदुत्वा : हू इज ए हिंदू?* भारतीय साहित्य सदन, नई दिल्ली।

शोमेर, केरिन एवं डब्ल्यू एच मेक्लीयोर सं., 1987, *दि सेंट्स : स्टडीज इन ए डिवोशनल ट्रेडिशन ऑव इंडिया*, मोतीलाल बनारसीदास, दिल्ली।

स्मिथ, विल्फ्रेड सी, 1978, *दि मीनिंग एण्ड ऐंड ऑव रिलीजन*, हारपर एण्ड रो, न्यूयॉर्क।

सुदीमेर, गुंथेर-डाइट्ज एवं हरमान कुलके सं., 1997, *हिंदुइज्म रिकंसीडर्ड*, मनोहर, नई दिल्ली।

श्रीनिवास, एम एन, 2002, *कलेक्टेड पेपर्स*, ऑक्सफोर्ड युनिवर्सिटी प्रेस, नई दिल्ली।

स्टीवेंसन, एस. १६२०, *दि राइट्स ऑफ ट्वाइस-बॉर्न*, ऑक्सफोर्ड युनिवर्सिटी प्रेस, लंदन।

टैगोर, रबीन्द्रनाथ, १६४६, *गीतांजलि। कलेक्टिड पोयम्स ऐण्ड प्लेज ऑफ रबीन्द्रनाथ टैगोर* में, पृ. १-४८, मैकमिलन, लंदन।

..............., १६५५, *कलेक्टिड पोयम्स ऐण्ड प्लेज*, मैकमिलन, लंदन।

थापर, रोमिला, 1997, 'सिंडिकेटेड हिंदूइज्म', सुदीमेर एवं कुलके (उपरोक्त) में।

थूटी, एन ए, 1935, *दि वैष्णवाज़ ऑव गुजरात,* लांगमैंस, ग्रीन एण्ड कंपनी लिमिटेड, कोलकाता।

वेन जेन्नप, ए., १६६०, *दि राइट्स ऑफ पैसेज* (एम. बी. विजडम एवं जी. एल. काफी द्वारा अंग्रेजी में अनुवाद) शिकागो युनिवर्सिटी प्रेस, शिकागो।

वर्मा, भगवतीचरण, १६७७, *चित्रलेखा* (हिंदी), भारती भंडार, इलाहाबाद।

वास, लुई एस. आर., सं. १६७३, *दि माइंड ऑफ जे. कृष्णमूर्ति,* जयको, बम्बई।

वाडले, एस. एस., १६७५, *शक्ति : पावर इन दि कांसेप्चुअल स्ट्रक्चर ऑफ करीमपुर रिलीजन,* शिकागो युनिवर्सिटी प्रेस, शिकागो।

वेबर, मैक्स, १६४७, *दि थ्योरी ऑफ इकोनोमिक ऐण्ड सोशल ऑर्गेनाइजेशन,* द फ्री प्रेस, ग्लेनको।

..............., १६५८, *दि रिलीजन ऑफ इंडिया,* एच. एच. गर्थ ऐण्ड डी मार्टिनडेल द्वारा जर्मन में अनुवाद, द फ्री प्रेस, ग्लेनको।

विट्गेंस्टाइन, लुडविग, १६६४, *दि ब्ल्यू ऐण्ड ब्राउन बुक्स,* बेसिल ब्लैकवेल, ऑक्सफोर्ड।

वोल्हाइम, रिचर्ड, १६८४, *दि थ्रेड ऑफ लाईफ,* कैम्ब्रिज, हॉवर्ड युनिवर्सिटी प्रेस, मैसाचुसेट्स।

वुडरॉफ, सर जॉन, १६७८, *शक्ति ऐण्ड शाक्त,* ५वां संस्करण, १६५६, डोवर पब्लिकेशंस, न्यू यार्क।

वेरटोवेक स्टीवन 2000, *दि हिंदू डायस्पोरा : कम्पेरेटिव पैटर्न्स,* रटलेज एण्ड किगेन पॉल, लंदन।

वीरम्मा, जोसियेन रेसीमे एवं ज्यां-लुक रेसीने, 2000, *वीरम्मा : लाइफ ऑव ए दलित,* सोशल साइंस प्रेस, नई दिल्ली।

विलियम्स, आर बी, 1984, *ए न्यू फेस ऑव हिंदूइज्म,* केम्ब्रिज युनिवर्सिटी प्रेस, केम्ब्रिज।

ज़ेहनर, आर. सी. १६६२, *हिंदुइज्म,* ऑक्सफोर्ड युनिवर्सिटी प्रेस, लंदन।

जिलियॉट एलिएनर, 2003, 'अ मीडिएवल एनकाउंटर बिटवीन हिंदू एण्ड मुस्लिम : एकनाथ्स ड्रामा-पोएम *हिंदू-तुर्क संवाद',* रिचर्ड ईटन द्वारा सं., *इंडियाज़ इस्लामिक ट्रेडीशंस, 711-1750,* ऑक्सफोर्ड युनिवर्सिटी प्रेस, नई दिल्ली में।

अनुक्रमणिका

इ

ई

उ

ट

ठ

ड

त

थ

द

ध

फ

ब

य

र

ल

व

श

स

ह